SV

Adolf Muschg

O mein Heimatland!

150 Versuche
mit dem berühmten
Schweizer Echo

Suhrkamp

Erste Auflage 1998
© Suhrkamp Verlag Frankfurt am Main 1998
Alle Rechte vorbehalten
Satz: Jung Satzcentrum, Lahnau
Druck: Clausen & Bosse, Leck
Printed in Germany

Gewidmet Walter Muschg,
der am 21. Mai 1998 hundert Jahre alt geworden wäre

Wenn du »Hügel« sagst, unterbrach die Königin, dann könnte *ich* dir Hügel zeigen, gegen die der hier nur ein Tal zu nennen wäre

Lewis Carroll

Inhaltsverzeichnis

O mein Heimatland!

Sämtliche Motti sind
den Schriften Friedrich Lochers entnommen
und werden S. 345 f. nachgewiesen.

MORGENSTERN

*War das ein Leben in allen öffentlichen
Lokalen, wenn die Nachrichten aus der
Schweiz kamen! (...) Von der Schweiz
erwarteten wir unser Heil. Seither ist die
Sache etwas in's Stocken gerathen.*

*Man muß es dem System lassen, daß es die
Gabe besitzt, sämtliche korruptionsfähige
Elemente an sich zu ziehen.*

1 Ulrich Bremi, genannt Brums, war in den Vierzigerjahren mein Führer gewesen. Damit ich ihn dazu bekam, beging ich meinen ersten größeren Verrat. Der Junge mit den breiten Schultern, der schon damals gepreßten Stimme und den wasserhellen Augen war eine Legende der Unschlagbarkeit. Und das hieß etwas bei den Pfadfindern, wo man, in meiner Zolliker Kindheit, »bei den Leuten« war; denen, die zählten. Sogar mein eigensinniger Jugendfreund war dabei, Einzelkind und Lehrerssohn wie ich; als er sechs Jahre alt war, starb sein Vater. Ich war schon zehn, und mein Vater lebte noch, obwohl ein Mitschüler am ersten Schultag bemerkt hatte: Du hast aber einen alten Vater, der stirbt sicher bald!
War er es, der mich so lange nicht zu den Pfadfindern ziehen ließ? Die Uniform war teuer, und in den Häusern der Kinder, die in Zollikon zu den Pfadfindern gingen, gab es Zentralheizung, nicht Zimmeröfen wie bei uns. Von diesen Häusern und Kindern trennte uns allerhand. War es nur das Geld? Ich wurde zu keinem Kindergeburtstag dorthin eingeladen. Etwas in mir sagte, da gehst du auch nicht hin, die Pfadfinder sind blöd. Diese Stimme war brav, aber sie log.

Dafür war ich bei den Jungturnern. Da übte ich jeden Diens-
tagabend zwei Stunden lang an Reck, Barren und Schwebe-
balken und traf auch wichtige Leute, etwa die starken Brüder
mit dem italienischen Namen oder den fünf Jahre älteren
Sohn des Gärtners, der bei Turnfesten, ganz in Weiß mit langen schnittigen Hosen, Kränze herausturnte. Sein gestreiftes
Brustband war vor lauter Medaillen kaum noch zu sehen.
Wir Jungturner in den kurzen blauen Hosen trugen immerhin schon das Band.
Irgendwo mußte jeder dabei sein, darum war ich bei den
Jungturnern. Die alte Turnhalle war mir auch sonst vertraut.
Am Samstagnachmittag spielte dort der Handharmonikaver-
ein, so schön, daß ich leer schlucken mußte. Dabei war ich
unmusikalisch, wie mir meine immer grämliche Klavierleh-
rerin zu verstehen gab. Ihre Adoptivmutter, eine gewaltige
ledige Person mit weißer Löwenmähne, gab den »Zolliker
Boten« heraus, das Dorfblatt, dessen einziger Redaktor mein
Vater war. Seit seiner Pensionierung als Lehrer war sie also
gewissermaßen sein Chef. Sie war mächtig genug, daß sie ihr
Auto auch während der Kriegsjahre fahren durfte, mit einem
Vergaser und einem »Holzzucker« genannten Treibstoff, den
man in den legendären Emser Werken herstellte. Mein Vater
mußte sie immerhin so sehr fürchten, daß er mich in die teu-
ren Klavierstunden ihrer Ziehtochter schickte.
Ich hätte lieber Handharmonika gelernt. Wenn ich gut genug
geworden wäre, hätte ich am Samstag vielleicht neben dem
aschblonden Mädchen sitzen können, das ich jetzt nur von
weitem sah: ihr zur Seite geneigtes Gesicht, wenn sie den ge-
falteten Balg auseinanderzog und dabei die nackten Arme
öffnete. An einem Fest sang eine richtige Frau mit wildem
Haar und ganz schwarzen Augen: »In euse Beerge git's
Heimateerde, da wiert me frei so frei, da wiert me froo.« Sie
hatte eine etwas quäkende Stimme, aber gerade ihre Hilflosigkeit schnitt mir ins Herz. Ich saß ganz nah bei ihrer
Brust und konnte zusehen, wie heftig sie Atem holte.

In die verdunkelte Turnhalle gingen wir am Sonntagabend auch als Familie und sahen »Renni der Retter«, die Heldengeschichte eines Hundes. Den Fip-Fop-Club, wo man Trickfilme zu sehen bekam, mußte ich heimlich besuchen. In der Turnhalle erlebten wir auch einen Lichtbildervortrag mit dem Titel »Terra Grischuna«. Der war in Farben. Die Bilder standen still, dennoch schienen die blauen Soldanellen und das seltene Edelweiß im Höhenwind zu zittern. So schön konnte nur die Heimat sein. Ich war stolz auf die Bündner Erde. Wir gingen in der Nacht nach Hause, von einer schwach blau leuchtenden Verdunkelungslampe zur nächsten.

2 Die Turnhalle war ein Ort für alle. Vielleicht bin ich ihretwegen zu den Jungturnern gegangen. Auch wir konnten, so flott wie die Pfadfinder, in Reih und Glied marschieren und waren allzeit bereit, es ihnen zu zeigen. Wir hatten ein Lied, in dem davor gewarnt wurde, hinter »der Pfadi« herzugehen, »wil sie immer furze tuet«. Es half alles nichts, ich wußte ja doch die ganze Zeit, daß ich am liebsten »bei den Leuten« gewesen wäre. Die Pfadfinder hatten nicht bloß Turnfeste, wo man ein kleiner Bub war, der sich zwischen richtigen Turnern herumdrücken mußte. Die Pfadi hatten, wie die alten Eidgenossen, Landsgemeinden. Bei ihnen brauchte man nicht zu turnen, um sich Respekt zu verschaffen, dafür trat man gleich in Uniform auf. Und wenn man eine Lilie am Hut oder auf der Brust vorweisen konnte, oder gar einen Stern am Oberarm, wußte jeder, welche Prüfungen man bestanden hatte. In Zollikon waren sie strenger als anderswo.

Als Pfadfinder hatte man ein Pfadfinderversprechen, ein Pfadfindergesetz, ein Pfadfinderbüchlein und einen englischen Gründer namens BiPi, und wenn der Krieg erst vor-

über war, fanden wieder Jamborees in aller Welt statt. Pfadfinder streiften durch den Wald, sie ruderten sogar auf dem
See, denn manche Pfadfindereltern besaßen ein eigenes Boot.
Ihre Übungen folgten abenteuerlichen Szenarien und mün-
deten immer in eine Schlacht Mann gegen Mann. An Pfingsten und im Sommer hatten sie Lager, vor denen sich das
Heimwehkind im stillen fürchtete; umso mehr war es sich
die Mutprobe schuldig. Sie spielten ungeniert Fußball, der
bei den Jungturnern verpönt gewesen war, jedenfalls kam zuerst die Pflicht, und für das Vergnügen war es dann meist zu
spät. Und wenn die Pfadfinder vom Lagerfeuer zurückka-
men, in Schritt und Tritt durch den dämmernden Wald, sangen sie: *Die Zolliker Pfadi nenn' wir uns, und darauf sind wir
stolz / Die Leute die bewundern uns, denn wir sind aus gutem Holz.*
Das mußten sie wohl sein, denn an jeder »Landsgemeinde«
belegten unsere Gruppen (Leu, Zebra, Falk) die ersten Ränge
– im Wettstreit mit denen von Küsnacht (der übrige See fiel
außer Betracht), denen man alle Jahre in einer großen und
förmlichen Schlägerei entgegentrat, obwohl sie zahlreicher
waren. Aber die Unseren hatten nicht nur den Todesmut ge-
pachtet. Sie hatten Brums, den Zugführer der »Kelten«.
Brums allein konnte die Schlacht für die Unseren entscheiden. Die Unseren? Aber ich war doch immer noch Jungturner?
Mein Verrat war nur eine Frage der Zeit, und meine Mutter
arrangierte die Gelegenheit dazu. Sie sparte das Nötigste ihrem Haushaltgeld ab, als ehemalige Lindenhof-Kranken-
schwester hatte sie ein Faible für Uniformen. Und der Junge,
der mich »warb«, bestätigte ihr gern, daß man bei den Pfadfindern »viel lernte«. Damit ließ sich wohl auch mein Vater
beschwichtigen – in der Uniform, das leuchtete ihm ein, waren alle Zolliker gleich. So schlüpfte ich denn eines Tages in
das braune, vor Ladenfrische starrende Hemd und lief, mit
Hut und Krawatte in den Farben der »Kelten«, über, zu den

Leuten. Ich wurde Leu, und der Jugendfreund blieb Zebra. Die Leuen gehörten zu Brums' Zug, dem besten am See. *Mit dem Kelt, mit dem Kelt, mit dem Kelt, erobert der Kalat die Welt.*

3 War ich gerne Pfadfinder? Für die Verfassung, in der ich beflissen mitlief, habe ich später beim Militär eine gnädig-abschätzige Qualifikation kennengelernt: »hat und gibt sich Mühe«. Das wahre Mühegeben zeigt sich am Verleugnen der Mühe, und dieses erst macht den Mann – bis er selbst nicht mehr weiß, wann er sich übernimmt. So betrachtet, ist meine Kindheit auch eine Art Grenzdienst gewesen. Eigentlich war sie das als männliche Abenteuer verkleidete Verbot von Kindheit. *Ich bin ein Schweizerknabe/ Und hab' die Heimat lieb* – aus zeitlichem Abstand wirkt dieser Knabe merkwürdig alt. Wir Pfadfinder hatten es pflichtgemäß »toll«, aber die uns unterschobene Unbesorgtheit kommt mir heute eher wie eine Ehrensache vor. Wir sollten vieles nicht wissen.

Dazu gehörte der Schrecken des Krieges. Weil uns die Eltern schonen wollten? Aber es störte sie ja keineswegs, wenn wir den Krieg im Garten nachspielten und an Waffen und Uniformen unsere Mordsfreude hatten. Sie redeten zwar von den Schrecken des Krieges, aber sie gaben uns nicht das Gefühl, daß der Krieg etwas Schreckliches sei. Ich hatte ganz andere Ängste. Wenn der Vater starb, und wir hatten plötzlich kein Geld mehr?

Jungen, die so viel Kindheit verleugnen, müssen Männer sein. Unsere Männlichkeit bewiesen wir etwa an sogenannten Freß-Höcks: Orgien des Kuchenverzehrs, für die unsere Mütter uns auch in der Zeit der Rationierungsmarken auszustatten wußten. Wir verschlangen das Backwerk, bis wir es wieder erbrechen mußten. Es war eine gemeinsame Werte-

vernichtung, bei der gerade der Genuß, mit dem wir angaben, verboten war. Er bestrafte sich durch den Exzeß von
selbst. Dabei gab es, wie bei allen Dispensen von der Zivilisation, einen Comment zu wahren. Im Militärdienst bin ich
dem Begriff des »Anstands« wiederbegegnet, der einen nach
verschlampten Nächten erst recht zu stählen hatte. War man
Offizier, so galt es genau dann, aus dem Truppenkörper die
höchste Disziplin herauszuschinden – als wäre »der innere
Schweinehund«, das Objekt der Überwindung, zugleich das
Ziel der Begierde.

Heute habe ich Mühe, diese Triumphe der Verkniffenheit
nachzufühlen,und möchte die Mühe, sie Jugendlichen zu erklären, gern für vergeblich halten. Aber ich beobachte, wie
der Sieg kleiner Männer über ihre Unlust auch heute noch als
Leistung erscheint, nur soll sie jetzt *easy* daherkommen. Im
Sport ist sie als »Spaß haben« getarnt, in meiner Jugend stand
dafür noch der Name »Disziplin« in Ehren. Wir hämmerten
sie mit genagelten Marschtritten fest und brauchten nicht
dazu zu singen, daß auch *die Reihen fest geschlossen* waren.
Aber unsere Körper richteten sich danach, auch wenn die
Fahne ein Lederwimpel mit einem Totemtier war: wir hielten
sie hoch.

4   An das europäische Kriegsende im Mai 45 erinnere ich
    mich, aber nicht als Zäsur. Einen deutschen Sieg hatten
wir längst abgeschrieben, die Erleichterung darüber war so
selbstverständlich wie folgenlos. Unsere Abteilung »Morgestärn« fühlte sich mit diesen Deutschen fast so wenig verwandt wie mit den Küsnachtern. Tod, Elend, Trümmer, wir
wußten Bescheid. Aber es hatte mit uns nichts zu tun.

Wir waren nicht schuld und halfen ja doch: den Flüchtlings-
kindern, die sich in der Folge bei uns einstellten, begegneten
wir mit etwas wie pikiertem Mitleid und notfalls ehrlicher

Entrüstung, wenn sie sich zu viel herausnahmen. Man erwartete nicht, daß sie sich schämten. Aber war es nicht das Mindeste, daß sie jetzt nicht auch noch frech wurden, vor allem die deutschen Kinder mit ihrer viel zu geläufigen, schon wieder aufdringlichen Sprache?

Wir sangen auch 1947 immer noch *Harus, nur immer Harus in eine neue Zeit*, niemandem fiel auf, daß wir die Sprache der inzwischen verbotenen »Nationalen Front« in den Mund nahmen. Was wir taten oder ließen, blieb einfach unerschütterlich normal: dafür waren wir ja wir. Wir schmetterten auch: *Bolle reiste jüngst zu Pfingsten / Und Pankow war sein Ziel*. Wir sangen »Bahnhof«, aber nicht, weil uns die Berliner Schnauze mißfallen hätte – gerade diesen Ton versuchten wir zu treffen –, sondern weil wir »Bahnhof« verstanden. Wir konnten den Refrain jenes Mannes kaum erwarten, der *seinen Jüngsten ganz plötzlich im Gewühl* verliert und *ne volle halbe Stunde nach ihm gespürt* haben will, *aber dennoch hat sich Bolle / Ganz köstlich amüsiert*. Wir amüsierten uns mit und dachten nicht daran, diesem Jüngsten etwas nachzufragen, auch nicht danach, ob ihn dieser Vater, der sich unter allen Umständen amüsierte, überhaupt finden wollte. Wir waren wir, und zugleich hatte, was wir sangen und taten, mit nichts anderem auf der Welt etwas zu tun.

Wir lagen vor Madagaskar / Und hatten die Pest an Bord. Ein Lied starker Männer, das wir hingebungsvoll weitersangen: *und täglich ging einer über Bord*. Unsere Stimmen halfen ihn förmlich wegwerfen, es war ja keiner aus Zollikon. Wir sangen grinsend vom *allerschönsten Kind / das man in Polen findt* und das sich einfach nicht küssen lassen wollte. Daß es dafür mit dem Tode bestraft wurde, hatte seine eigene Pointe: *Drum lautet die Parole / Küss niemals eine Pole / Sie sind so schwach / Schaff dir ein Schweizer(?) Mädel an / Das was vertragen kann / Und nicht beim ersten Kuß / Ins Wasser muß*. Gab es auch irgendwo ein reales Polen – was sollte uns das hier? Von Auschwitz keine Spur in der Schweiz.

Unvergeßlich der Abend im Frühjahr 1945, als ich, nach Einbruch der Dunkelheit, meinen Vater ins Haus eines Nachbarn begleiten durfte. Die Mutter sollte nicht mitkommen. Was wir sahen, war nichts für Frauen: Lichtbilder, die der Nachbar verstohlen an einer Mailänder Tankstelle geschossen hatte. Von deren Dach hingen kopfunter die lange Leiche Mussolinis und die zierliche seiner Freundin Claretta Petacci, der man den Rock zusammengebunden hatte. Als der Nachbar das Lichtbild verkehrt einlegte, stand sie auf den Zehenspitzen mit gesträubtem Haar, und man konnte die entstellten Gesichter besser sehen, wenn auch nicht mehr erkennen. So also sah ein Führer aus, wenn er tot war. Der Nachbar erzählte, die Leute hätten ihn angespuckt und gepufft, daß er schwankte. Eine Frau habe ihm drei Kugeln in den Leib geschossen, eine für jeden ihrer gefallenen Söhne. Der Nachbar hatte sich mit einem Schnappschuß begnügt. Das Bild hat mich tiefer aufgewühlt als die Bilder skelettierter Menschen aus den Lagern. Der Duce und seine Geliebte, das war denn doch etwas anderes. »Er darf nicht sterben, weil ich ihn liebe!« hatte die Petacci geschrien, als sie sich vor Mussolinis Leib warf. Ob das jemals eine Frau zu mir sagen würde?
Diese Lichtbilderschau war das Nächste zu einem gemeinsamen Bordellbesuch mit meinem Vater.

5 Die alleinerziehende Mutter des Jugendfreundes hatte während des Krieges einen Jungen mit dem befremdlichen Nachnamen Thier bei sich aufgenommen, dessen Angehörige angeblich in Australien waren. Man fragte nicht weiter. Man stellte nur fest, daß es ihm bei den Pfadfindern nicht gefiel, und wunderte sich nicht. Einen Juden habe ich ihn niemals nennen gehört: es war auch nicht nötig. Ich spürte auch so, wie wichtig es war, keiner zu sein.

Brums, der Unerschütterliche mit der leisen Stimme, führte mir jeden Samstag aufs neue vor, daß der Zolliker ein Mensch ist, und der Mensch ein Zolliker. Er ließ keinen fallen, der Mühe hatte, wenn er sich nur Mühe gab. Als neuer »Leu« war ich ein rechter Umstandsmensch, dafür überdrehte ich, wenn mir etwas gelungen war. Wohl möglich, daß mich Brums nicht besonders gut vertrug, doch war er allzeit bereit, mich davon nichts merken zu lassen.

Pfingstlager am Lauerzersee: Brums führte uns auf einem Nachtmarsch ins Dunkle hinaus. Es bestand strenge Schweigepflicht. Wir konnten da draußen im Ried einem Feind begegnen. Wir sahen gerade knapp den Rücken des Vordermanns, hörten das gedämpfte Geräusch unserer Schritte. Sonst umgaben uns nur die rätselhaften, plötzlich mit Verdacht geladenen Laute der Nacht, ein Quaken, Winseln von weit her, ein Fiepen in der Weide, der Schrei eines gestörten Vogels. Nur schwach zeichneten sich vor bedecktem Himmel die Körper der Berge ab. Plötzlich blinkte weit oben ein Signal – eine einzelne, nicht eben starke Lichtquelle. Flakkerte sie nur, oder morste sie einen Code? Wenn es eine Nachricht war, galt sie uns, oder sollte sie von uns unbemerkt bleiben? Waren wir einem Spion auf der Spur? War es noch ein Deutscher oder schon ein Russe?

Ich kann diesen Nachtmarsch nicht mehr datieren, erinnere mich nur, daß weiter hinten in der Kolonne plötzlich jemand zu schluchzen begann. Brums flüsterte Halt, schritt die Reihe nach hinten ab, kehrte nach kurzer Zeit, ein Kind auf den Schultern, an die Spitze zurück, und wir setzten uns wieder in Marsch.

Ich erinnere mich nicht, wer das Kind war, auch nicht an den Sinn oder das Ende des Marsches. Etwas Dramatisches hat sich nicht mehr ereignet. Geblieben ist die Bewegung einer Kolonne uniformierter Kinder, die einander nicht verlieren durften, in eine himmelhohe Dunkelheit hinaus. Als Brums einen von uns auf den Schultern trug, wurde der Kriegspfad schon beinahe wieder zum Heimweg. Unser Züglein konnte sich im Schutz des breiten Rückens immer so fortbewegen und kam doch am Ende zuverlässig ins Lager zurück.

Ins Lager! Wir lebten in einer Welt, die auch dieses Wort mit schöner Heimlichkeit besetzte. Unser Gründer, Baden-Powell, hatte in Südafrika die ersten *Concentration Camps* der Geschichte betreiben helfen. Dort wurden die Feinde des Empire (damals die Buren) neutralisiert. BiPi fiel es ein, Kinder als Meldeläufer einzusetzen, da sie unauffälliger durch feindliche Linien schlüpften. Davon weiß die Pfadfinder-Legende nichts Bedenkliches zu berichten. Wir Pfadfinder aller Länder blieben, immer »treu Gott und dem Vaterland, hilfreich dem Nächsten, gehorsam dem Pfadfindergesetz«, allzeit bereit auch zu stolzer Alleinfahrt kleiner Herrenmenschen: »Drum paddle du selbst dein Kanu.« Unsere Samstagsübungen waren angewandte Indianergeschichten, nachgespielte Szenen aus dem alten Rom oder der Eroberung Mexikos. Dabei lernten wir, wie versprochen, alles mögliche, aber natürlich nicht, unsere eigenen Hüte, die für alles gut waren, als Beweisstücke einer Geschichte zu identifizieren. Wir trugen den Filz (samt »Sturmband«), der den *Boy Scouts* als Kopfschmuck des Weißen Mannes gedient hatte, mit dem Stolz der *Jungen Schweizer (und jung ist unser Blut).*

An unsere Samstagsübungen reichten die Geschichten, die in der Zeitung standen, nicht heran. Nach Stalingrad waren die Deutschen für uns schon kein Thema mehr. Warum hätten die Juden eins werden sollen? Wir fanden unsere eigenen Pfade, bauten unsere eigenen Lager, und unsere braunen Hemden bedeuteten nur: sie mußten auch für ein Kind wie mich erschwinglich sein. Das war das soziale Zollikon.

Ich habe dieses Hemd weiter getragen, auch als es feldgrau wurde, zuerst aus Rekrutendrillich, dann von feinerem Stoff. Beim ersten Offiziersball (1956) mußte es sogar weiß sein. Es war mir immer eng um die Kehle und schien nie ganz zu passen, aber daß es mich drückte, gab ich nicht zu. Wie wäre ich sonst ein guter Zolliker geblieben. Bei der Brevetierung zum Leutnant im Amphitheater Vindonissa gab es einen ernsten Moment. Der »Waffenchef« der Übermittlungstruppen teilte uns mit, daß es in Ungarn losgegangen sei. Es könnte also bald wieder so weit sein, auch für uns. Vielleicht liege schon am Montag ein Marschbefehl in unseren Briefkästen. Aber erst einmal hätten wir ein festliches Wochenende verdient. Noch einmal fühlte ich mich Allzeit Bereit.

6 Die Wir-Form, alle Geschäfte einschließend, die unterm Schweizerkreuz, dem immer positiven Vorzeichen, getätigt und notfalls beschwiegen wurden, blieb der nachhaltigste Erfolg der »geistigen Landesverteidigung«. *Unsere* Banken blieben eingebunden in den Rütli-Schwur, den General Guisan in seinem berühmten Rapport 1940 (von dem bis heute kein Wortlaut überliefert ist) erneuert hatte, allen Anpassern und Defätisten in die Zähne. *Unsere* Banken und Unternehmen waren damit nicht gemeint. Sie waren stille Teilhaber des Widerstands. Nach dem Krieg brauchte man nur den Notstand zum Wohlstand zu verlängern, im Wohlstand aber auch den Notstand festzuhalten, dann blieben alle Institute, die Schweizernamen und Schweizerkreuz trugen, mit dem Hausgeruch von Volksgemeinschaft imprägniert. *Unsere* Banken, *unsere* Bahnen, *unsere* Geschäfte, alles blieb im Bann des Patriotismus, also unter seinem Schutz. Das Bankgeheimnis war nur die Fortsetzung des Schweigens der Schuldlosen, das man dem eigenen Land im Krieg schuldig gewesen war. Wenn es den Banken auch danach in der Welt Nutzen brachte: Gott befohlen! Die Kritik daran erschütterte Uns nicht.

So mutierte der mythische General, der Garant unserer Identität (mit vier Diamantsternen auf den Schultern und einem

goldenen Lorbeer an der Mütze) in den nächsten Jahren in
eine Art General-Vollmacht hinüber: weiter so! Dem konso-
lidierten Gewinn der Kriegsjahre war, in Schweizer Augen,
so viel moralischer Kredit zugeflossen, daß die Angriffe Se-
nator D'Amatos (New York) 1996 zunächst weniger auf
Empörung als auf Unverständnis stießen. Was wollte man
unseren Banken tun? Sie waren mit ihrem Triple-A-Renom-
mee so viele Jahre unsere erfolgreichste Auslandvertretung
gewesen, daß sie uns gewissermaßen eine staatliche ersparten
und die schweizerische Neutralität zugleich mit einem goldenen Boden ausstatteten. Ein Angriff auf unsere Banken
war ein Angriff auf die Schweiz!

Daß sie unrecht haben oder gar Unrecht tun könnten, traf die
Schweizer überaus unverhofft. Wie kam jemand dazu, die
ökonomische Frage der Profitvermehrung moralisch oder –
Gott behüte! – gar politisch zu betrachten? Den Gewinn,
den die tüchtigen Banken im Krieg gewissermaßen notge-
drungen gemacht hatten, machten sie noch immer im Zeichen des Sachzwangs. Wie sonst, wie anders konnte sich der
Kleinstaat in einer noch immer arglistigen Welt Geltung verschaffen, als indem er ihre Arglist durch Tüchtigkeit über-
traf? Daß diese auf einmal selbst Arglist heißen sollte, und
strafbare Arglist, wollte den Komplizen der Tüchtigkeit
nicht in den Kopf. Daß man dem Teufel, seit er den Urnern
eine Brücke über die stiebende Reuß gebaut hatte, immer
noch eine lebendige Seele schuldig geblieben war, ging vergessen: man hielt die Schuld durch den Trick mit dem Zie-
genbock, den man dem Bösen statt eines Menschenopfers
zugetrieben hatte, für abgegolten.

Von da an blieb es ausgemacht: im Verkehr mit dem Teufel
muß erlaubt sein, was gelingt. Die Eidgenossen sprachen sich
gewohnheitsmäßig ein sauberes Gewissen zu. Es wurde im
Verkehr mit der Arglist der Zeit ja nicht wirklich gebraucht.
Auch als die andern nicht mehr teuflisch aussahen: es waren
die andern, und wir blieben wir. Es sah alles, die lebendige

Seele abgerechnet, wie das große und immerwährende Schweizer Gewinnspiel aus.

Und plötzlich stimmt seine Rechnung nicht mehr. Man verlangt die lebendige Seele von uns; sie, immer nur sie, soll es gewesen sein, was unseren Geschäften gefehlt hat. Und plötzlich sollen diese Geschäfte des Teufels sein.

7 September 1997, Thema »Solidaritätsstiftung«, ganztägige Sitzung unserer Arbeitsgruppe in einer Dépendance des Berner Bundeshauses. Herr B. war um die Mittagszeit zum Hearing geladen. Ich hatte am Vormittag noch in Zürich zu tun gehabt. Das Projekt eines Graduierten-Kollegs in der renovierten Semper-Sternwarte hielt mich seit zwei Jahren in Atem, auch während eines Urlaubs, den Herr B. in der ersten seiner diesjährigen »Klarstellungen« einer breiten Öffentlichkeit angezeigt hatte, um mich des Müßiggangs zu bezichtigen: A. M. hielt keine Vorlesungen. Wofür also bezog er sein Gehalt aus guten Steuergeldern? Viel Schlimmeres hatte er mir noch nicht nachgesagt. Aber nach meiner »Auschwitz«-Schrift, flüsterte man mir zu, würde er meinen Fall endgültig lösen.

Herr B. hatte, als ich verspätet zur Sitzung kam, gerade den Mund geöffnet. Die Hand hatten wir uns also nicht zu geben brauchen. Herr B. wunderte sich laut, daß man ihn überhaupt eingeladen habe, denn seine Position sei ja bekannt. Er halte nichts von der Idee einer Solidaritätsstiftung. Eine schon im Ansatz schiefe Sache, in der Substanz überflüssig, in der Finanzierung stoßend.

Die Arbeitsgruppe, ein gutes Dutzend Leute um ein Tischviereck, erhielt einen Vorgeschmack der Rede, die Herr B. für den übernächsten Tag im Kursaal Bern angekündigt hatte. Dort würde er ein dankbares Publikum haben, hier hatte er ein immerhin aufmerksames. Er sprach sein Ostschweizer

Hochdeutsch mit dem studierten Nachdruck eines Mannes, der das Rechte, wenn es darauf ankommt, auch ganz allein wissen muß. Die Stiftung, in der vom Bundespräsidenten am 4. März 1997 vorgeschlagenen Form, bleibe das Produkt einer Erpressung. Und einer solchen dürfe ein Staat nicht nachgeben.

Eine Erpressung also. Vor wenigen Monaten hatte das Wort, angewendet auf die Forderungen, welche jüdische Organisationen im Namen der Holocaust-Opfer an die Schweiz erhoben, im Munde eines Bundespräsidenten noch Skandal gemacht: Jean-Pascal Delamuraz hatte zwar die Entschuldigung dafür verweigert, aber immerhin die Mißverständlichkeit bedauert. Herr B. s wohlgesetzter Klageton stellte Unmißverständlichkeit her.

Die Runde – ehrenvoll Zurückgetretene von politischen oder akademischen Ämtern, Unternehmer, Fachleute der Entwicklungszusammenarbeit – hörte einen Mann, von dem, wie man wußte, die massivste Drohung für das Produkt ihrer Arbeit ausging. Er hatte schon im Parlament am 4. März zur Rede des diesjährigen Bundespräsidenten Koller, die den Stiftungsgedanken lancierte, nur den Kopf schütteln können: der Bundesrat müsse den seinigen verloren haben! Inzwischen war aus dem Kopfschütteln ein hartes Nein geworden, das er der ganzen »Classe politique« und ihrer windelweichen Selbstachtung ins verlorene Gesicht schleuderte.

Sein Klageton galt dem unnötigen Klarstellungsbedarf: wohin ist es mit einem Land gekommen, in dem man sich für das Selbstverständliche stark machen muß! Man zahlt, wo man etwas schuldig ist, genau wie im Wirtshaus. Was vereinzelte Banken und Unternehmen schuldig sind, mögen sie zahlen. Dafür gibt es ja diesen Holocaust-Fonds. Wofür jetzt noch eine Solidaritätsstiftung? Wo man nichts schuldig ist, erübrigt sich auch die Entschuldigung. 1939-45, als die Schweiz von lauter Ungutem eingeschlossen war, hatte sie daraus das Beste für sich gemacht. Muß sie sich dafür entschuldigen?

Brauchen wir uns, fünfzig Jahre später, darüber zu streiten, ob es da oder dort etwas noch Besseres als das Beste gegeben hätte? Wir haben Flüchtlinge aufgenommen – relativ zur Bevölkerungszahl mehr als jedes andere Land. Wir haben unsere vertraglichen Verpflichtungen erfüllt, natürlich auch gegenüber den Achsenmächten. Was hat ein kleines Land einer drohenden Übermacht Stärkeres entgegenzusetzen als die peinlichste Beachtung von Recht und Vertrag? Wie sicher wären unsere Werte geblieben, wenn wir sie dem Opportunismus geopfert hätten und von Fall zu Fall zu den jeweiligen Siegern umgeschwenkt wären? Neutralität ist Rechtmäßigkeit nach allen Seiten. Sind wir damit nicht auch nach dem Krieg am besten gefahren? Wie anders hätten wir unsere Unabhängigkeit und Eigenständigkeit bewahrt? Wie kämen wir dazu, ein Prinzip, das uns bis heute hat in Ehren und Wohlstand bestehen lassen, dem Druckversuch von ganz bestimmter Seite zu opfern?

Der Redner zog den Kopf in die Schultern, die den Reflex, beim Herauslassen des Brusttons gleichzeitig die Arme zu heben, unterdrücken mußten. Die volle Pumpbewegung schickte sich nicht zu dem kleinen Raum. Das Erhebende, oder zum sich-Erheben Auffordernde, mit dem er sein Publikum anderswo von den Sitzen riß, konnte der Redner nur andeuten. Dennoch trieb ihm die zurückgedämmte Überzeugungsmacht die Backen auf und ließ das Untergesicht mächtiger erscheinen, wenn sich die Zähne entblößten zu einem grimmigen Lächeln. Ein Landschulmeister, der einen schon durch Zuhören richtigstellen kann; ein Bauer, der sich von keinem für dumm verkaufen läßt.

Solidarität? Daran hat es unser Land noch nie fehlen lassen, so Herr B. mit beherrschter Drohung. Niemand braucht so zu tun, als fehle es uns heute daran. Nur findet er es nicht redlich, wenn man dafür auf die nationale Goldreserve zurückgreift. Es kommt auch beim Volk nicht gut an. Das sieht ja so aus, als könne die Eidgenossenschaft, die sonst überall

sparen muß, sieben Milliarden aus dem Hut zaubern. Das ist
Währungsreserve, das ist Volksvermögen!

Solidarität aber sieht ganz anders aus, nämlich wenn Leute,
die es vermögen, dafür in die eigene Tasche greifen. Rein aus
Dankbarkeit, weil wir vom Krieg verschont geblieben sind,
nicht etwa aus schlechtem Gewissen, ist Herr B. persönlich
bereit, etwa ein Jahreseinkommen dafür zu stiften. Und
wenn er sich umsieht, gibt es an diesem Tisch auch sonst diesen und jene, denen ihre Verhältnisse ein gleiches erlauben
müßten. Das nennt Herr B. Solidarität, wenn man sie sich
selbst etwas kosten läßt. Dann ist sie auch etwas wert. Das
Angebot gilt. Allerdings nur, wenn die Herrschaften mitzie-
hen.

Volksmänner

Es ist nicht richtig, daß unsere schweizeri-
schen Staatsmänner lauter Schwindler und
Dummköpfe seien.

Hätte das Holz nicht aufgeschlagen, so
würden sie ihn am liebsten zum Scheiter-
haufen verdammt haben.

8 Er war aus gutem Haus, besaß einen juristischen Doktor
und entdeckte seine Berufung zum Mann des Volkes. Es
empörte ihn, daß der Staat in die Hand einer Politikerkaste
gefallen war, der man Charakterlosigkeit vorwerfen mußte,
Beugung des Rechts, Ausverkauf der Werte. Anfangs schrieb
er in Lokalblättern mit ländlicher Leserschaft, namentlich
des Zürcher Unterlandes. Dann wurde er immer durchschla-
gender sein eigenes Medium und wußte sich eine Öffentlichkeit aufzubauen, die von seiner Person und ihrer Rhetorik
gebannt war. Er polarisierte die Politik, aber er machte sie
plastisch und stieg, auch ohne Amt, für einige Jahre zur best-
gehaßten oder meistverehrten Größe seines Kleinstaats auf.
Ihm verdankte die Volkspartei den Aufstieg zur stärksten
Kraft seines Kantons. Zugleich wahrte er zu ihr einen bestimmten Abstand, denn ihre kleinen Häupter verachtete er
im Grunde nicht weniger als die Stützen des verhaßten »Systems«.
Die größten Triumphe feierte er als Volkstribun bei seinen
Auftritten im »Schützenhaus«, wo er dem jubilierenden Anhang seine wahren Feinde, Verführer oder Verräter zeigte.
Dabei war seine Sprache einerseits hemdsärmlig, anderseits
die eines mit allen Wassern der Bildung gewaschenen Man-

nes, der dem einfachen Volk ausdeutschen konnte, wo es der
Schuh drückte, und daß es etwas Besseres verdient habe: ihn.

9 Die Rede ist von Dr. iur. Friedrich Locher (1820-1911),
der einem aktuellen Zürcher Personenlexikon nur noch
ein paar Zeilen wert ist:

*Locher war ein rabiater Gegner des liberalen Systems von Al-
fred > Escher. Mit sieben gegen Escher und seine Freunde ge-
richteten Pamphleten, die er 1866 bis 1872 unter dem Titel
›Die Freiherren von Regensberg‹ veröffentlichte, wirbelte er
viel Staub auf. Er war zwar Mitglied des Verfassungsrats von
1868, der zum Sturz der Liberalen beitrug, leistete selbst aber
keinen positiven Beitrag zur demokratischen Reorganisation.
1878 gründete Locher die ›Zürcher Nachrichten‹. 1899 zog er
nach Paris, wo er 1911 starb.*

Lesern Gottfried Kellers mag Friedrich Locher außerdem als
Adressat eines Gedichts ›vorgekommen‹ sein – ein Wort, das
man in meiner (und seiner) Mundart einmal für »Gespenster
sehen« verwendet hat. Es trägt den Titel »Die öffentlichen
Verleumder« (im Anhang C, S. 332 vollständig nachzulesen)
und zeigt die Geburt des Bösen aus dem sozialen Vakuum:

> Er findet, wo er geht
> Die Leere dürft'ger Zeiten,
> Da kann er schamlos schreiten,
> Nun wird er ein Prophet;
> Auf einen Kehricht stellt
> Er seine Schelmenfüße
> Und zischelt seine Grüße
> In die verblüffte Welt.

Gehüllt in Niedertracht
Gleich wie in eine Wolke,
Ein Lügner vor dem Volke,
Ragt bald er groß an Macht
Mit seiner Helfer Zahl,
Die hoch und niedrig stehend,
Gelegenheit erspähend,
Sich bieten seiner Wahl.

Sie teilen aus sein Wort,
Wie einst die Gottesboten
Getan mit den fünf Broten,
Das klecket fort und fort!
Erst log allein der Hund,
Nun lügen ihrer Tausend;
Und wie ein Sturm erbrausend,
So wuchert jetzt sein Pfund.

Bösere – und auch schlimmere – Verse hat Keller nie geschrieben. Als ich im Spätsommer letzten Jahres von Herrn
B., selbst Dr. iur. und Kopf einer schweiz. Volkspartei, öffentlich verleumdet wurde (vgl. Anhang D, S. 334), geriet ich
in Versuchung, dem Unternehmer in Chemie und Volkszorn
mit diesem Gedicht zu erwidern. Aber damit hätte ich nur
zur weiteren Verdunkelung des Landes beigetragen, und ich
hätte mir selbst eine Quelle von Einsichten getrübt, die einen
diskussionswürdigen Kontext verdienen. Er soll in diesem
Buch nachgetragen sein.
Vor allem aber hätte ich die ernsthafte Bekanntschaft Herrn
Dr. iur. Friedrich Lochers nicht gemacht und mir seine Seite
der Sache entgehen lassen. »Audiatur et altera pars« gehörte
allerdings nicht zu den Standesmaximen, die er selbst beherzigte. Der Advokat, der nie Richter werden konnte, ist eben
darum, auch als Angeklagter, nichts anderes als ein Scharfrichter gewesen – in den Medien seiner Zeit, Presse, Tribunal

und Wirtshaus. Keller ist dieser Mann lebenslänglich »vorgekommen«.

Hier erscheine sein Geist, ohne Voranmeldung, bei den neuesten Debatten meiner Landsleute darüber, ob sie denn eine
Vergangenheit haben, und womöglich (hier reden sie schon
leiser) auch eine Zukunft.

Locher war es nie gewohnt, ums Wort zu *bitten*. Er wußte
schon: ungebeten war er am stärksten.

10 Inge Scholl berichtet, daß ihr Bruder Hans der ge-
meinsamen Schwester Sophie am 9. Mai 1942 Kellers
»Verleumder«-Gedicht zum Geburtstag geschenkt habe. Es
sollte auch der Geburtstag der »Weißen Rose« werden. Die
Runde der jungen Studenten aus gutbürgerlichem Ulmer
Haus vermochte den Autor nicht zu erraten; den richtigen
Empfänger der Verse hatte sie gleich erkannt. »Großartig,
Hans, das mußt du dem Führer widmen.« Danach widmeten
sie sich selbst mit Leib und Leben dem Widerstand gegen
diesen Führer; zehn Monate später fiel ihr Haupt unter dem
Beil.

»Das gehört in den Völkischen Beobachter.« Dem Zürcher
muß die Erinnerung erlaubt bleiben, daß das Schreckbild des
dämonischen Populismus ursprünglich in seine Lokalge-
schichte gehört.

11 Einer, nach dem sich Herr B. an diesem Tisch für ein
Gegengebot zu seinem persönlichen Jahreseinkom-
men (einer Million) wohl umsehen durfte, war Ulrich Bremi,
Elder Statesman, auch politisch noch immer ein Schwerge-
wicht in der Schweiz. Sprach man in den Siebziger- und
Achtzigerjahren vom Zürcher Freisinn, so meinte man ihn

zuerst. Und noch immer war sein Freisinn die kapitale Partei, Sieger im Sonderbundskrieg (1847), Gründungsverein des Bundesstaates, den er nach 1848 keineswegs nebenbei und doch quasi ehrenamtlich viele Jahrzehnte geleitet hat. Daß er den ersten Bundespräsidenten, den Zürcher Jonas Furrer, stellen mußte, war keine Frage, auch wenn »wir nie unsere besten Leute in den Bundesrat delegiert haben«, wie mir der einstige Nationalbank-Boss und nachmalige Industriekapitän Fritz Leutwiler anvertraute – übrigens bei einer Sitzung der schöngeistigen Schiller-Stiftung, wo er moderne Lyrik so gewissenhaft prüfte wie sonst Wechselkurse.

»Wir«, das war der finanziell-industriell-militärische Komplex der Schweiz, dem auch der Staat, wie zu Eschers Zeiten, als Dienstleister, Pflanzschule, Wechselzone und Altenteil dienen durfte. Wir reden von der freisinnigen Partei, und wir reden – ohne laute Worte – von sehr viel mehr. Denn sie ist beinahe noch, was sie immer war: der Inbegriff einer Mentalität, die sich bei besseren Schweizern von selbst versteht, ein guter Stall, den man (pardon) am Geruch erkennt; das Gütezeichen für eine Lebensform, die in jedem Sinn die leitende und daher gehobene bleibt.

Der Freisinn ist die Partei der »Neuen Zürcher Zeitung«, die parteilich zu nennen geschmacklos wäre. Wer dort, wie Ulrich Bremi, eine leitende Position bekleidet, sieht in einer Zeitung zum Rechten, die es nur im Lokalteil gelegentlich nötig hatte, die Linke zu disqualifizieren – und auch dies nur aus Verantwortungsgefühl; denn gerade in einem liberalen Land muß die Rechte wissen wollen, was die Linke tut. Sie weiß aber auch, daß sie selbst über die besseren Verbindungen verfügt, nicht zuletzt dank ihrer vorzüglichen Auslandskorrespondenten. In gewissem Sinn, wohlgeborgen in Diskretion, war die ältere Bundesrepublik, dank Adenauers Vorliebe für ihren Korrespondenten, so etwas wie der verlängerte Arm der NZZ. Nachdem der Korrespondent Chefredaktor wurde, lag Nachkriegsdeutschland geradezu

im Einflußgebiet des Zürcher Freisinns, dem wiederum der
gesamtschweizerische Freisinn, wenn auch oft zähneknir-
schend, tributpflichtig war.

Die »Neue Zürcher« – um es schon zu pointiert zu sagen –
ist die diskrete Herrschaft der Schweiz. Und damit es dabei
bleibe, garantiert sie die Herrschaft der Diskretion, das will
sagen: sie pflegt die Kunst der Unterscheidung. Was ihr zu
nahe treten könnte, unterscheidet sie gewissermaßen reflex-
artig von den Tatsachen, die sie entsprechend zurechtrückt,
etwa durch die Feststellung, daß sie nicht neu sind. Wenig ist
wirklich neu für die Neue Zürcher Zeitung; davon wird sie
noch lange nicht zur alten Tante, denn wie alt sehen vergleichsweise die Nachrichten von gestern aus! Katastrophen
pflegt sie unter »Vermischtes« zu melden; dafür findet bei ihr
eine Sonnenfinsternis im Lokalteil statt. Die Frage: wo denn
sonst? wäre ahnungslos: andere verrieten mit dieser Meldung
nur, daß sie sich an einem beliebigen Punkt der Welt befinden; die NZZ zeigt an, daß sie eine Welt ist. Andersherum:
der Zürcher Freisinn ist noch nie etwas Lokales gewesen,
aber anderswo soll man ihn ruhig dafür halten.

12 Wer, wie die NZZ, den Wirtschaftsteil der Schweiz re-
digiert, dem ist 1996 durch die Einmischung dieses
Herrn D'Amato, des Schweiz-Verklägers aus New York,
naturgemäß nahegetreten worden. Die Neuheit dieser Anklage diskret zu bestreiten, war diesmal nicht lange möglich
– schon beim Versuch dazu gab der Freisinn unverhoffte
und, was das Management der ihm nahestehenden Banken
betrifft, sogar bestürzende Schwächen zu erkennen. Die gewinnbringende Art, Schweizer zu sein, geriet in ein profanes
Gedränge. Auf einmal war es vorbei mit der nebenamtlichen
Verwaltung eines wohltemperierten Staatswesens. Auf einmal wäre Politik, wohl gar explizite Außenpolitik gefragt ge-

wesen, ein deutlicher Standpunkt, statt eines wohlkultivierten und hinreichend welthaltigen Standorts. Auf einmal fiel es sogar dem Volk auf, daß »wir noch nie unsere besten Leute in den Bundesrat delegiert haben«. Und ausgerechnet in diese Lage tritt ein Konkurrent, Herr B., auf den Plan, der die unverhoffte Systemlücke mit seinem Produkt besetzt. Keiner ist bürgerlicher als er, keiner kennt die Welt besser als er, darum ist keiner der bessere Schweizer geblieben, und keiner läßt sich weniger vormachen.

Die Medien sind ihm dankbar für den Aufruhr, in den er das System versetzt, das plötzlich hilflos erscheint. Er macht Miene, der klassischen Staats- und Wirtschaftspartei das Stimmvolk zu entführen. 1992 hat er ihr den preisgünstigen Beitritt zu einem europäischen Wirtschaftsraum verdorben. Standort oder Standpunkt? Er will sie zwingen, eine Wahl zu treffen, eine Farbe zu bekennen, in deren Vermeidung bisher wahre Staatskunst bestanden hat. Und das tut er auch noch im Namen der Neutralität, die er hoch und heilig gehalten sehen will; das Mittel des Staates wird sein Zweck. Denn dieser ist auch wieder das beste Mittel. Wofür? Zur Herstellung von Unabhängigkeit.

Herr B., Herr der Chemie Ems, kennt das Geschäft. Er darf es beim Namen nennen. Er braucht sich nicht jedes gefallen zu lassen. Er hat Zug um Zug eine achtzig Jahre alte Bauernpartei akquiriert; in der Ostschweiz ist sie schon fest in seiner Hand. Wo ihm der Föderalismus – der ihm, wie sich versteht, teuer ist – Grenzen setzt, umwandert er sie mit einer auf seine Person geprägten Sammelbewegung. Sie hört auf die nur knapp aussprechliche Kürzel AUNS, »Aktion für eine neutrale und unabhängige Schweiz«. An ihr besitzt er ein unumstößliches Eigengewicht in der direkten Demokratie. Sie dient ihm als Stimmenreservoir, Manövriermasse, Resonanzboden für seine Klar- und Richtigstellungen. Mit ihr ist er immer dabei, auch im *Web*; was er auf die Agenda setzt, bleibt drauf. Wer ohne ihn politisiert, dem zeigt er die Instru-

mente (die demokratischen genügen ihm). Wer mit ihm politisieren will, dem zeigt er sie erst recht: er kann es besser. Sein
Rezept: Deckel drauf, für Temperatur sorgen, schmoren lassen. Dann wird das Ding gar und nimmt seinen Geschmack
an. Denn das Gewürz ist seins.

Da sitzen die Herrschaften und wollen wissen, was er von ihrer Solidaritätsstiftung hält. Er haut ihnen eine Million auf
den Tisch. So viel hält er davon. *Sein* Geld! Er greift dem
Volk nicht in die Tasche! Und nun, wer bietet mit?

Sie sind aufgerufen, Herr Ulrich Bremi! (Der Schriftsteller
dort kommt auch gleich zur Kasse.)

13 Lochers größter Coup war der Sturz des nach 1848 in
der Eidgenossenschaft mächtigen, in seinem Zürich
allmächtigen Alfred Escher (1819-1882) und seiner liberalen
Partei von der kantonalen Macht. Dieser unerhörte Fall lei-
tete eine neue, »demokratisch« genannte Entwicklung des
Gesamtstaates ein, die 1874 in der ersten Totalrevision der
noch jungen Bundesverfassung gipfelte – es ist bis heute die
einzige geblieben. Ihr markantestes Merkmal war die Instal-
lierung der »direkten Demokratie«, die Erhebung des Volkes
zum »Souverän«, der in Gesetzessachen fakultativ, in Verfas-
sungsmaterien obligatorisch gefragt werden will und in diesen auch eigene »Volksinitiativen« entwickeln kann.

Locher war – wie Keller – durchaus kein Freund der »direkten Demokratie«. Dennoch hat er ihr mit seinen Pamphleten
gegen Eschers Politik in den Sechzigerjahren die Tore auf-
gestoßen. Er artikulierte das Ressentiment, mit dem die
»kleinen Leute« ihre neue Finanz- und Handelsaristokratie
betrachteten, und steigerte es durch das journalistisch
wirksamste Mittel: indem er das »System« personalisierte.
Mit jedem Pamphlet schoß er eine seiner Stützen heraus und
wies weniger ihre politische als charakterliche Unhaltbarkeit

nach. Er demonstrierte, daß die neuen Statthalter und Land-
vögte zugleich subaltern und jämmerlich waren. Er löste die
Karrieren, die sie von Gnaden des geldstarken »Fürsten«
Escher gemacht hatten, in maulgerechte Histörchen auf, die
an jedem Stammtisch weiterverzapft werden konnten. Der
Staat, so Lochers Tenor, war unter die Räuber gefallen; aber
näher besehen, waren sie doch nur schäbige Taschendiebe,
dankbar ergebene Kreaturen und Nutznießer eines großen
Fischzugs am gemeinen Wohl. Daß ihnen ihre Ämter – nach
damaligem Zürcher Rechtsverständnis – Immunität ver-
schafften, war ein Skandal, für dessen Anprangerung auch
die skandalösesten Mittel gerechtfertigt waren. Diese Geset-
zeslücke nahm dem Staat die Glaubwürdigkeit; Locher stieß
mit seinen Pamphleten hinein. Hier wurde es zur Ehrensache, sich strafbar zu machen: jeder Schuldspruch ein Nagel in
den Sarg des »Systems«.

Lochers Pamphlete haben es auf einen Prozeß angelegt. Die
Gerichte können die provozierte Verleumdungsklage behandeln, wie sie wollen: ihr Gegenstand ist zum öffentlichen
Thema geworden. In jedem Kopf bleibt genug davon hängen, um den Kläger tödlich bloßzustellen. Schützt ihn das
Gericht, so erscheint es als Komplize und nährt, als Macht-
spruch über moralisches Recht, die allgemeine Entrüstung
noch mehr.

Locher wußte, wie man Pressefreiheit ausreizt und wofür
sich die Öffentlichkeit, die man so herstellt, benutzen läßt. In
der heute exotisch wirkenden Streitkultur des jungen Bundesstaates war der Flegel noch lange eine anerkannte, wenn
auch stumpfe Waffe. Auf diesem Kampfplatz imponierte Locher ebenso durch die juristische Präzision seiner Hiebe wie
durch ihre satirische Treffsicherheit und den Umfang seines
Schlagrepertoires, das für einen Holzbetrug im Bauerndorf
eine Antwort aus der »Braut von Messina« parat hatte. Der
Getroffene fiel in ein Häufchen kläglicher und kompromit-
tierender Anekdoten auseinander und war danach von kei-

nem Zürcher Gericht wieder herzustellen. Es war nicht das
Hohngelächter der Republik, das für Locher arbeitete, sondern das tödliche Grinsen; wie der aus Lappalien Staatssa-
chen zu machen wußte! So lange nur der *Andere* ertappt
wurde... aber die Schadenfreude blieb doch besser *still* vergnügt.

Wäre der Sensationenmacher seiner Republik wirklich der
Volkstribun gewesen, den die »Systemherren« in ihm fürchten lernten, so hätte er von ihrem Sturz zu profitieren gewußt. Es war ihm gelungen, mit dem Malaise, das im Volk
bestand, landesweit Stimmung zu machen, und sich zu ihrem
Sprecher: das Volk, das er mit seinen Reden im »Schützenhaus« mobilisierte, schien nur auf seinen Marschbefehl zu
warten. Aber der erfolgte nicht.

Es wäre mir möglich gewesen, die Erbitterung zu exploitie-
ren, eine Volksversammlung von 10 000 Menschen auf die
Beine zu bringen, vielleicht sogar einen Putsch zu versuchen.
Ich wurde sogar dazu gedrängt. Habe ich es gethan? Und
warum nicht *? Vielleicht hätte es uns glücken können, ein Sy-*
stem aus besseren Elementen zu bilden, aber mit welcher
Stirn hätten wir das »*System« als solches offiziell bekämpfen,*
unter der Hand aber an der Composition eines eigenen ar-
beiten wollen?
Solche Sorgen um seine »Stirn« pflegen den wahren Volkstribunen nicht zu plagen; einer, der so gesät hat, will gewöhnlich auch ernten. Locher aber zog, als die Macht zum Greifen
nahe lag, die Hand zurück. Es war erstaunlich naiv, dafür mit
dem Dank der Republik zu rechnen. Solidere Volksmänner
haben sich an dem Advokaten, der ihnen die Kastanien aus
dem Feuer holte, rasch vorbeigedrängt und auf der gefallenen liberalen Festung ihre »demokratische« Fahne aufgezo-
gen. Was sollten sie mit einem Kopf, der Partei nahm, sich
aber zu fein war, Partei zu bilden, an einem neuen »System«
teilzunehmen ? Was *er* nicht sollte, war ihnen freilich klar genug: sie dabei stören. So sorgten sie rasch und einvernehm-

Friedrich Locher (1820-1911)

lich dafür, daß er nicht dazu kam, »einen positiven Beitrag
zur demokratischen Reorganisation« zu leisten. Der Mann,
der die »Werkzeuge« des liberalen Regiments denunziert
hatte, war selbst nicht als Werkzeug für ein demokratisches
zu brauchen – genug, wenn er als Brechstange seinen Dienst
getan hatte.

14 Der Papiertäter, der sich seine Angst vor der Praxis
schönredet; der Kritikaster, der nur heruntermachen,
nicht aufbauen kann: der Steckbrief des *Intellektuellen* ist
beinahe komplett. Damit hat die »Stirn«, die ihm bei der Bildung eines eigenen »Systems« im Wege war, einen populären
Namen. Politiker aller Größen behandeln Locher immer
noch als ihresgleichen. Er gibt ihnen nicht den geringsten
Grund, seinen Weltverstand, seinen Sinn für Praxis und Tak-
tik anzuzweifeln. Wenn sie nicht geradezu seine Opfer sind
(und: damit sie es nicht werden), suchen sie seinen juristischen Sachverstand und bedienen sich seines psychologi-
schen Scharfblicks; sie verachten auch keineswegs seinen
Sinn für das nutzbare Gemeine. Zeitweilig führte Locher so
etwas wie die Praxis eines ambulanten Star-Anwalts, dem
auch ein Frankfurter Bankier nichts vormacht. Nur sich selber wußte er nicht zu helfen, denn *es ist mir (...) nicht gegeben, die Gunst derer in Anspruch zu nehmen, die es aufrichtig
mit mir meinen.*
Eine kleinlaut geäußerte Tugend; sie spricht für einen kom-
plizierten Charakter. Im Zögern Hamlets vor einem
»Putsch«, das er zu Protokoll gibt, darf man etwas von jenem
Fuchs vermuten, dem die Trauben nachträglich zu sauer
sind. Es ist kaum eine Frage, daß er sich an die Spitze der Republik, die zu erobern ihm seine Grundsätze verboten, ganz
gern hätte *rufen* lassen. Und es kränkte ihn, daß seine demokratischen Streitgenossen so gar nicht auf diesen altrömi-

schen – oder akademischen? – Gedanken kamen. Er war seiner würdig – sie waren es nicht. Das sollten sie bald zu spüren bekommen. *Der Verfasser hat bei dieser Gelegenheit viel gelernt. Man sucht den Schwindel gewöhnlich nur bei den Herren im schwarzen Frack, es gibt aber unter den Leuten in Hemdärmeln ganz ebenso große Filous, und es gehört mehr Talent und Schlauheit dazu, ein feiner Demokrat, als ein feiner Aristokrat zu sein.*

Bei der Revision solcher »Feinheit« gedachte er dem demokratisch regierten Vaterland nichts schuldig zu bleiben und schenkte auch ihm keinen Prozeß. Es kam ihm auf den Beweis an, daß er bei der Erneuerung des Staates doch besser *mehr* zu sagen gehabt hätte. Dieses Defizit trug er ihm in Form neuer Pamphlete nach und sorgte noch gute zwanzig Jahre für Betrieb. Freilich mit abnehmendem Geräusch; der öffentliche Schutz, den ihm sein Gebrauch der Pressefreiheit bot, wurde für den parteilosen *Agent provocateur* immer dünner, und er war klug genug, dahinter sein bürgerliches Todesurteil näherkommen zu sehen. Im Beweis, daß einer die Macht liegen läßt, sehen diejenigen, die sie aufheben, naturgemäß keine Stärke; da ihm die Märtyrerkrone offenbar näher lag als der Staatslorbeer, gönnten sie ihm noch eine Weile die Narrenkappe, bis sie ganz aufgehört hatten, ihn zu fürchten. Dann konnte er abserviert werden.

Der Bundesstaat der Neunzigerjahre ließ seine wilde Jugend hinter sich und datierte seine Geburt 600 Jahre auf den 1. August 1291 zurück: so wurde man kostenlos »die älteste Demokratie der Welt« und hatte die konservative Urschweiz wieder in die Mitte genommen. Jetzt gedachte man als würdige Nation einig, einig, einig zu sein gegen jede Bedrohung durch das Ausland und die Internationale. Es war die rechte Zeit, auch an Locher ein nationales Exempel zu statuieren. Die Landesregierung überhörte seine Einsprache gegen den von der Zürcher Regierung beschlossenen Entzug seines Anwaltpatents. Damit verlor der über Siebzigjährige die

Grundlage seiner streitbaren Existenz. Seither ist er – bis auf
abschätzige Fußnoten – aus dem Gedächtnis der Republik
getilgt, die ihre eigene Legende gegen seinesgleichen verteidigte.

Locher war unangenehm; er war ein Intellektueller; er hat
mit seiner Feder und mit dem Einsatz seiner ganzen Person viel bewegt und eine Regierung gestürzt – und zwar
die in der Schweiz seinerzeit mächtigste. Heute, wo das Be-
festigungswerk der Legenden-Schweiz abgetragen werden
muß, dürfen sich die Fundamente eines anderen Gebäudes
wieder sehen lassen: es ist nichts Archäologisches mehr an
diesem Fund. Lochers verschüttete und verlorene Prozess-
Geschichten können wieder als Beiträge zum Verständnis
der unseren lesbar und schätzbar werden. Und es darf nicht
verboten sein, dazu einen Zeugen zu vernehmen, den man
immer noch kennt – oder zu kennen glaubt –, und der damals
das schärfste Urteil über Friedrich Locher gesprochen hat:
Gottfried Keller.

Vielleicht hatte er Gründe dafür, deren Geltung man aus dem
Abstand von 120 Jahren neu würdigen kann. Wenn Locher
eine Wiedererwägung so verdient, so hat auch Gottfried
Keller, sein schlimmster und bester Zeuge, keine Immunität
mehr nötig. Am wenigsten den Schutz der Keller-Legende,
die an ihrem verehrten Gegenstand selbst allerhand Unrecht
begangen hat. Auch in dieser Legende könnte sich die Republik selbst zu früh freigesprochen haben, und das zum eigenen Schaden. Denn historische Prozesse gehorchen eigenen
Gesetzen: je mehr man dabei zu verlieren scheint, desto mehr
wird für das Ganze gewonnen.

Das war auch die Prozeßmaxime des Advokaten Friedrich
Locher, in seiner Art.

15 In seinen ersten Amtsjahren begehrte der Staatsschreiber den Pamphletverfasser noch nicht zum Feind. Sein Diskretionsbedarf entbehrte, wie der folgende Briefwechsel zeigt, nicht immer der Komik.

François Wille an Keller, 31. Juli 1867

Geehrter Herr Staatsschreiber,
Als ich gestern nacht mein Vorurteil für Herrn Dr. F. Locher,
dessen Verbindung mit mir Sie mir zum Vorwurf machten,
nicht nur auf den Geist des Verfassers der »Freiherren
von Regensberg«, sondern auch auf seinen den Haß der
Mächtigen und persönliche Opfer nicht scheuenden
Rechtssinn begründete, erklärten Sie ihn für einen Schurken,
der in böser Absicht und aus Gewinnsucht die Prozesse,
auch der Waisen und Armen, in die Länge ziehe usw., und
schlossen »das erklare ich laut und offen, und Sie können
es ihm sagen«.
Bin ich nun, schon in Betracht der vorgerückten Nachtstunde
und Stimmung, durchaus geneigt, obiger Aufforderung
keine Folge zu geben, so meine ich doch den Dr. Locher
dagegen schützen zu müssen, daß einmal von ihm gesagt
werde: ihm sei solche Erklärung zugekommen, und er habe
sich dabei einfach beruhigt. Es kommt hinzu, daß noch
ein Kollege von ihm, Herr Professor H. Fick, bei Ihrer
Äußerung anwesend war.
Wollen Sie die Sache ruhen lassen, so sagen Sie's gefälligst nur
dem Herrn Professor Fick und setzen mich in Nachricht.
Ihr achtungsvoll ergebenster
F. Wille

Wille, ein vermögender Schweizer Rückwanderer aus Hamburg und Hausherr auf dem Gut Mariafeld bei Meilen, war nicht nur als oppositioneller Querkopf, sondern auch als burschenschaftlich erprobter Haudegen bekannt, dem schon

Heine seine Schmisse nachgerühmt hatte. Mit diesem Brief legt er die Minen für einen hochnotpeinlichen Ehrenhandel, und man kann sich das Grauen des »sehr geehrten Herrn Staatsschreibers« dazu denken.

Geehrter Herr Doktor,
Ich bin Ihnen verbunden für die Form, in welcher Sie mit Ihren Zeilen vom 31. vergangenen Monats auf den Vorgang vom letzten Dienstag zurückkommen wollen. Es war durchaus nicht meine Meinung, dem Dr. Locher eine Erklärung von mir zukommen zu lassen und so direkt mit ihm anzubinden, da ich selbst von ihm bis zur Stunde noch nicht angegriffen wurde. Meine Meinung war vielmehr lediglich zu sagen, daß ich die Folgen meiner Äußerungen, wenn sie aus dem kleinen Kreise der Anwesenden hinaus dringen sollten, auf mich zu nehmen wissen werde. (...)
Was mich bestimmt, die Sache mit obiger Mitteilung ruhen zu lassen, insofern dies von mir abhängt, ist der Umstand, daß ich mich, um den Handel ins richtige Geleise zu bringen, einer förmlichen literarischen Arbeit unterziehen müßte, als dem einzigen Mittel, einer gewissen beliebten Kampfweise entgegenzutreten. (...)
Zürich, 2. August 1867
Mit Hochachtung ergeben
G. Keller

Ein Rückzugsgefecht in kaum gedämpfter Panik. Auch die offene Flanke gegen den andern Zeugen wurde eilig abgesichert. Mit der »literarischen Arbeit« ließ sich Keller ein Jahrzehnt Zeit, bevor er sie in »Die öffentlichen Verleumder« dem »Schurken« nachlieferte. Da hatte er sich auch von Wille weit genug entfernt –, dem Sproß der Neuenburger Familie Vuille, die ihren verdeutschten Namen wie ein Programm trug. Der Sohn Ulrich Wille brachte es im Ersten Weltkrieg zu Generalsehren und reformierte die Milizarmee im Geiste preußischer Mannszucht. Dafür wußte er die Nation zu spalten und ließ 1918 auf streikende Zürcher Arbeiter schießen. Sein Sohn, wieder ein Ulrich, der neuen deutschen Weltordnung ganz offen zugeneigt, konnte daran gehindert werden, dem Vaterland auch im Zweiten Weltkrieg die Dienste eines Generals zu leisten.

Dagegen galt der Großvater François, Schöngeist und Wagner-Förderer, Gatte der kunstsinnigen Eliza, noch als linker Patriot, der, wie sein Freund Locher berichtet, »wie von einem Pistolenschuß getroffen« aufgefahren sei, als man ihn an einem Küsnachter Politiker-Stammtisch mit folgender Suada zu ehren dachte:

Ja, sehen Sie, meine Herren, an dieser Unzufriedenheit, an diesen Angriffen und Verdächtigungen sind nur die hergelaufenen Deutschen Schuld, die nichts haben und ihre Ideen des Umsturzes in unser wohlgeordnetes Gemeinwesen verpflanzen wollen. – Guten Abend, Herr Doktor! Da lobe ich mir solche Deutsche wie Sie, die bei uns nur ihr Geld verzehren ...

16 *Ein Schweizer Schriftsteller als »deutscher Kulturbürger«* Um mich mit diesem »D« zu zeichnen und ungeniert dem (deutschschweizerischen) Ressentiment auszuliefern, mußte Herr B. ein historisches Faktum und eine private Pointe unterschlagen. Das Faktum: ein »deutscher« Dichter war Keller, dem dieser Sprachgebrauch entnommen ist, zu seiner Zeit in den eigenen Augen so selbstverständlich wie der »Österreicher« Grillparzer. Die Pointe: wenn schon, hätte sich Herrn B.s eigener Großvater besser als ich für demagogische Manipulationen geeignet. Der Neuschweizer, reformierter Diaspora-Pfarrer im zweisprachigen Wallis, hatte die Verbreitung und Stärkung des deutschen Kultur-

erbes in der Schweiz zu seiner Berufung gemacht. Aber alles
was recht ist: ein Nazi wurde er darum nicht.

Was Herr B. nicht unterschlägt: einen Trinkspruch Gottfried
Kellers nach dem deutsch-französischen Krieg, den Herr B.
als Anschluß-Angebot an Bismarcks deutsches Reich betrachten muß. Diesen immerhin frappanten Landesverrat
entschuldigt Herr B. »mit einem Glas zuviel«.

Aber die umsonst erschrockenen Mitlacher, auf die Herr B.
bei dieser Anekdote rechnet, lachen zu früh. Der Fall liegt
ernster – der Staatsschreiber hat ihm sogar eine öffentliche
Richtigstellung folgen lassen. Immerhin schlug, nach der
Internierung der mitleiderregenden Bourbaki-Armee, eine
deutschfeindliche Welle hoch und gipfelte in den Zürcher
Tonhalle-Krawallen. Das populäre Vorurteil ächtete »die«
Deutschen, und der Seidenherr und Mäzen Otto Wesen-
donck, Wagners König Marke, ist der massiven Einladung,
aus Zürich zu verschwinden, gefolgt. So weit Keller nahe
Freunde besaß, waren sie – vom Basler Arnold Böcklin abge-
sehen – durchweg Deutsche, von Heinrich Hettner bis zu
Gottfried Semper. Dem nun ebenfalls ins befreundete – und
nun deutsche – Straßburg wegziehenden Gynäkologen
Adolf Gusserow sandte er einen wehmütigen und politisch
durchaus verfänglichen Abschiedsgruß nach.

Dennoch galt die Provokation keinem »Anschluß« – am wenigsten an Bismarcks aus Blut und Eisen geschmiedetes
Zweites Kaiserreich. Keller band die Beitrittsbereitschaft an
eine föderalistische Klausel: *wenn* Deutschland Raum für
freie Republiken habe, dann stünde einer Vereinigung vielleicht nichts mehr im Wege. Modern gesprochen: wenn
Deutschland eine Bundesrepublik würde, noch mehr: ein
Teil Europas.

Mit dieser Idee einer weitreichenden »Bundesrepublik« be-
wegte er sich immer noch auf patriotischem Boden: denn der
Schaffhauser Historiker Johannes von Müller hatte – freilich
selbst ein Ausgewanderter – diese Übersetzung für »Eidge-

nossenschaft« geschaffen. Dennoch: Schweiz-Chauvinisten
tat Kellers Trinkspruch damals schon in den Ohren weh. Einer von ihnen fühlte sich spontan zu einer Erwiderung herausgefordert und schwor – zu Kellers kaum noch humoristi-
schen Bestürzung –, für die Unabhängigkeit der Schweiz
leben und sterben zu wollen. Nur: dieser Hyper-Schweizer
war ein Deutscher, Gottfried Kinkel, Inhaber des Lehrstuhls
für deutsche Literatur am Polytechnikum, den die Escher-
Koterie einmal Keller selbst zugedacht hatte.

Ausländische Demokraten (keineswegs nur deutsche) fühlten sich also in der Pflicht, die Freiheit ihres Asyllandes
zu ihrer eigenen Sache zu machen. Unter den zugezoge-
nen Großunternehmern – wie Nestlé und Bührle – ist der
spätberufene Herr B. naturgemäß der am besten eidgenössische.

Die Einbürgerung konnte damals mit Reibungshitze verbunden sein, wie bei dem berühmten Medizinprofessor
Schönlein in seinem neuen Bürgerort Egg. Die Eggemer betrachteten ihn wie Güllen die Milliardärin Claire Zachanas-
sian und erwarteten, daß er ihnen mit seinem Professorenge-
halt den Haushalt saniere und das Kirchengeläute bezahle,
worauf er ihnen den Bürgerbrief wieder vor die Füße warf.
Andererseits konnte man im gleichen Egg auch zum Grafen
avancieren, wie der Pferdeknecht Jud, der sich im Wirtshaus
gern mit dem Titel seiner deutschen Ehe- und Edelfrau anre-
den ließ.

17 Es ist Locher, der über das deutsch-schweizerische
Verhältnis solche Schnurren zu berichten weiß. Er be-
obachtet aber auch unverdrossenen Deutschenhaß: auf der
tiefsten Ebene der Zürcher Gesellschaft wäre Herr B. mit
seinen Begriffen von Landesverrat schon damals gut angekommen. Wogegen Keller, der »Alpenrosenpoesie« in die

Zähne, jede Nationalisierung der verschiedenen Schweizer Literaturen als eine nur zur Selbstschädigung geeignete Idiotie strikte verweigerte. Dabei ging er freilich nicht so weit wie Jacob Burckhardt, der 1841 seinem (wie jetzt bekannt: überaus schweiz-freundlichen) Freund Gottfried Kinkel geschrieben hatte, er werde sein Leben daran setzen, »den Schweizern zu zeigen, daß sie Deutsche sind«. Und das von einem Basler Patrizier, der selbst am liebsten Italiener gewesen wäre... So einfach wird es, wenn es anfängt, europäisch zuzugehen.

Ein anderer mißbrauchter Zeuge in Herrn B. s großer Kursaal-Rede: Karl Schmid, mein 1974 verstorbener Vorgänger an der ETH.

Als subtiler Generalstabsoffizier, Gedankenstratege und Mythenerzieher war Schmid ein in der Schweiz hoch verehrter Patriarch verträglicher Reflexion. Man verdankt ihm Prägungen, die haften, wie »das Unbehagen im Kleinstaat«, »der kleine Kreis«, schweizerische »Gegenläufigkeit«; oder archetypische Wortpaarungen wie »Hochmut und Angst«, »das Genaue und das Mächtige«. Er verdiente, in Deutschland, wo ihm bestimmte Namensähnlichkeiten im Wege stehen, besser gekannt zu sein, denn das deutsch-schweizerische Verhältnis gehörte zu den Leitmotiven seines Nachdenkens, übrigens auch dasjenige über Europa, worin er seinen Landsleuten drei Jahrzehnte voraus war. Schmid ist Zürcher Freisinn mit Tiefgang und heller Schwermut, den man mit noch höherem Gewinn liest als zitiert. Es gehört *Chuzpe* dazu, diese Rüstkammer der Komplementarität als Ausleihe für Totschläger zu benützen. Aber offenbar glaubte Herr B. seinem Kampfauftrag gegen meine Person auch diese Nothilfe schuldig zu sein.

Sogar der landesverräterische Dichter Jakob Schaffner (1875-1944) hätte, bevor man ihn plattmacht und dann zu Munition verarbeitet, etwas wie rechtliches Gehör verdient. Im letzten Stück seiner »Johannes«-Tetralogie malt er seinen

Helden als bedeutenden, was für ihn hieß: endlich auch in der Schweiz gewürdigten Dichter. Er schrieb darum nicht durchaus schlecht. Am Ende war er ebenso ein Unglücks-Nazi, wie er zeitlebens ein Unglücksmensch gewesen war.

Seine Landsleute brauchen ihn nicht zu feiern. Aber der gänzliche Mangel an Neugier, was er ihnen, gegen den Strich gelesen, womöglich zu sagen hätte, überzeugt mich nicht von der Zuständigkeit ihres Urteils. Herr B. hat einen Schriftsteller, der samt seiner Familie bei einem Bombardement Straßburgs verbrannt ist, noch einmal für die Anschwärzung eines andern, eigentlich erkennbar *andern* Autors verheizt; eines, dem er fast im gleichen Atemzug, im Hinblick auf Auschwitz, »unglaubliche Verharmlosung« vorhält.

18 Wie wird man ein guter Zolliker?
Die Pfadfinderlosung *euses Bescht*! war kein leeres Wort. Die Kaderliste der damaligen Abteilung »Morgestärn« liest sich heute wie ein Prominenten-Register: ein *Who's Who* des Zürcher Wirtschaftsfreisinns.

Brums wurde groß im Bereich ziviler Sicherheitstechnik: eine Schlüssel-Branche. Auch als politischer Wert setzte er das Schwergewicht an, mit dem er sich noch heute an jedem Tisch der Republik niederläßt: jedes Gramm gewogen. Als Nationalratspräsident (»höchster Schweizer«) machte er Figur. Er mußte nicht Bundesrat werden (»wir haben nie unsere besten Leute in den Bundesrat delegiert«). Doch er war, wie schon Escher, der Pate von Bundesräten, auch der ersten Bundesrätin, mit der er freilich kein Glück hatte. Der Mensch, der damals einen winselnden Jung-Leu durch das nächtliche Ried getragen hatte, lernte später doch noch, Menschen fallen zu lassen.

Politisch betrachtet, hätte er einem Mitbürger, dem der Satz *Auschwitz liegt in der Schweiz*, unterschoben wurde, keinen

Finger reichen dürfen. Er gab mir noch immer die Hand,
wenn auch nicht, wie zu Pfadfinder-Zeiten, die linke.
Auch Locher hätte Mühe gehabt, Brums zu demontieren.
Herr B., der Unternehmer aus Meilen (inzwischen Herr-
liberg), amüsierte ihn nicht. Nur: was hat er seiner Million
entgegenzusetzen? *Zwei* Millionen? So ist man in seinen
Kreisen nicht gewohnt, um etwas zu wetten, was einem
schon gehört. Sind wir denn im Saloon? Liegt der Zürichsee
bei Tombstone, Arizona? Die Zeiten sind noch nicht lange
her, in denen man, als Zolliker Pfadfinder, alles, was hinter
Küsnacht seeaufwärts war, nicht ernst zu nehmen brauchte.
Eschers »System« war mit jedem seiner Gegner fertig geworden – auf die Dauer. Den Sozialisten Treichler beförderte es
zum Regierungsrat und gönnte ihm den Glauben, es erfolgreich unterwandert zu haben. Die sozialen Masken, die er bei
passender Gelegenheit vornehmen durfte, entschädigten ihn
für das verlorene Gesicht. Einen Gottfried Keller glaubte das
»System« in der Staatskanzlei glücklich neutralisiert zu haben. Für den Dichter tat es ein übriges. Die meisten Mitar-
beiter und Vollstrecker des »Systems« waren schon für billi-
gere Pfründe zu haben. Was eigentlich, außer dem Neid, der
Mißgunst, der Borniertheit, sprach gegen das »System«?
Gewiß, Locher zeigte den Hochmut auf, der darin steckte,
und besorgte ihm einen spektakulären Fall. Aber als Intellektueller glaubte er wohl selbst nicht daran, mit einem Regierungswechsel das *System* beseitigen zu können. Es lernte nur
dazu und bedankte sich, indem es ihn fallen ließ. Keine
Macht teilt mit einem, der mit ihr nichts anfangen kann. Und
nachdem die neuen Herren die Ihren an der Staatskrippe ge-
sättigt hatten, kamen sie mit den alten Herren, die sich längst
größere Domänen besorgt hatten, wieder ins Geschäft. –
Aber welches Geschäft, Brums, wäre mit dem neuen Volksmann zu machen, der dich herausfordert? Nur mit einer Million? Nein, mit genau der Sprache, die damals, unter uns
Zolliker Pfadfindern, die natürlichste gewesen ist.

Du hast, so weit ich sehen kann, diese Sprache verfeinert, weltläufiger gemacht, aber verraten nicht. Es ist die Welt, in der du es weit gebracht hast, die sie heute als verräterisch betrachtet, als Sprache der Unempfindlichkeit denunziert. Diese Einrede trifft dich, wie ich dich kenne, schmerzhafter als Herrn B., den sie, sagt er, weder erschüttert noch überrascht. Seine Schweiz fürchte, sagt er, den Alleingang nicht. Er habe sich schon einmal bewährt, vor fünfzig Jahren, und vor dem Auge eines gottesfürchtigen Schweizers sind sie wie ein Tag. Du und deinesgleichen sollen es sein, die das Appeasement, die Anpassung suchen, statt sich zum Widerstand aufzuraffen. Jetzt bekommt dein Freisinn die Quittung dafür: Herr B. und sein Volk gönnen dir, wenn du dabei ins Rotieren gerätst. Nur rotiert er eben nicht mit. Solidaritätsstiftung! Er will dafür sorgen, daß dieser Loskauf, ein Ausverkauf, nicht gelingt.

Das heißt: er macht sich rar, wird teuer für euch. Um den Schaden zu begrenzen, will er ins System aufgenommen sein. Um es zu übernehmen? Würde es davon ein schadhaftes, ein reaktionäres System, Brums, oder bliebe ein freundeidgenössisches, wie früher, wie immer?

Die Frage ist dir anzusehen; eine bange Frage ist es noch nicht. Du bist ein Staatsmann und hast keinen Dramatisierungsbedarf. Der Wolf kommt nie; nicht zu uns.

19 Nein, Bremi, wie er da sitzt, ist kein Escher. Er ist guter Zürcher Landfreisinn, denn diesen gab es auch: die Weinbauern, Ärzte, Apotheker, die lesenden Handwerker am Zürichsee, die sich schon vor der Französischen Revolution gegen die städtische Obrigkeit empört hatten und dafür ihre Köpfe riskierten, in denen die Aufklärung zu tagen anfing. Ja, sie waren mit ihrem »Stäfner Handel«, ihrem »Bockenkrieg«, ihren »Ustertagen« der Ur-Freisinn, boden-

ständig bis zum Einsatz der Heugabel. Sie begrüßten die
französischen Heere, die sie 1798 von Untertänigkeit befrei-
ten, mit Freiheitsbäumen, wenn auch nicht überall. Das Wort
Patriotismus hatte für sie noch einen ausländischen Klang;
sie kannten es aber bereits als Vaterlandsliebe, und die ließen
sie sich auch von einer väterlichen Obrigkeit nicht abkaufen.
Dann kam das Staatmachen eine Weile an sie selbst, und sie
taten es mit Anstand und Bildungsbeflissenheit. »Liberal«
mochten sich ihre städtischen Verbündeten nennen. Sie blieben, wie der Schneidermeister Hediger in Kellers »Fähnlein
der sieben Aufrechten«, freisinnig, punktum, nämlich frei
und sinnig. Nur: daß unter Gleichgesinnten manche gleicher
blieben als andere, bekam Meister Hediger von seinem
Freund Frymann zu spüren, dem hablichen Geschäftsherrn.
Es bedurfte einer glücklichen Romeo-und-Julia-Geschichte,
um die Sozialschranke zu heben.
Vom neuen Bildungsangebot machte der biedere Landfreisinn gern Gebrauch. Aber man konnte die Bildung so weit
treiben, daß man Gott nicht mehr die Ehre gab: dann kamen
die Heugabeln zum Zug, und man holte eine Regierung vom
Hohen Roß, in der man seine eigenen Grundsätze nicht wie-
dererkannte. Aber bald war einem auch der Geruch der
neuen Konservativen, der Mucker und Sektierer, denen man
eine Bresche geschlagen hatte, nicht lange recht.
In den Vierzigerjahren machten Escher und sein Hof den
Mitbürgern wieder vor, wie man mit der Zeit geht. Viele
kluge junge Männer vom Land schlossen sich ihm an, wie der
Sohn des Kronenwirts Dubs aus Affoltern, und konnten »in
den Bundesrat delegiert« werden; da durfte Dubs mit Napoleon III. sogar über die Abtretung eines Mittelmeerhafens
(Nizza oder Venedig) spekulieren. Die Mehrzahl derer aber,
denen das System verschlossen blieb oder denen seine
Gesichter nicht paßten, formierten sich in einer »demokratischen« Opposition gegen Eschers regierende »Mittwochgesellschaft.« Sie konzentrierten sich um ihre eigene Metro-

pole, die Land-Stadt Winterthur, und ballten sie mit Fleiß und Industrie zur Faust gegen das Auge des schon wieder dominierenden, sich im Zeichen des Welthandels re-feudalisierenden Zürich.

In den Fünfzigerjahren schossen sie aus allen Rohren ihrer das Volk mobilisierenden Parteipresse, voran des »Landboten«, auf das Eschersche System (auch Gottfried Keller trug Munition herbei): aber zur Sturmreife war das grobe Geschütz der Locherschen Pamphlete nötig. Die Annahme einer neuen Verfassung brachte die direkte Demokratie und eine Kantonalbank mit staatlicher Bürgschaft für das kleine Kredit- und Hypothekargeschäft. Im erneuerten Parlament hatten die Demokraten die Mehrheit – Gottfried Keller, inzwischen bei Eschers Partei, verlor seinen Sitz –, und in der Regierung wurde nur ein einziger Altliberaler wiedergewählt. Für Locher gab es nach dem Wechsel keine Rolle. Um so rascher fand er zu seiner alten zurück: der Opposition gegen jegliches System.

20 Locher war Europäer – ein Wort wie »europafreundlich« hätte er nicht verstanden. Waren die Schweizer denn Kaffer? Im 19. Jahrhundert brauchte sich auch kein Unternehmer »europafreundlich« zu nennen: seine Gotthardbahn hatte Escher schon im Staatsvertrag von 1869 als deutsch-italienisch-schweizerisches Projekt angelegt. Erst aus unseren Zeiten ist eine Alternative wie »Europa/Alleingang« bekannt.

Aber natürlich will das Kapital aus der Schweiz, über dem die Sonne nicht untergehen darf, nicht schon an der Landesgrenze auf die erste Barriere stoßen. Daraus folgt seine »Europafreundlichkeit« so gewiß, wie der Zürcher Liberalismus einmal für den gemeinsamen eidgenössischen Markt, also den Schweizer Zentralstaat eingetreten war. Der Sonderbund,

den Herr B. gegen »Europa« schmiedet, muß für den heutigen Wirtschaftsfreisinn ein ebenso systemwidriger Skandal
sein wie der von 1847, nur ist das politische Feuer erloschen,
mit dem man ihm damals begegnete. Aus Absolventen der
Handelshochschule St. Gallen ließe sich kein Freischarenzug
mehr mustern. Noch eher ist zu fürchten, daß sich der Mix
National/Ultraliberal, den Herr B. offeriert, für ein Abenteuer in umgekehrter Richtung heiß machen ließe. Gerade im
Tempel der Neuen Ökonomie findet er Studenten, die sich
für den Schutz ihrer Märkte schärfere Polizisten wünschen.

Das Herz mag links oder auch ganz rechts schlagen; für das
juste milieu schlägt es nie – jedenfalls nicht bis zum Hals,
den man für Kursgewinn und *Shareholder Value* nicht zu
riskieren pflegt. *Global Players* am Spieltisch ihrer Finanz-
märkte mögen das anders sehen: aber geistig wird man ihre
Passion so wenig nennen dürfen wie sie politisch belastbar
ist. Wo man sich niederläßt, ist kein Schicksal oder Bekenntnis mehr, es ist eine Frage der Standortgunst: *ubi bene, ibi
patria.*

Seit der Patriotismus-Markt, die große Kulturlücke mit dem
enormen Wachstum und dem großen Kompensationsbedarf,
schon fast an die Konkurrenz, den Milliardär Herrn B., gegangen ist, treten die Geschäftsfreunde Europas in der
Schweiz noch etwas verschämter auf und finden noch mehr
abzuwägen. Wäre da nicht ein bunter Haufe, dem Europa
auch ohne Marktvorteile teuer bleibt, es wäre kaum noch
Wind in der blauen Fahne mit dem Sternenkranz. Dabei hätte
der klassische Freisinn gute Gründe, sein Erstgeburtsrecht
auf Weltsinn *und* Vaterlandsliebe herzhafter geltend zu machen. Die Gedichte des jungen Keller handeln ja von nichts
anderem. In heiligem Freisinn glühend, konnte er jeden Tort
kompensieren, den ihm das Leben angetan hatte. Dieses
Vaterland mußte bei seiner Seele auch den persönlichen Gott
vertreten, auf den er tapfer Verzicht leisten wollte.

Um so weniger durfte freilich sein Vaterland eine Privatsache

bleiben. Der »Singularismus«, den sein Unfreund Locher
den Plutokraten nachsagte, war auch Kellers Sache nicht.
Vielmehr sah er in charakterloser Plusmacherei, in der Aso-
zialität der raffenden Klasse geradezu das Verderben, den
Ausverkauf des Vaterlandes. Der kurze Mann wünschte dafür dem Patriotismus um so längere Beine. Ein Freisinn, der
sich auf ein Land beschränkt hätte, wäre für ihn eine Lüge
gewesen. Nur als Stützpunkt und Vorhut einer europäischen
Bewegung, in der Erwartung eines Völkerfrühlings hinter
dem Vormärz, war die Schweiz kein kleines Land.
Der Grenzüberschreitung, gewiß, ist der heutige Freisinn
verpflichtet geblieben, und dem Vaterland ja auch. Nur wird
der Atem nicht mehr sonderlich warm dabei. Die Rhetorik
dazu ist eben dies; sie zündet dem Volk nicht mehr in die
Seele. Fast scheint es, der Freisinn habe vergessen, was Politik, frei nach Aristoteles, sein muß: eine Wahl treffen und
dann zu ihr stehen, sie durchstehen und durchziehen, mit
jenem *Feu sacré*, das er in jenem 19. Jahrhundert bewiesen
hat. Sonst hätte es den schweizerischen Bundesstaat nie gegeben.

21 Freilich: als Werk nur einer Partei hätte er keinen Bestand gehabt. Seit 100 Jahren vertritt der Freisinn seine
Staatsschöpfung nicht mehr allein. Er wußte sich weitere
Tätigkeitsfelder zu verschaffen und ist immer stärker in die
Wirtschaft ausgewandert. Daß er damit auch die Geschäfte
der Schweiz, des typischen Exportlandes, am besten mitbe-
sorgt habe, war seine bisher ungetrübte Überzeugung. Neutralität und Außenwirtschaftspolitik: das ist das Instrumentarium, auf dem ein Schweizer Unternehmer am besten zu
spielen weiß, wenn er ein Freisinniger ist, mit oder ohne Par-
teibuch. Der Vorsteher des »Eidgenössischen Volkswirt-
schaftsdepartements« besaß es meist, und da damit eigentlich

Weltwirtschaft gemeint war, lief auch die Außenpolitik materiell bei ihm zusammen. Der Außenminister, häufig ein Sozialdemokrat, deckte ihm dabei die diplomatische Flanke. Sein Ressort wog lange so leicht, daß man sogar seine Reisen als Luxus verpönte. Wozu eigentlich hatte man Wirtschaftsattachées?

So gab es auch für das externe Management der Schweiz eine Art Zauberformel, und bis vor kurzem funktionierte sie, im Schutz der Neutralität, wirkungsvoll und geräuscharm. Sie beruhte auf zwei stillschweigenden Prämissen: daß gewinnbringendes Verhalten per se sachgerecht ist; und daß man einem Profit, von dem für die Staatskasse nebenbei genug abfällt, nicht auf die Finger sehen soll. Die Quelle des Reichtums der Schweiz floß nicht nur weltweit; sie wurde den Schweizern auch etwas exterritorial. *Als* Bürger hatten sie dazu nichts zu sagen – und wurden auch nicht gefragt.

Aber: daß er seine vaterländische Tradition nicht pflege, möchte sich der moderne Liberalismus nicht nachsagen lassen. Sein Gefühl für die Seele dieses Standorts ist keineswegs erloschen. Kommt er in den Fall, eine Produktion auslagern zu müssen, bedauert er das aufrichtig. Das tut weh, wie jedes andere *Outsourcing*, zu dem er sich gezwungen sieht. Was ihn dazu zwingt, nennt er immerhin eine »Philosophie«. Kaum ein größeres Unternehmen, das sich nicht einer Philosophie rühmen könnte; die Ideale sind also noch nicht ausgestorben, nur die Bilanzen müssen stimmen.

Auch als *Global Player* ist man immer noch stolz, dem internationalen Partner ein schönes Herkunftsland vorzuführen: es bleibt ein *Asset*. Am Davoser Wirtschaftsforum etwa darf an die Stelle der globalen *Vision* wieder der Ausblick auf reale Berge treten. Die Information via Bildschirm wird ergänzt durch persönliche Gespräche, die, sagen die Teilnehmer, einen Unterschied machen; oft sogar zwischen Krieg und Frieden in einem weit entfernten Land.

Sein schweizerischer Stammsitz bleibt dem geschäftlich tätigen Freisinn schon teuer, nur, das sagt er mit Bedauern, *zu* teuer darf er ihm nicht werden. Dafür lebt man unter Konkurrenzdruck – den man ja nicht missen möchte – zu streng. Eine *noch* schönere Schweiz, womöglich für alle, muß man sich *leisten* können. Man spürt's am eigenen Kreislauf, wieviel Leistung dabei gefordert ist.

So ist die globale Topographie trotz ihrer zunehmenden Virtualität immer noch ein Schauplatz für Energiepakete wie Escher, Marathon-Männer, denen *Wellness* viel, aber *Fitneß* alles bedeutet. Denn sie ist, wie man an den Gesichtern ihrer Sieger ablesen kann, eine unerbittliche Überlebensqualität. Sie darf, um der Evolution des Geldwertes willen, kein Erbarmen kennen, nicht einmal mit sich selbst.

22 Vor dieser Disziplin ist schon Keller, als sie ihm in Eschers Gestalt entgegentrat, mit einer Art Scheu zurückgewichen. Von Ambivalenz befreit ist er erst nach dem Tod des Gründers für dessen Denkmal eingetreten, das heute in die Zürcher Bahnhofstraße hinausblicken darf. Ursprünglich muß es sich dem Bahnhofsportal zugewendet haben; jetzt reckt der Genius auf dem Sockel seinen Lorbeer dem Hinterteil des gefeierten Mannes entgegen.

Als Kellers Martin Salander nach seiner Rückkehr aus Brasilien aus Eschers Eisenbahn auf diesen Platz trat, staunte er über den neuen Zuschnitt seiner Vaterstadt. Da hielt er sich noch selbst für einen gemachten Mann, mußte aber noch vor seiner Heimkehr zu Frau und Kindern erfahren, daß sein Vermögen inzwischen von einem einheimischen Spekulanten durchgebracht sei. Was tun? Zurück nach Brasilien, um sich in ein paar Jahren ein neues abzuholen. Es könnte die Biografie von Eschers Vater gewesen sein. Nur daß der noch nicht, wie Salander, auf eine »demokratische« Partei schwor.

Einem etwas älteren Escher (Conrad) aus den Anfängen des
19. Jahrhunderts, der das Sumpfgebiet zwischen Zürich- und
Walensee melioriert hatte, verlieh das Vaterland danach den
Ehrentitel »von der Linth«. Alfred Escher ist nicht, wie vorgesehen, »Escher vom Gotthard« geworden. Dem Lenker
der Warenströme fehlte in den Augen des Volkes denn doch
etwas zu einem Vater des Vaterlandes. Darin stimmte es mit
Locher, dem Drachentöter, überein.
Dafür hat dieser schon ein Rezept gewußt, wie ein Wirt-
schaftsboß bodenständig daherkommen und im Lande bleiben kann, ohne sich darum gleich redlich ernähren zu müssen.

*Man verwundert sich, warum Chefs grosser Firmen nicht in
Paris oder London leben und schreibt dies der Vaterlandsliebe zu. Es gibt aber auch noch andere Gründe, wie Beauf-
sichtigung ihrer Fabriken, Ausnutzung sich darbietender
Fluktuation, Beherrschung des Markts, was alles nur an Ort
und Stelle möglich ist. (...) Zu Hause, in ihren Bergen, sind
diese Matadoren angesehen, geachtet, können thun und machen was sie wollen, alles ist ihnen erlaubt. Sie selbst sind die
Regierung. Unbehindert verkehren sie mit der ganzen Welt.
Geht es einmal schief, können oder wollen sie nicht bezahlen,
wer will ihnen etwas anhaben? Erkundigt man sich über ihre
Solvabilität, so ist sie über jeden Zweifel erhaben. Sie sind
Millionäre, besitzen Fabriken, Warenlager, Filialen, Grund-
eigentum, Kapitalien, Schiffe auf dem Meer, reiche Verwandtschaft. Alles dies ist richtig. Will man aber exequieren,
so haben sich die Filialen vom Stammhause gelöst, die Fabriken sind verkauft, die Warenlager verpfändet, das Grundei-
gentum hypotheziert, die Kapitalien verspekuliert, die Schiffe
laufen auf dritten Namen, die Verwandtschaft ist noch reich,
aber für sich, nicht für andere. Belangen muß man sie an ihrem Domizil, in Ausserrhoden. Da befindet man sich in guten
Händen. Ihre Väter, Brüder, Söhne, Oheime, Neffen, Vet-*

tern, sind Landammänner, Regierungsräte, Oberrichter, Be-
zirksrichter, und wenn es pressiert, macht sich die Justiz für sie
selbst zum Schelm. Die Herren Chefs leben unangefochten
ihren Stiefel fort, wie zuvor, zehn und zwanzig Jahre lang.
Mit der Zeit fällt ihnen eine Erbschaft zu, ein Sohn heiratet
eine Millionärin. Alsdann wird das Geschäft wieder aufge-
nommen. Filialen, Fabriken, Warenlager, Kapitalien, Grund-
stücke, Schiffe kehren zurück, wie die Schwalben.

»Solidarität« paßt nicht sehr in diese Monopoly-Landschaft.
Sie steht quer zum globalen Trimm-dich-Pfad. Vor 130 Jahren war es die demokratische Opposition, die sich unter dem
Titel »Gemeinsinn« gegen Eschers System querlegte. Als sie
sich selbst zum »System« auftat, kamen ihm die Sozialdemokraten in die Quere. Wo der Sozialismus zur Diktatur wurde,
versuchte er seinerseits mit allen Querliegern aufzuräumen.
Umsonst: die Internationale, die Solidarität für alle verhieß,
war nicht einmal solidarisch genug mit den Bedürfnissen der
eigenen Bevölkerung.
Jetzt ist die Internationale des Kapitals mit ihrem Sieg allein.
Sie hat so viel offenen Raum, daß sie sich darin überschlägt.
Die Solidarität wurde so lange mißbraucht, vorgeschützt,
verraten, daß man ihrer lieber nicht mehr gedenkt. Nur sind
diejenigen, die sie nötig hätten, immer noch da, und es werden ihrer immer noch mehr. Der freie Handel hat die Freiheit
nicht, sich mit ihnen aufzuhalten. Dafür sind seine Geschäfte
zu vordringlich.
Was meinen wir hier und heute, wenn wir von einer »Solida-
ritäts-Stiftung« reden?
Herr B. weiß es. Eine einmalige Leistung. Aus seiner Tasche,
auf die Hand.

23 Wenn einer vom »blinden« Wachstum spricht, sollte er Alfred Eschers gedenken: für ihn war die abnehmende Sehkraft keine Metapher. Mit seiner Arbeitswut hatte er das Augenlicht schon in jungen Jahren ruiniert: Keller registrierte es mit beschämtem Respekt. Zwar mußte auch er lernen, vor seinen »lieben Fensterlein« eine Brille zu tragen. Wenigstens verdarb sie ihm nicht lebenslänglich den Blick aus dem Schatten ins Helle: dafür konnte er den grünen Augenschirm entbehren.

Das Faustische an Escher: auch beim weltliterarischen Vorbild wollte das 19. Jahrhundert keine ernst zu nehmende Blindheit festgestellt haben. Es irrt der Mensch, so lang er strebt, und da sind dem großen Streber auch große Irrtümer nachzusehen. Ein schönes Beispiel, wie verblendet man in den manifesten Text einen gewünschten hineinlesen kann. Faust hält die Lemuren, die ihm sein eigenes Grab schaufeln, für Werkzeuge einer schönen neuen Welt. Unzweifelhafter hätte Goethe die technologische Kolonisation der Erde kaum in Frage stellen können: und damit den »freien Grund«, auf dem der Gründer »mit freiem Volke« stehen wollte –. Für *diese* Erwartung wurde er nicht erlöst.

Und doch muß die versteckte Rütli-Referenz der Stelle stark genug gewesen sein, daß die Schweizer Germanistik sie noch hundert Jahre später gegen den Sumpf des Zweifels verteidigen mußte. Von meinem Lehrer Emil Staiger, dem subtilen Goethe-Deuter, lernte ich, daß hier von »Schuld« keine Rede sein dürfe. Dem grauen Gespenst dieses Namens habe Faust ausdrücklich und erfolgreich die Tür gewiesen. Es war die *Sorge*, die, unfairerweise durchs Schlüsselloch geschlüpft, das böse Werk an Faust getan hatte: sein gutes Werk war davon nicht berührt.

Diese *Sorge* war Staiger schon tragisch genug, aber zur Not mußte sie hingehn, und zwar als menschlicher Teil jeder großen Unternehmung. Dieser Nachlaß blieb gültig auch für die Freihaltung des Schweizerbodens von jenem bekannten

»Ungeist« während des Zweiten Weltkriegs. Darum waren sie alle stark *besorgt* gewesen, unsere Landesväter und ihre Vollzugsbeamten. Was frei bleiben will, muß sein Opfer an Reinheit bringen. Dafür waren sie keineswegs schuldig zu sprechen, sie verdienten Respekt. Ihre Sorge mochte sie auch einmal blind machen: verblendet sollte sie dafür keiner nennen dürfen.

Auch was die Ausrottung von Philemon und Baucis und ihres gastlichen Idylls betraf – denn da war ja auch noch ein Gast zu beklagen, und leider ein paar Bäume –, so traf den Gründer Faust *unmittelbar* keine Schuld daran. Wer ist schon für seine Werkzeuge haftbar zu machen? Faust befand sich im Notstand des Befehlenden (»die Tat belebt, aber beschränkt«), und an dieser Schranke kann wohl etwas hängen bleiben. Wo gehobelt wird, fallen nun einmal Späne, und wer darum den Hobel lästert, kennt auch den Menschen nicht und wird ihm nicht gerecht.

Gelobt sei die Gerechtigkeit der Täter gegen sich selbst.

Die Escher-Statue auf dem Zürcher Bahnhofplatz ist keine blinde Antike. Die Pupillen sind ihr deutlich ins Auge geritzt. Denn wo kämen wir hin, wenn der Mann mit seinem Jahrhundertweitblick nicht gut genug gesehen hätte?

Man kennt allegorische Darstellungen, in denen der starke Blinde den sehenden Lahmen trägt, um sich von ihm leiten zu lassen. Umgekehrt, mit dem starken Blinden obenauf, läuft das nicht – es sei denn, es gelänge ihm, den Invaliden durch eine Maschine zu ersetzen, die zwar den Fortschritt gewährleisten kann, aber nicht mehr sieht. Dann sieht eben der starke Blinde für zwei. Was er nicht sieht: Lohnkosten, gar Lohnnebenkosten, die sein Produkt verteuern. So teuer dürfen ihm Menschen nicht mehr sein.

Es war ein Dichter, nur wenig älter als Keller, Friedrich Hebbel, der hatte eine poetische und, wie sich versteht, unpraktische Vision der Arbeitsteilung unter Invaliden:

Zwei Wandrer

Ein Stummer zieht durch die Lande,
          Gott hat ihm ein Wort vertraut,
Das kann er nicht ergründen,
Nur einem darf er's verkünden,
          Den er noch nicht geschaut.

Ein Tauber zieht durch die Lande,
          Gott selber hieß ihn gehn,
Dem hat er das Ohr verriegelt,
Und jenem die Lippe versiegelt,
          Bis sie einander sehn.

Dann wird der Stumme reden,
          Der Taube vernimmt das Wort,
Er wird sie gleich entziffern,
Die dunklen göttlichen Chiffern,
          Dann ziehn sie gen Morgen fort.

Daß sich die beiden finden,
          Ihr Menschen, betet viel,
Wenn, die jetzt einsam wandern,
Treffen, einer den andern,
          Ist alle Welt am Ziel.

24 Wo ist die Partei, welche das heilbringende Zusammentreffen der beiden Invaliden arrangieren würde, denen das Beten bisher nicht geholfen hat? Wo nehmen wir heute die Agenten der Solidarität her?
Fragt man die Dichter selbst, so haben sie in dieser Organisations- und Gewissensfrage unvereinbare Ansichten – sogar, wenn sie demselben Lager angehören. In diesem Fall war

es das Lager der demokratischen Linken: *Partei! Partei! Wer sollte sie nicht nehmen / Die noch die Mutter aller Siege war*, sang Ferdinand Freiligrath, der Freund Gottfried Kellers (und Karl Marxens), der schon den Sonderbundskrieg als europäischen Sonnenaufgang begrüßt hatte: *Im Hochland fiel der erste Schuß*. Und ein anderer, ebenfalls Emigrant, der sogar Schweizer, nein: Baselbieter Bürger wurde, Georg Herwegh also, sang dagegen: *Der Dichter steht auf einer höhern Warte / Als auf den Zinnen der Partei*.

Wenn schon ausgemachte Parteidichter dermaßen zweizüngig reden! Aber bevor man ihnen die historische Irrelevanz ihres Streits bescheinigt – die *höhere Warte* ist heruntergekommen, *die Mutter aller Siege* verstorben –, wird man näher anzusehen haben, was sie im Vormärz unter »Partei« verstanden: jedenfalls noch keine Organisation mit Statuten. Zu Kellers, Eschers und Lochers Zeiten nahm man zwar Partei, aber man trat in keine ein. Noch hatte sie unscharfe Ränder; dafür sorgten ihre Häuptlingsköpfe für Profil.

Diese fließenden Zustände änderten sich entschieden erst unter dem Eindruck der organisierten Arbeiterbewegung: darauf begannen auch die bürgerlichen Gesinnungshaufen mit verbesserter Vereinsdisziplin aufzutreten. Eine »freisinnig-demokratische Partei« etwa gab es erst nach Eschers des Großen Tod, nachdem ihr Exekutiv-Monopol über den Bundesstaat gebrochen und durch eine – einstweilen noch rein bürgerliche – Koalition abgelöst war. Dafür mußten die Reviere im Grundbuch eines Programms abgesteckt sein.

Erst in diesen Neunzigerjahren begann nach der modernen die posthistorische Konkordanz-Schweiz mit ihrem Legenden- und Zementierungsbedarf. Zuvor hatte noch jeder glauben können, nur seiner Gesinnung treu zu bleiben, wenn er die »Partei« wechselte – das heißt, die Verbindung zu den Häuptern eines anderen politisierenden Clans suchte. Die Frage nach der Parteinahme des Dichters stellte sich noch nicht als Loyalitätsfrage gegenüber einem Statut, sondern in schöner Grundsätzlichkeit.

Die damals wirklich moderne Dichtung (die französische) begann ihre Autonomie gegenüber aller Politik zu erklären und gewissermaßen einen endogenen Radikalismus zu entwickeln. Im literarisch weniger avancierten Deutschland blieb man in diesem Punkt *fuzzy* – ein Mann wie Herwegh konnte sich durchaus träumen lassen, auf seiner *höhern Warte* ganz allein eine »Partei« zu bilden, und wenigstens politisch hat sie ihm über Bismarcks Gründung hinaus Ehre gemacht. Gegen die Größe des Reichs blieb dieser Republikaner immun, gegen Nationalismus allergisch.

Auch Friedrich Locher war eine Partei für sich; sie leistete sich sogar, die Verbindung mit dem »Volk« auszuschlagen.

Aber das ist lange her – und entsprechend weit steht die Begegnung des Stummen mit dem Tauben dahin. Es scheint, dazwischen sei noch viel Raum für letzte Worte in dieser Sache.

Taufe

*Wenn es sich nicht nur um vorübergehende
Mißstimmung (...) handelt, sondern um einen Bruch mit der Spekulations- und Geld-
herrschaft, mit dem Opportunitätsprinzip,
mit der Protektions- und Günstlingswirt-
schaft, d a n n , wohlan, brechen Sie mit
Herrn Escher, aber thun Sie dieß offen und
g a n z . Gewiß hat die liberale Parthei eine
Zukunft. Vergessen wir nicht, daß s i e es
war, welche die Prinzipien gerettet, als die
Massen sich von den Aristokraten und Pfaf-
fen in's Schlepptau nehmen ließen, daß s i e
manchen Fortschritt durchgeführt, welchen
die Demokraten wohl anstreben, zu dessen
Verwirklichung sie aber nicht das Zeug
haben.*

25 Um Weihnachten 47 erfüllte sich der Kindermund des
ersten Schultags. Alle verheimlichten Kinderängste
traten in Kraft. Mein Vater wurde ins Krankenhaus eingeliefert, wo ich ihn am schulfreien Mittwoch besuchen durfte. Er
fing schon vor meinen Augen so sichtbar zu sterben an, daß
es mir die Sprache verschlug. Dafür löffelte ich seinen Nach-
tisch. Der sei ihm immer zu viel, flüsterte er mit fahlem Lächeln. Es gehe ihm im Spital so gut wie lange nicht mehr.
Zwischendurch zog ihm die Krankenschwester die Decke
wieder über den Leib, von dem sie immerfort rutschen
wollte. Zu viele Schläuche führten darunter hervor und füll-
ten verschiedene Behälter mit rötlichem Saft. Offenbar befand sich der Leib des Vaters, seit man ihn aufgeschnitten
und wieder zugenäht hatte, in Auflösung. Der fade Geruch
aus dem Sterbebett tötete die Süßigkeit auf meiner Zunge.

Ich will dich nicht verlassen noch versäumen, stand an die Zimmerwand geschrieben.

Meine Mutter, seit Monaten in der Nervenheilanstalt, sollte meinen Vater nicht mehr besuchen. »Es hätte beiden nicht gutgetan.« Aber meine Halbgeschwister trafen wieder am Bett des Vaters zusammen. Sie hatten vor seiner Wiederverheiratung beurkunden müssen, daß sie auf ihr Erbe verzichteten. Es habe ihn erleichtert, erzählten sie mir, daß er dafür ihre späte Verzeihung erlangt habe. Bis auf das hoch verschuldete Haus gab es ja auch nichts mehr zu erben. Und wer nahm jetzt meine Zukunft an die Hand?

»Der Bub braucht keine kostspielige Ausbildung, sondern eine feste Erziehung.« Meine Halbschwester bemühte sich um einen Platz im Waisenhaus, damit ich irgendwo bleiben konnte, wenn ich die mir zugedachte Schneiderlehre besuchte. Es gab freilich noch eine kranke Mutter, von der Einspruch zu befürchten war. Zu ihren Wahnvorstellungen hätte ja ein studierter Sohn gehören können.

Auch sie hatte Verwandtschaft, und ihr jüngster Bruder wohnte mit seiner Familie zur Miete im Parterre unseres Hauses. Er mußte dazu sehen, daß die Rechnungen bezahlt wurden; denn mein Vater hatte seine zweite, damals 35-jährige Frau bei der Heirat aus ihrer Krankenkasse abgemeldet: »Wir werden nicht krank.« Als wir es doch wurden, mußten Hypotheken auf das Haus aufgenommen werden, um den Aufwand für Mutters Schwermut zu bestreiten und, wenn möglich, doch noch denjenigen für meine »kostspielige Ausbildung«. Ich hatte ja schon das Zürcher Literargymnasium bezogen und fühlte mich, dank eines geliebten Deutschlehrers, dort wie zu Hause; das freilich bedeutete jetzt keinerlei Sicherheit mehr.

Unverhofft sprang ein Nachbar in die Bresche. Auch er war, wie einer meiner Halbbrüder, Professor, nicht für Literatur, sondern für Bodenchemie. Er hatte den Spielkameraden seiner Söhne bemerkt und fand ihn für eine Schneiderlehre ungeeignet. Er holte mich für ein halbes Jahr in sein Haus, wo ich zum ersten Mal mit Brüdern lebte. Dazu gehörte auch ein deutscher Flüchtling, der für den Ort seiner Herkunft – Brunsbüttelkoog – viel Spott zu hören bekam. Auch in diesem Haus gingen die Söhne zu den Pfadfindern, nur war diesmal alles vorhanden, was in Zollikon dazugehörte, Messerbänklein und Zentralheizung.

Der Hausvater wählte freisinnig. Er war selbst Waise gewesen und zahlte mir den Dank dafür, daß er, mit Hilfe einer Ziehmutter, auch etwas hatte werden dürfen. Er tat es in der harten Währung der Strenge, die ihm selbst so wohl gedient hatte, wenn nicht zum persönlichen Glück, so doch zum Fortkommen, schließlich zum Aufstieg in die Chefetage der damaligen ETH, wo er sein starkes, aber schon krankes Herz nicht schonte. So kam ich doch noch zu einer »festen Erziehung«. Der Halter der elterlichen Gewalt mußte sich dafür, bis er – zu früh – starb, die gottähnliche Verehrung meiner armen Mutter gefallen lassen. Gesund wurde sie davon aber noch nicht. So wurde denn beschlossen, mich in einer frommen »Lehranstalt« zu Schiers im Prätigau ein Jahr auf weitere Besserung warten zu lassen. Die Gemeinde Zollikon trug die Kosten.

Zuerst war das Internat für ein Heimwehkind nichts als der Weltuntergang. Ich sah nicht ein, womit ich so viel Strafe verdient hatte. Aber ich lernte gute Miene dazu machen, und diese nahm auch die Form guter Zeugnisse an. Als mir die Mutter, inzwischen wieder zuhause, für mich aber noch nicht bereit, durch ihren Bruder mitteilen ließ, meine Dienstpflicht als entfernter und tapferer Sohn müsse ein Jahr verlängert werden, antwortete ich mit den ersten Anzeichen von Pubertät.

Jetzt war ich nicht mehr gefällig genug, jedes Leid mit Wohlverhalten zu behandeln. Zum ernstgenommenen Rangen brachte ich es noch nicht. Beiläufig und mit einer Spur Selbstverachtung schlich ich mich im letzten Halbjahr noch bei der Pfadfindergruppe des Internats ein, um mir so den Stern eines Oberpfadfinders wohlfeiler zu erwerben als in Zollikon, wo die Prüfung als legendäre Strapaze galt. Aber Stern am Ärmel blieb Stern, und wenn ich nach Hause zurückkehrte, mußte ich wieder »bei den Leuten« sein.

Inzwischen hatte ich zwar auch andere Leute kennengelernt, wußte nun aber erst recht: wir in Zollikon waren unvergleichlich. Dazuzugehören, mußte mir einige Entbehrungen wert sein. Sie waren die Besten und wollten nur mein Bestes, und noch gab ich es ihnen auch.

26 Nach meiner Rückkehr aus dem Prätigau fand ich mich in Zollikon selbst zum Führer erhoben. In militärischer Form wurde mir auf dem »Fünfbühl«, dem Hünengrab im Zollikerwald, ein Wimpel in die Hand gedrückt, dem ein Vogel Greif aufgenäht war, und die Verantwortung für eine Gruppe von acht Buben übertragen.

Ich arbeitete gewissenhaft an der Verkörperung des erforderlichen Vorbilds und mutete meiner Gruppe Alexander-Züge oder Hindukusch-Expeditionen zu, so elaborat, daß sie nicht gelingen konnten. Die Knoten beherrschte ich selbst noch nicht – ich hatte jüngere Praktiker nötig, mit denen sogar das Meisterstück einer Seilbrücke gelang. Wenn ich mich bei den Spielkämpfen, sogenannten Rammeln, wacker schlug, so achtete ich immerhin darauf, daß auch der Gegner etwas abbekam. Ich blieb brav, wie später als Soldat, bis zum Aufgebot in die Offiziersschule. Drei Sommer diente ich in Uniform ab, und das Spielverderben sollte mir noch nicht gelingen.

Nach zwei Jahren durfte ich die Gruppe Greif in Ehren abgeben. Ich behielt nur noch das »Gruppenbuch«, die obligatorische Umschrift jedes Samstagnachmittags ins Wohlgeratene. Nach dem Muster *müde aber glücklich* hatte die Übung *toll (glatt, tschent)* gewesen zu sein. Heute, wo sie *geil* oder *genial* sein müßte, würde, so viel ich sehen kann, dafür keine Buchungspflicht mehr verlangt. Damals gehörte es dazu, sich in der Kunst der Legende hervorzutun und, wie in den Geographieheften, mit aufwendigen Illustrationen zu glänzen. Einige dieser Beiträge mußte ich selbst verfassen, damit sie die rechte Art hatten, und kann die gezinkten Ruhmesblätter heute nur noch traurig betrachten. Es war ein Buch der verheimlichten Tatsachen. Wem war ich gefällig, wenn ich sie unterschlug?

Als Gruppenführer (»Venner«) entlastet, wurde ich in die »Garde« umgeteilt. Sie war eine Zolliker Spezialität. Die Zugehörigkeit hatte als Ehre zu gelten. Die Bewährungsansprüche an diese Stufe waren keineswegs geringer, nur unübersichtlicher. In der »Garde« mußte sich zeigen, wer für höhere Chargen in Betracht kam und wer ein Auslaufmodell war.

Die Garde sang ein Lied im Kleinbasler Gassenton, dessen Refrain lautete: *Ja aber wir sind die Garde / Wo das Basler Trottoir ziert (ja und verschmiert)*. Wir imitierten die Stimme sozialer Verlierer, die Teufelskerle spielen. Der Führungsnachwuchs gönnte sich damit einen kleinen Urlaub von der mit Nachdruck geförderten Bürgertugend. Sie durfte jetzt, *Contenance* vorausgesetzt, auch einmal mit Alkohol begossen werden; Freß-Höcks waren einer Garde nicht mehr würdig.

27 Eines Tages kam man auf die Idee, ich sei ja gar nie so recht getauft worden. Der Name *Spirit*, den ich aus dem Internat mitgebracht hatte, wollte sich nicht verbreiten. Damit er gelte, mußte ich noch ein wenig daran glauben. Meine Taufe vollzog sich wie folgt: man fesselte mir die Hände auf den Rücken und steckte Kopf und Rumpf in

einen Sack. Mit dem einen Ende eines langen Seils wurden
mir die Fußknöchel zusammengebunden. Das andere warf
man über einen Balken, an dem ich hochgezogen und dann
kopfvoran in einen bereitgestellten Kessel niedergelassen
werden konnte, bis mir mein Name eingetränkt war. Der
Kessel war mit einer der unsagbaren Brühen gefüllt, die
Jungmänner für solche Einweihungen zurechtmischen (Es-
sig, Öl, Kakao, ein gerüttelt Maß vereinigter Pisse). Die Ver-
weildauer des eingesackten Kopfes in diesem Saft stand im
fröhlichen Belieben der Täufer.

Die Proteste, die ich, bereits an den Füßen hochgezogen,
durch die Sackleinwand ausstieß, wurden im allgemeinen
Hallo nicht gehört. Ich fühlte eine Ohnmacht kommen. Kalt
vor Panik, leise vor grenzenloser Wut zischte ich noch einmal: Ich will hier heraus. Sofort. – An meinem Ton – ich hatte
aufgehört, mich zu winden – muß etwas gewesen sein, das
die Fröhlichkeit durchdrang. Erst folgte Schweigen, dann
hörte ich: »Ach was, laßt ihn heraus.«

Jemand knöpfte den Sack auf, ein anderer löste die Fesseln
am Fuß, an den Handgelenken. Ich hatte die Augen offen,
aber ich sah die Kumpane nicht an.

Als ich aufstand, brachte ich nur drei Worte hervor: *Ich trete
aus.* – Und es muß sofort klar gewesen sein, daß ich damit die
Abteilung »Morgestärn« meinte.

Am nächsten Tag versuchte mich ein Gardist, später freisinniger Parlamentarier und leitender Mann eines Baustoff-
Multis, in einem langen Spaziergang umzustimmen. Er ent-
schuldigte sich, womit er ein unnötiges Opfer brachte. Mein
Entschluß blieb fest.

Viel später sollte ich erfahren, daß meine Mutter drei volle
Tage an mir geboren hatte. So die Erzählung ihrer Schwester,
kurz vor beider Tod; sie habe ihr auf dem Bauch herumtreten
müssen. Als ich herausgehebelt war, gab ich kein Lebenszeichen und mußte mit Ruten gestrichen werden, bevor ich
mich entschloß, das Licht der Welt mit dem erforderlichen

Wimmern zu erblicken. Eine Wiederholung dieser Geburt habe ich mir also nicht bieten lassen. Was hatte ich in einer Gesellschaft verloren, der es gefiel, mich so gewalttätig zu prüfen?

Aber wo hätte ich so bald eine andere hernehmen sollen?

Immer wieder ließ ich mir das Hemd der Bewährung über die Ohren ziehen. Das war ich Mutter und Vater schuldig. Es dauerte Jahrzehnte, bis wenigstens sie mir dafür leid tun durften.

Sie haben es nicht erlebt, und würden wohl nicht wissen wollen, wovon ich rede. Ich habe fast keine Zweifel, daß sie heute ihre Stimme dem Herrn B. geben würden, auch meine Mutter, nachdem ihr, trotz herzlicher Abneigung, das Stimmrecht doch nicht erspart blieb. (»Sollen wir den Männern *auch das noch* abnehmen?«) Schon wieder eine Pflicht *mehr*, und nicht einmal ein rechtes *Opfer*.

28 Ich habe vergessen, Brums, ob du damals bei meiner Taufe in der »Turatzburg«, unserem Zolliker Pfadfinderheim, dabeigewesen bist. Lieber nicht. Du hättest, hoffe ich, nicht so vergnügt zugesehen, wie der Jüngere, an Händen und Füßen gefesselt, in Sacktuch verpackt, am Balken hochgezogen und in den Pisspott niedergesenkt wurde. Und das nur, um als *Spirit* auf unsere Welt, damals meine einzige, also auch die beste mögliche, getauft zu werden! *Spirit* – hätte mich danach jemand von euch so genannt? Und wäre ich darauf auch noch stolz gewesen? Wenn einer nur noch »Geist« heißen will, muß man ihm den Hochmut eintränken, oder auch die Zolliker Realität. Ich möchte gern glauben, du hättest damals gesehen, daß eher Angst als Hochmut im Spiel war; Angst, meinen Körper nicht zeigen zu dürfen, jedenfalls im Vergleich unter Männern. Und wenn man mir dafür nicht die Hosen herunterließ (auch das wäre möglich gewesen), konnte man, indem man mich am Balken hochzog, wenigstens meine Angst entblößen.

War diese Taufe nicht die Strafe für den Verdacht, ich hätte mir das Geister-Pseudonym selbst beigelegt? Dafür verdiente ich schon ein bißchen den Tod. Offenbar war mir anzusehen, daß ich mein Leben dafür gegeben hätte, dazuzugehören, zum »guten Holz« der Zolliker Leute. Vielleicht haben einige aber schon gewittert, daß ich mir insgeheim lieber den Tod wünschte, als bei euch mitzuhalten? Was für eine Strapaze von Leben, wenn man es sich immerzu verdienen mußte!

Später, in der Rekrutenschule, als die Strapaze des »Abverdienens« zum reinen Nonsens wurde, legte ich mir im Funkverkehr das Kennwort ELIS bei und glaubte wohl selbst, ich meine damit die griechische Landschaft, die ich mit Freunden noch rasch vor dem Kasernenleben besucht hatte. Bis ich gestern auf einem Notenblatt meiner Frau auf eine Komposition Heinz Holligers stieß: *O, wie lange bist, Elis, du verstorben.*

Trakl war in der Pubertät einer meiner Dichter gewesen – jetzt erst entschlüssel sich das Signal (DOMINO von ELIS, DOMINO von ELIS, antworten!), das ich damals in Genf vom *Pont des Acacias* zum *Bois de la Bâtie* sandte. Diese chiffrierte Sehnsucht, nicht etwa bloß tot, sondern *lange* verstorben zu sein: wie weit mag sie zurückgereicht haben? Die Wiedergeburt im Nein, das ich durchs Sacktuch ausstieß – hat sie meine Geburt als scheintotes Kind aufgehoben?

Es war immerhin, wie du siehst, Brums, noch Leben genug in mir, um die Gefälligkeit des bürgerlichen Untoten fortzusetzen: bis zum Oberleutnant der Schweizer Armee, bis zum Professor gar. Ja, diese Freude habe ich meiner Mutter noch machen können.

Und nicht einmal das ist wahr: sie ist freudlos, unfromm, unschlüssig gestorben. Lange, lange schon nicht mehr lebendig, ist sie immer noch so weitergestorben, eine Ruhiggestellte, die plötzlich, durch alle Gänge des Spitals, meinen Namen schreien konnte. Und wenn ich bei ihr stand, schrie sie weiter. Den Menschen dazu hat sie nicht bemerkt. Da stand ich, *Spirit* bei lebendigem Leib, verstummt in unserer Auflebenundtodgemeinschaft. Der NAME war das einzige, was sie in ihrer Not von mir behalten hatte. Und diesen NAMEN hatte ich mir ja inzwischen gemacht (geheiliget werde Dein NAME).

29 Ich kann mir nicht vorstellen, Brums, daß du dir Tarotkarten legst oder legen läßt. Wenn doch, würdest du dich kaum wundern, daß »*Le Pendu*« meine Karte geworden ist. Die Karte, an der die größte Angst hängt, muß einem immer wieder aufgedeckt werden, bis man damit leben lernt: bis Verkehrtherum für einen das Richtige wird.

Die Kopfgeburt, die natürliche Art beim Verlassen der Mutter, ist mir nicht gelungen. Sie mußte wohl immer wieder nachgeholt werden, bis ich wagte, Dinge auch andersherum zu sehen. Diese Leistung verlangt uns die Natur, wenn ich die Neurologie des Auges richtig verstanden habe, schon bei der ersten Geburt ab. Ich mußte mich eine gute Strecke von unserem Zürichseeufer entfernen, bevor ich andersherum dahin zurückkehrte. Die Zolliker Optik mußte ausgewachsen sein, bis ich Boden fand in meiner Luft.

Unterwegs bin ich auch auf die Optik des jungen Spanischlehrers aus Küsnacht gestoßen, der mit dem Unleben radikal Schluß gemacht hat. Er hieß »Angst« und nannte sich »Zorn«. Hast du »Mars«, seinen bösen Abschied von unserem Ufer – für ihn war es die »Goldküste« – gelesen? Ich kam in den Fall, Herausgeber dieses Todesurteils zu sein, das ein Sterbender über unsere Gesellschaft verhängte. Ich schrieb ein Vorwort dazu, aus Gefälligkeit, weil der Verleger es sonst nicht gedruckt hätte. Meine *Conférence* war überflüssig, wie sich zeigte, das Buch wurde damals ein europäisches Ereignis. Es schien einer ganzen Generation auf den Leib geschrieben, die in diesem Krebs ihr eigenes Schicksal las, auch wenn sie nicht so schnell daran starb.

Ich hätte das Vorwort gern zurückgenommen. Es verriet meine eigene Angst zu deutlich, und doch wieder nicht deutlich genug, hinter dem Gestus der »Betroffenheit« – das war das Allerweltswort jener Jahre. Ich war betroffen, um mich von dem Buch nicht verschlingen zu lassen. Nein, Brums: ich fürchtete, daß die Wut über dieses Buch, um ehrlich zu werden, zur Wut über mein eigenes Leben hätte werden müssen. Und ich wollte diese Wut überleben.

Ich akzeptierte unser Zollikon als Todesurteil nicht.

30 1980 gab es in Zürich noch einmal eine Jugend, die von der älteren Generation einen Lebensbeweis verlangte. Diese aber blieb intakt, das heißt, sie verweigerte die Berührung. Sie stellte in Zürich keinerlei »Eiszeit« fest. Sie wollte an dieser Jugend nichts kaputtgemacht haben. »Nieder mit den Alpen – freier Blick aufs Mittelmeer.« Sollte das ein Witz sein? Dann waren die ja gar nicht so verzweifelt, wie sie taten. Ein autonomes Jugendzentrum? Auf Zusehen hin – vorausgesetzt, sie kamen darin ohne Drogen aus. Das schafften sie nicht? Dann her mit dem Abbruchhammer, nieder mit dem Ärgernis, bei Nacht und Nebel. Wenn die sich schon kaputtmachen wollten, dann bitte gleich auf der Straße!

Das taten sie denn auch. Der »Platzspitz«, das negative Wahrzeichen Zürichs, gelangte als *Needle Park* zu einer Art Weltberühmtheit. Da war es auch kein Trost, wenn sich die überwiegende Mehrzahl der Jugend mit der Flucht in den *erlaubten* Konsum begnügte. Man hatte keine Fehler gemacht und ließ es auch jetzt an nichts fehlen.

Und doch fehlte etwas. Es steht schon in einem Gedicht aus dem 19. Jahrhundert:

Mich reut mein allzu spät erkanntes Amt!
Mich reut, daß mir zu schwach das Herz geflammt! (...)

Mich reut die Stunde, die nicht Harnisch trug!
Mich reut der Tag, der keine Wunde schlug! (...)

Mich reut, daß ich nur einmal bin gebannt!
Mich reut, daß oft ich Menschenfurcht gekannt!

Mit dieser Männerbeichte ist der zarte C. F. Meyer als Dichter in die Welt getreten und hat damit einen literarischen Durchbruch erzielt. Die Welt der Bismarckschen Reichsgründung, in die er durchbrach, hörte nicht, daß dieser Ton nur in der Akustik des »Zu spät«, und durch eine vorgenommene historische Maske, so groß werden konnte. Meyer war gewissenhaft genug, sich dabei selbst nicht zu trauen – noch weniger allerdings der Ruhmrednerei zugunsten des Vaterlandes. Ein Vers wie *Nie prahlt' ich mit der Heimat noch (Und liebe sie von Herzen doch)* enthält eine Spitze auch gegen Gottfried Keller, zuerst aber gegen die Gernegroß-Konkurrenz, auf die sich der Kleinstaat mit den frischgebackenen Neu-Reichen im Süden und Norden einließ; gegen die Schweiz der Bundesfeier und der Nationalhymne (der britischen), die auf Worte gesungen wurde wie *Stehn wir den Felsen gleich / Nie vor Gefahren bleich / Froh noch im Todesstreich / Schmerz uns ein Spott!*
Die echten Tränen, die mir dieser Bombast fünf Kriegsbundesfeiern lang in die Augen treiben durfte, habe ich vierzig Jahre später mit Tränengas gebüßt. Ein Foto von 1980 zeigt einen ältlichen Herrn mit Baskenmütze, dem es gelingt, mit seinem komischen aber heiligen Zorn zwei vollgerüstete Polizeigrenadiere zu verblüffen – lange genug, um die Demonstranten, darunter Frauen und Kinder, aus dem sogenannten »Kessel« über die Brücke entkommen lassen, auf den Platzspitz. Dessen weitere Geschichte ist bekannt.

Es ist das einzige Bild auf einem Kriegsschauplatz, das es von mir gibt, und die Legende dazu könnte von Brecht sein: Wehe dem Land, das (solche) Helden nötig hat.

HERRENBUBEN

Sein Auftreten ist einfach, bescheiden, aber bestimmt, er weiß, w a s er will und selbst wenn er Fiasco macht, braucht er für den Rückzug nicht besorgt zu sein. Er b l e i b t , was er ist!

Nicht die egoistische Politik Eschers hat zu dessen Sturze geführt, sondern seine Inkurie [Sorglosigkeit] gegenüber elementaren Grundlagen des Staates, für welche die Verantwortlichkeit ihm zugeschrieben wurde, während er sich mit denselben gar nicht befaßte.

31 Locher stellt seine Kindheit als die eines *Enfant gâté* der Zürcher Oberschicht dar. Für die Vaterseite nimmt er einen adligen Stammbaum in Anspruch, und für seinen Namen eine französische Betonung, die ihn als Verwandten waadtländischer *Noblesse* ausweisen soll, als Cousin Madame de Staëls und Benjamin Constants. Er spiegelt – und gefällt – sich als junger Mann in der Reisebekanntschaft César de la Harpes, des Generals der helvetischen Republik, der seine Stellung als ehemaliger Erzieher des Zaren Alexander am Wiener Kongreß zur Erhaltung des Vaterlandes benützen konnte, ohne dessen Dank zu ernten. Ein rachsüchtiges Berner Patriziat hätte den Patrioten *à tout prix* am liebsten an die Wand gestellt. Der Zar aber schenkte ihm ein Gut im Waadtland.

In St. Petersburg besitzt auch Locher einen hochmögenden Freund. Sein Pate von Muralt, Pastor daselbst, läßt seine Verbindungen durch ganz Europa für den *Neveu* spielen – nachdem er schon Eschers Großvater, dem Konkursiten, aus der russischen Patsche geholfen hatte. Nachdem Locher vom eigentlich standesgemäßen Theologiestudium abgekommen ist, führt er sich als Studiosus der Rechte, mit den nötigen Briefen versehen, an den besten Adressen Berlins ein. Sein Besuchsprogramm liest sich wie ein *Who's Who* der deutschen Hochkultur: Alexander von Humboldt, Hitzig, Dieffenbach, die ehemalige Zürcher Theater-Directrice Birch-Pfeiffer, bei welcher er der schwedischen Nachtigall Jenny Lind und beinahe König Friedrich Wilhelm IV. selbst begegnet. Erstaunlich, wie viele nachmalige Häupter des jungen Bundesstaates sich an deutschen Universitäten ihren Schliff und ihre Schmisse holen: auch Alfred Escher ist einer von ihnen. Hält man die einsame Existenz des jungen Keller dagegen, der einige Jahre später im selben Berlin das Ende seines »Grünen Heinrichs« »unter Tränen hinschmiert«, so ist man in einer andern Welt und wundert sich noch weniger über die gegenseitige Entfernung der ehemaligen Klassengenossen der »Industrieschule«.

In Zürich selbst war es die Verwandtschaft der Mutterseite, das regierungsfähige Geschlecht der von Muralt, im Seidenhandel reich geworden, die dem jungen Juristen eine glänzende Zukunft versprach. Das Haupt der Altliberalen, Friedrich Ludwig Keller, und Johann Caspar Bluntschli, der Kopf, der 1839 mit dem konservativen Züri-Putsch (*Putsch*: das einzige Wort, mit dem Zürichdeutsch Weltsprache geworden ist) Staat zu machen versuchte, lehrten nebeneinander als einheimische Zierden der neuen Universität. Locher hat bei ihnen Römisches, Staats- und Privatrecht gehört.

Er sitzt auch in den Vorlesungen des Privat-Dozenten Alfred Escher, der ihm als Garant seiner politischen Zukunft empfohlen wird. Die Empfehlung muß gegenseitig gewesen sein. Der junge Locher, mit einem brillanten Examen im Rücken, wird in der Villa Belvoir zur Audienz empfangen. Er erhält Karriereangebote, die ihm nur ein in Zürich Allmächtiger machen kann und die in einer Republik etwas entschieden Unanständiges haben.

Locher hat diese Schlüsselszene in seinen Schriften gleich zweimal geschildert und zu einer Versuchung in der Wüste stilisiert, welcher er seine Integrität als freier Agent der Republik nicht habe opfern dürfen. Dennoch spielte er bis ins hohe Alter mit dem Gedanken an das verpaßte Duumvirat. *Eine Art Teilung der Bestrebungen läßt sich denken. Ich hätte Escher seine finanziellen, kapitalistischen Operationen, Eisenbahnen, Kreditanstalten, Banken, Spekulationen, gänzlich überlassen, ohne mich einzumischen, auch nicht mit Rat, und er wäre geneigt gewesen, mir in juristischen Dingen freie Hand zu geben. Anstatt des dummen Schwurgerichts und dessen Verpfuschung durch Rüttimann und Dubs, hätte ich andere Steckenpferde geritten, als da sind: Reorganisation des Armenwesens, Unterstützung Arbeitsunfähiger, Kranker, Bedürftiger, Verminderung der Beamten, Beseitigung der Gerichtskollegien, Einführung der Einzelrichter, unentgeltliche Justiz, Vertauschung der Verhandlungsmaxime mit dem Untersuchungsverfahren, Zulassung der Revision bei neuen Beweismitteln und faktischem Irrtum, Ausschluß der Advokatur als bezahlter Beruf und Verbeiständung Abwesender und Hülfsbedürftiger durch staatlich besoldete Advokaten, Vereinfachung des Gerichtsverfahrens etc. An Arbeit würde es nicht gefehlt haben und in Manchem wäre Segen gelegen.*

32 Sicher ist, daß er in Eschers Zürich danach nur ein einziges staatliches »Steckenpferd« bestieg: das eines gefürchteten und raffinierten Kriminalrichters, dem sein detektivisches Interesse und inquisitorisches Talent sehr zustatten kamen. Mit dem versprochenen Amt des Oberrichters wurde es dann nichts mehr – für seine Feinde lag es nahe, die Gründe für seine folgenden Angriffe auf das »System« in

dieser Zurücksetzung zu suchen. Danach nahm er sich jedenfalls seinen Staat vor und begann, sich von den Rändern
her auf Escher einschießend, das Bombardement gezielter
Pamphlete, mit dem er alle Positionen, die er anders nicht
hätte besetzen können, auf seine Weise sprengte. An den
Wahlen von 1868, die dem Kanton eine »demokratische«
Mehrheit bescherten, stürzte auch Escher selbst – jedenfalls
seine *politische* Zürcher Filiale mußte der Freisinn vorübergehend räumen, während er in seiner wirtschaftlichen Ba-
stion nicht ernsthaft zu erschüttern war. Das »System« verschwand nicht, es verlagerte sich nur und lernte dazu.

Übrigens hatte Gottfried Keller noch 1860, Verfasser eines
Flugblatts zum »Ustertag«, Lochers Strategie vorwegge-
nommen, als er, anläßlich der Nationalratswahlen, für eine
andere, weniger wirtschaftshörige und politisch weniger
subalterne Vertretung Zürichs in Bern eintrat. Gemeint war
auch hier das »System«, wobei Keller Escher selbst allerdings
von der Kritik ausnahm. Sein politischer Verstand schreckte
vor der Radikal-Opposition zurück, die Locher sechs Jahre
später zu seiner Sache machte. Daß es platterdings die Sache
der »demokratischen« Partei sei, erwies sich in beiden Fällen
als Mißverständnis.

Aber während Keller dafür den Schutz des Amtes genoß –
und die neuen Herren bestätigten ihn 1869 darin –, kam der
freie Advokat Locher zur Kasse. Vorerst schien er zu trium-
phieren. Seine radikale Methode der Republikdarstellung im
Medium des Gerichts zeitigte Wirkung. Die Ehrverletzungs-
prozesse, die damit verbunden waren, verlor er ebenso zuverlässig, wie er sie als »Justizmorde« zu seinen politischen Gunsten wenden konnte. Die verteidigte »Amtsehre« schützte
ihre Träger keineswegs vor dem öffentlichen Nachweis, daß
sie dieses Schutzes nicht würdig seien. Dafür, daß Locher
ihren Rücktritt erzwang, ging er 1868 erhobenen Hauptes
ins Gefängnis. Der Fackelzug, mit dem seine Anhänger, vor-
weg die Studenten der Verbindung »Helvetia«, seine Entlas-

sung feierten, stilisierte er zum Höhepunkt der Republik: sie hatte ihren Cicero wieder, der ihr dafür, wie sonst im »Schützenhaus«, seinem außerparlamentarischen Tribunal, eine unsterbliche Rede schenkte. Diesmal hatte sie das Ziel, das Aufbegehren zu dämpfen, statt es zum Umsturz zu mißbrauchen.

Als der Umsturz über die kantonalen Wahlen eintrat, hatten seine leitenden Köpfe, die Sulzer, Zangger und Bleuler nichts Dringenderes zu tun, als diesen Locher von allen Ämtern so ferne wie möglich zu halten. Es war viel, wenn er sich einige Zeit im Verfassungsrat hören lassen durfte, nur um zu erleben, daß seine Entwürfe auch dort keine Gnade fanden. Er hat sie trotzig nachgeliefert, ohne den neuen Herrschaften damit zu imponieren.

33 Die Schläge gezielter Verachtung, die er in seinem Pamphlet »Die neuesten Freiherrn« (1872) gegen das demokratische System austeilte, erschütterten es nicht mehr wie das alte. Auf ihrem Niveau fürchteten die Volksmänner keine Fallhöhe mehr. Locher aber hatte sich erfolgreich zwischen alle Stühle gesetzt. Das Prozessieren konnte er auch jetzt nicht lassen. *Beinahe alle Prozesse führte ich auf eigene Rechnung und Gefahr, ja ich provozierte, machte sie förmlich, um nachher die Ungeheuerlichkeiten unserer Praxis beschreiben zu können. Es gab in der That kein anderes Mittel, dem System beizukommen.*

Als Politiker? Als Schriftsteller. Das ist des immer wieder begossenen Pudels Kern: er ist ein Gerichtsberichterstatter, der sich seinen Stoff methodisch selber schafft. Das ist *sein* »System«. Und das Motto dazu: *Es wird heutzutage immer schwieriger, ohne Strychnin seinen Weg zu machen.* Der Kampfhahn versteht sich aber noch immer als Turmhahn der Republik: *Wacht auf, Ihr Schlafmützen, jetzt geht es Euch an den Kragen! Sie werden Euch glücklich machen, indem sie Euch die Haut über die Ohren ziehen.*

Zum Glück für seinen Stil leistet er sich auch keine Illusionen über sich selbst. *Die Herren Demokratieführer haben uns ausgepreßt, wie eine Zitrone, und uns nachher wieder weggeschleudert, vielleicht etwas zu früh. Wir haben es mit ihnen ganz ebenso gemacht.* Von keinem Gegenspieler wird er sich lumpen lassen: und in jedem halben Lump wittert er einen ganzen – oder einen unfähigen. *Im Übrigen sind die Menschen aller Stände so ziemlich gleich. Schlechtigkeit vorausgesetzt, wollen wir noch lieber von Gebildeten mißhandelt werden als von Ungebildeten.*

Sein besonderes Mitgefühl gilt der deutschen Kolonie, denn *wie waren die Bürger dieses Landes? von republikanischer Selbstständigkeit nicht die Spur, Kriecherei vor den Machthabern, Unwissenheit, Rohheit, philisterhafte Knorzerei, Heuchelei, Trunksucht, Anbetung des Mammons, niedere Gesinnung wie anderswo. Das republikanische Ideal sahen sie* (sc. die deutschen Flüchtlinge) *im Nebel verschwinden. (...) Hat er Geld? Wie viel? Wie groß ist sein Gehalt? Viel zu viel für einen Schwaben!* Kurzum – das ist ihm nun doch etwas Selbstmitleid wert –: *im eigenen Lande befindet sich die Intelligenz in verzweifelter Einsamkeit.*

Klingt so ein Kandidat für populären Nachruhm? Dabei hing sein Bild zur Zeit der »Freiherren« in den guten Stuben einfacher Leute, wie anderswo dasjenige Ferdinand Lassalles oder August Bebels – oder in meiner Zeit General Guisans.

Zugleich bringt es der Beinahe-Revoluzzer fertig, mit seiner Praxisferne zu kokettieren: *Bis jetzt verstehe ich nichts von sozialen Fragen. Juristen lernen bekanntlich nichts, als ihr Fach. Frägt man einen solchen: Können Sie englisch, französisch, italienisch? – So heißt es: Entschuldigen Sie, ich bin Jurist. – Können Sie klettern, fechten, reiten, tanzen? – Ich bin Jurist! (...) Dieß ist leider auch mein Fall. Sobald ich aber mit meinen Prozessen fertig sein werde, will ich mich dahinter machen.*

Also am Sankt Nimmerleinstag – wenn es denn nötig wäre.
Natürlich braucht einer, der hier den Ahnungslosen spielt,
einen seiner Winkelzüge. Wenn mit ihm kein politischer
Bund zu flechten war, so gewiß nicht wegen seiner Naivität.

34 Alfred Escher war, trotz seines alt-zürcherischen Namens, ein Homo novus. Wenn man Locher glauben
darf, so hätte ihn der Spiritus rector der Altliberalen, Friedrich Ludwig Keller, nur darum zum Kronprinzen aufgebaut,
weil sein enormes Organisationstalent und seine Führungs-
eigenschaften Krisenfestigkeit versprachen: denn sie wurden
durch keinerlei Idealismus geniert. Lochers gehässiger Respekt registriert einen zwar beachtlichen, aber gewissermaßen subalternen Ehrgeiz. Kein ungemeines politisches Talent. Escher habe die Menschen zwar zu benutzen gewußt,
aber da sie ihn im Kern nicht interessiert hätten, habe er an
seine Grenzen stoßen müssen. Escher bewirtschaftete eine
anrüchige Erbschaft. Nicht genug damit, daß an den väterlichen Millionen, wie man munkelte, amerikanisches Sklaven-
blut klebte: der Neu-Reichtum des Vaters war auch dessen
Antwort auf den unehrenhaften Konkurs des Großvaters,
den er, so lange dieser lebte, vergeblich zu entmündigen
trachtete. Seine Zürcher Schulden bezahlte er nicht und hauste in seinem Belvoir vor den Toren der Stadt wie ein Ver-
bannter. Dem Sohn Alfred fiel es zu, diesem Stamm der
Escher wieder Respekt zu verschaffen, und er tat es auf dem
Weg der Machtergreifung. In seiner »Mittwochgesellschaft«
scharte er eine Kohorte ehrgeiziger Altersgenossen um sich
und schwor sie auf einen kalten Staatsstreich ein. Die Jung-
türken drängten sich der Republik auf, indem sie sich für ihre
Entwicklung unentbehrlich machten. Sie verstanden sich auf
das Schlüsselgeschäft der Moderne: Organisation. Ihr Zentrum war ein Mann, der gelernt hatte, seine Empfindlichkeit

Alfred Escher (1819-1882)

zu unterdrücken. Das Glück durfte ihn nicht kümmern. Er brauchte den Erfolg.

Damit war er der ideale Garant eines *Systems*. Sein Genie beruhte auf Gewinnbeteiligung auf Gegenseitigkeit, auf der Konsolidierung von Patronageverhältnissen zum wirtschaftsdienlichen Staatsapparat, dem so bald kein Unfall (wie der chaotische *Züri-Putsch*) mehr zustoßen sollte. Wenn Escher Menschen auch nicht überzeugen konnte, wußte er doch, wie man sie sich verpflichtete und das politische Risiko für das Kapital – den Schlüssel zu Eschers Universum – klein hielt durch den richtigen (und nicht zu großen) Mann am richtigen Platz.

Die Republik der kontrollierbaren Tüchtigkeit, der ungeschriebenen Kontrakte, der in Geld umwechselbaren Verbindungen und Verbindlichkeiten: Escher selbst war reich genug, um nicht als käuflich zu gelten. Er wußte zu gut, daß für die Statik des Kapitalismus die Fassade ein tragendes Element ist. Das System mußte in Grenzen durchlässig bleiben. In diesem Sinn war es liberal. Es ließ durchgehen, was Verträglichkeit bewiesen hatte. Gesinnung ist gut, Interesse ist besser.

Freilich: hätte das System nicht nur aus Werkzeugen, sondern aus Charakteren bestanden, so wäre die politische Fassade des Gebäudes nicht so leicht eingestürzt. Das Erdbeben dazu lieferte zwar das Heer der Unzufriedenen und Zukurzgekommenen. Locher aber lag auch grundsätzlich am Beweis, daß mit Sekundärtugenden zwar Geschäfte zu machen sind, aber kein Staat.

Doch ist seinen Pamphleten vor allem das intellektuelle Vergnügen anzumerken, mit dem er seinen »Freiherren« auf den Leib rückte. Oft braucht er nur den hohlen Klang zu verstärken, der ihm antwortet; seine Zitate sind für ihre Urheber tödlich wie bei Karl Kraus. Nur kann es Lochers Eitelkeit nicht lassen, sich für den ungleichen Kampf heroisch herauszuputzen und seine Vorbilder großartig zu wählen. Dann

scheint durch die Risse seines Kostüms ein schäbiges Unter-
futter. Statt der großen Welt zeigt sich verkniffene Provinz:
ein armer Teufel von Herrensohn, dem das Mitspielen eigentlich zu dumm sein sollte, den es aber doch kränkt, wenn
ihn keiner mitspielen läßt.

35 Escher und Locher verkörperten zwei europäische
Typen des 19. Jahrhunderts im Zürcher Diminutiv:
den Snob und den Dandy. Im Kampf mögen ihre Kräfte un-
gleich sein: der Dandy behält das bessere Ende für sich. Ihm
bestätigt jede Niederlage seinen Wert, da er sie zu tragen
weiß. Der Snob (»sine nobilitate«) dagegen verwendet
enorme Energien darauf, Blößen zu meiden, Sein und Schein
zur Deckung zu bringen. Er muß sich bei der souveränen Lebensart, die zu *spielen* ihm nicht gegeben ist, durch seinen
Aufwand vertreten lassen. Da mag seine Energie die sprich-
wörtliche Eschers und durch ein System gestützt sein: es genügt ein Druck an rechter Stelle, um sie gegen das System
selbst zu wenden.
Escher legte mit einem juristischen Doktor den Grund für
seine Karriere und erwarb eine Privatdozentur dazu. Sein erstes politisches Amt organisierte er sich als Abgeordneter des
Landstädtchens Elgg, das er dafür kaum zu betreten brauchte.
Durch das Stricken der richtigen Netze bildete er sich zum
Mann empor, der die Gesetze der Republik nicht auszulegen
braucht, wenn er sie machen kann.
Der gewisse Mangel an intellektuellem Charme stand seinem
Aufstieg nicht im Wege. Nach dem Sonderbundskrieg und
1848 bedurfte es der *No-nonsense*-Diktatur der ökonomischen Vernunft, um die Gewinne des Jahrhunderts zu reali-
sieren. Dafür war Escher der Rechte. Er setzte seine legen-
däre Arbeitskraft dafür ein und entbehrte durchaus nicht der
Kühnheit, nur trat an die Stelle der idealistischen Spekulation

die geschäftliche, und aus der alten Liberalität des sozialen Verkehrs wurde moderne Eisenbahnpolitik. Im puritanischen Zürich trat der junge Titan der Expansion wie ein Naturereignis im Frack auf, dem sich jeder ähnlich Gesinnte an die Schöße hängen mußte, wollte er selbst zum steigenden Wert werden.

Wenn der altem Tagsatzungs-Wesen entlehnte Begriff »Vorort« bis heute an Wirtschafts-Zürich hängengeblieben ist, hat Eschers Gründerfigur das Fundament dazu gelegt. Das Entwicklungsland Schweiz öffnete sich für große Investitionen und erhielt Zugang zu den internationalen Kapitalflüssen; über dem Vaterland erhob sich ein neuer Himmel der Spekulation. Nordostbahn, Kreditanstalt, Rentenanstalt, Gotthardtunnel, Polytechnicum bildeten mit der aufblühenden Industrie zusammen ein kommunizierendes System, das im Rahmen Nationalstaat nur zu regulieren, nicht zu regieren war. Sein Herkunfts- und Zielgebiet ist ein expandierender Weltmarkt, dessen Gezeiten die Politik mitmacht, ob sie will oder nicht. Wenn ihre Parteifarbe nicht grade rot war – das Wahrzeichen einer antagonistischen Internationale –, spielte sie eine abnehmende Rolle.

Es kommt darauf an, die Schöpfung von Reichtum nicht zu behindern, indem man ihn an restriktive Konditionen seiner Verteilung bindet oder mit prohibitiven Abgaben beschwert. Wer ihm zu viele Schranken zieht, verscheucht ihn über die Landesgrenzen.

Was den Zürcher Reichtum bis heute begleitet, ist ein Schatten von Freudlosigkeit, in dem man Eschers verdunkeltes Gesicht zu erkennen glaubt. Er macht Gewinn und hat nichts Gewinnendes dabei. Er hat zur Not gelernt, leben zu lassen, aber er hat nicht gelernt zu leben.

HESIBALG

*Wer den Staat als eine bloße T r e t t mühle
ansieht, welche die nöthige S c h m i e r e
für die industrielle Maschinerie liefert,
kümmert sich wenig um die Details, wenn
nur die B i l a n z günstig lautet.*

36 Hier sitzt Herr B. und kann nicht anders. Er gibt mit
jeder Miene zu verstehen: Nicht mit ihm! Ihn erpreßt
man nicht. Mag die Nachtigall singen, wie sie will: er hört sie
trapsen. Hier hört für ihn, Unternehmer, Oberst, Milliardär,
das Rechnen auf. Hier ist er nur noch Schweizer. An seinem
Land ist ihm (außer Verrätern) nichts feil. Will er wohltätig
sein, sagt er schon selber wie.

Herr Bremi und Herr B.: hier sitzen sich zweierlei Kapital,
zweierlei Fabrikate von Patriotismus gegenüber. Dasjenige
des Herrn B. ist ein ganz neu entwickeltes Produkt, polyva-
lent, es kann entwurzelten Gefühlen als Nährboden dienen,
wie die *Hors-sol*-Kulturen der modernen Grünwarenindu-
strie, deren Produkte noch echter aussehen, wenn man zuvor
ein wenig an ihrer Gen-Spirale gedreht hat. Diese syntheti-
sche Bodenständigkeit ist auf Wahrnehmung hin modelliert:
ihre besten Früchte trägt sie erst auf der *Homepage* des Her-
stellers, und daß sie virtuell sind, ist ihre eigentliche Qualität.
Sie sollen nicht satt machen, sondern hungrig, nämlich auf
die schöne neue – auf bodenständig gestylte – Welt des Her-
stellers. Sie soll der realen Schweiz ähnlicher sehen als diese
sich selbst. Was ist daneben der Zauber mit den »fünf Broten«, den der »öffentliche Verleumder« Kellers zu bieten
hatte! Da stellt ein Pfarrerssohn mit der modernen Emser
Chemie im Rücken ganz andere Ernährungswunder her.

Mit jeder Fusion, Herr Bremi, öffnet ihm eure Partei einen neuen Markt. Je größer ihr werdet, desto breiter stößt er nach. Für euch macht sie sich immer weniger bezahlt, die zunehmende Trennung eurer Wirtschaft von der Politik und von der Gesellschaft. Da werden, bis in den Kern der Leute hinein, Spälte aufgerissen, die negative Energie in verheerenden Massen entladen. Ihr liefert sie Herrn B. selbst, diese Spaltungsenergie, und auch noch frei Haus. Er braucht sie nur umzupolen, dann nährt sie eine ganze Industrie. So viel Welt könnt ihr euch gar nicht kaufen, wie er euch in eurem Rücken wieder abnimmt und in Provinzaktien anlegt, die ihm seine Käufer mit Leib und Seele decken. Was soll euch die zweitgrößte Bank der Welt? Damit seid ihr auch moralisch nur in die höchste Steuerkategorie aufgerückt. Da wird es bald nur noch die Frage sein, was euch mehr kostet, der Loskauf vorn, oder das Defizit hinten.

Sollte Herr B., der Patron aus der Provinz, auch als *Global Player* mehr bieten als ihr? Er hat sich auf das Kleinkundengeschäft gelegt, das Eschers große Töchter – sie sind längst zu groß für die Schweiz, bald zu schwerfällig für die Welt – schon als *peanuts* abgeschrieben hatten. So etwas ist schon Escher nicht gut bekommen. Herr B. braucht nur abzuwarten, bis sich der Dinosaurier in seiner doppelten Falle – von Welt und Provinz – nicht mehr rühren kann. Indem er euch hier Legitimation entzieht, dort Befreiungsschläge (wie die Solidaritätsstiftung) verbittert, zieht er das Netz noch ein bißchen enger.

Wird er auch das Mäuschen sein, das euch wieder herausbeißt, wie den Löwen in der Fabel? Der Preis dafür könnte euch noch mehr schmerzen als der *Deal*, den euch Freund Bronfman vom *World Jewish Congress* schon beinahe ultimativ vorschlägt. Die Scheinmaus könnte den Scheinriesen retten, indem sie ihn verschlingt. Wer die *Share*holder gewinnen will, wird an eure Aktionärsversammlungen in Zukunft als *Stakeholder* auftreten müssen. Standpunkt notiert höher als

Standort, denn er schreibt nicht nur schwärzere Zahlen, er beruft sich auch auf höhere Werte. Seine volkstümliche Wir-Form könnte schärfer kalkuliert sein als eure alt-liberale, die immer noch glaubt, sie könne fünf grade sein lassen.

Locher konnte Escher nur stürzen, aber gegen sein System hatte er kein Brot. Herr B. aber hat Brot, dasjenige der armen Seelen, die in ihn investiert haben. Dafür sollen sie ihr Gold von der Nationalbank wiederbekommen, und er bezahlt seinen Solidaritätsbeitrag aus eigener Tasche. Wenn das kein Geschäft ist! *European Kings Club* – diesmal seriös, ein sicheres Gewinnspiel für die armen Seelen. Fehlt nur noch, daß er sie am Ende auch wirklich nach Europa in die EU führt. Wer außer ihm soll das denn können? Wer die bewährte Wir-Form dazu liefern als einer, dem nicht einmal Juden etwas vormachen können?

Ein bißchen Verleumdung geht in den Kauf: die bestreitet er, anders als einst Locher, aus der Portokasse, eine flankierende Maßnahme, die Vertrauen bildet, indem sie Mißtrauen nährt: die Intellektuellen kennt man ja schon. Das waren nie welche von uns.

Euch aber, lieber Herr Bremi, wird er als frommer Mann am Ende nur noch sagen können: was hülfe es, wenn man die ganze Welt gewänne und nähme doch Schaden an seiner Seele?

Die Seele, die er meint, war immer eine gute, kostenbewußte Schweizerin. Die reizt man nicht ungestraft mit der privaten Behauptung, man habe ihr Erspartes zu verschenken.

37 Friedrich Locher hatte vor dem Sonderbundskrieg 1847 sein juristisches Staatsexamen gemacht. Hätte ich von ihm nur die Kürzel kennengelernt, die ihm die Keller-Biographen gönnen, ich hätte mir sein politisches Profil rasch zurechtgereimt. Als Erzdemokrat mußte er ja wohl auch ein Antiklerikaler, Antiföderalist und Jesuitenfresser gewesen sein.

Weit gefehlt. *Für mich hatte keine Partei Anziehungskraft.* An den »Freischarenzügen« nahm er, anders als Keller, nicht teil. Der Schüler Johann Caspar Bluntschlis hatte viel sachlichen Respekt für den Standpunkt der schweizerischen Konföderierten übrig. Er schätzte auch ihre gebildeten Charakterköpfe – das »gezeichnete Stammholz« der Landammänner und Patriarchen – höher als die Gschaftlhuber und Spekulanten des neuen Bundesstaates und steht darin Gotthelf näher als Gottfried Keller. Den Luzerner Befreiungshelden Steiger behandelt er als politisches *Nonvaleur* und mokiert sich über das radikale Café Littéraire nicht weniger als über das Zunfthaus zur Saffran, das eigentliche Rathaus der Schoppen-Politiker. Aus beleidigtem Stilgefühl leistet er sich Äquidistanz zu den Wichtigtuern aller Parteien, auch wenn sie seine eigenen Grundsätze ausschreien. Die großen Tenöre des »jungen Bundesstaates« verstimmten seine Nerven. Er hatte ein Ohr für die Resonanz der Bäuche in jedem Brustton; sein böser, aber genauer Blick sah die Köpfe der Republik immer mit ihrem ökonomischen – und auch ganz gewöhnlichen – Unterleib zusammen.

Dem Zürcher aus bestem Hause konnten sie nicht imponieren; als Intellektueller aber war er Kosmopolit und im Grunde *a-topos*, ohne Ort. So plauderte er das Geheimnis seines Jahrhunderts aus: es war seinesgleichen; der Fortschritt stellte sich ihm als ein Prozeß der Enterbung dar. Es war die Zivilisation selbst, die in den Köpfen ihrer industriellen Beförderer immer hohler klang. Unter gewaltigem Maschinenlärm vollzog sich in aller Stille ein umfassender Exodus aus den Sicherungen der Humanität. Diese Zivilisation vertiefte sich nicht mehr, sie verbreitete sich nur noch wie ein Ölfleck über den ganzen Planeten und erstickte seine indigenen Kulturen; nicht nur in der Neuen Welt, auch in den sozialen Enteignungen und militärischen Mobilmachungen der alten. Aus der Nähe sah dieser Fortschritt wie eine Epidemie aus. In der Tat ist das Cholera-Jahr 1867 für empfindliche Zeugen eine Art Menetekel gewesen. Sie spürten, daß die Hygiene, die mit solchen Defekten aufzuräumen versprach, das Symptom einer größeren Krankheit war.

Lochers böse Zürcher Sittenbilder zeigen den Fortschritt seiner Zeit als Schwindel in mehr als einem Sinn. Dabei führte er nicht nur die kleinen Herren seiner Welt vor, sondern auch sich selbst. Er deckte die Schäbigkeiten des Zeitgeistes auf, zugleich reproduzierte er sie in seinen Nachreden, von denen viele, in der Tat, übel zu nennen sind. Die Teilnahme an den Gegenständen seiner Verachtung ist oft kaum reinlicher als sie. Eben so aber hat er ein Auge für die Fiktionen der Republik; und das heißt ja auch, für verlorene Ehrlichkeit in den sozialen Formen. Dabei war sein Richtmaß eher dasjenige der beleidigten Bildung als der empörten Moral. Er bedient sich aus allen Magazinen der Klassiker, um den Feinden sein Kaliber vorzuführen, und es macht ihm nichts aus, »Tell«, »Egmont« oder »Wallenstein« für den Eigengebrauch zu frisieren.

Diese Einmann-Klassik reichte nicht aus für eine Renaissance der römischen Republik; aber sie reichte, um ihrer öffentlichen Prätention die Verkleidung abzuschlagen und dahinter nicht nur den Zweckbau zu entblößen, sondern auch seine falsche Stärke, die Komik, den verputzten Irrsinn seiner Konstruktion. »In Zürich ist alles möglich.« Nur wurde es davon nicht zu New York.

38 Auf dem Tableau des Sonderbundskriegs ist immerhin eine Figur in Sicht, der Lochers Stilgefühl ohne Widersprüche huldigen kann: General Henri Dufour. Der Aufruf, den er als eidgenössischer Oberbefehlshaber im Sonderbundskrieg im November 1847 an seine Truppen ergehen ließ, bevor sie in das besiegte Luzern einrückten, ist ein Zeugnis der Großmut und Klugheit.

Wie Ihr die Grenzen überschreitet, so laßt Euren Groll zurück und denkt nur an die Erfüllung der Pflichten, welche das Vaterland Euch auferlegt. (...) Sobald der Sieg für uns entschieden ist, so vergesset jedes Rachegefühl, betragt Euch wie großmütige Krieger, denn dadurch beweist Ihr Eueren wahren Mut. (...) Nehmt alle Wehrlosen unter euren Schutz, gebt nicht zu, daß dieselben beleidigt oder gar mißhandelt werden. Zerstört nichts ohne Not, verschleudert nichts; mit einem Worte, betragt Euch so, daß Ihr Euch stets Achtung erwerbet und Euch stets des Namens, den Ihr traget, würdig zeiget.«

Dieser Name lautete: Eidgenossen. Ein ziviles Dokument, mit dem sich eher Staat machen als Krieg führen läßt. Tatsächlich war Dufour keineswegs ein Freund des Sonderbundskrieges; er mußte zu seinem Kommando getragen werden wie der Hund zur Jagd. Er gab das Beispiel eines Citoyen-Generals, mehr Akademiker als Militär, ein Polytechniker wissenschaftlicher Messkunst und Sorgfalt. Das nach ihm benannte Kartenwerk wog schwerer als jeder Krieg: Schwarzweiß-Kunst auch dies, aber in höchster Subtilität, gewonnen auf dem wahren Feld keiner Ehre als derjenigen der präzisierten Erfahrung.

39 Was am Zürcher Liberalismus Lochers Respekt genoß, stammte aus den Zwanziger- und Dreißigerjahren der sogenannten Regeneration. Es waren nicht nur seine Schul- und Studienjahre, sondern auch diejenigen einer gründlichen Reform des Zürcher Bildungswesens. Der Geist eines verlorenen Sohns der Stadt machte Schule: der Heinrich Pestalozzis.

Diese Schule fing – notfalls, wie bei Pestalozzis Waisen, auch

ohne leibliche Familie – mit dem Elementarunterricht an,
und dieser verlangte eine neue Lehrerausbildung. Im Seminar Küsnacht legte der schwäbische Theologe Thomas Ignaz
Scherr das Fundament dazu. Seine Erfahrungen als Blinden-
und Taubstummenlehrer hatte ihn zu den Wurzeln des Ler-
nens zurückgeführt; die Früchte dieser Lehre wurden mit
Hilfe eines neuen Schulgesetzes im Land verbreitet. Es enthielt auch eine unerhörte Zumutung an die Eltern, ihre vertraute Welt neu zu buchstabieren.

Der Staatsrechtsprofessor Friedrich Ludwig Keller betrieb
an der Spitze seines Erziehungsrats die Reform der Mittel-
stufe. Sie eröffnete mit der neuen »Industrieschule« einen
zweiten Bildungsweg zu den Kulturtechniken des Zeitalters.
1833 setzte die Regierung ihrem Werk die Krone einer Universität auf – sie sollte, im Wettbewerb mit der Neugründung
in Bern, die Pflanzstätte einer frei gesinnten Elite werden
und, nach dem Willen ihres treibenden Geistes, Johann Caspar von Orelli, die guten Geister Lavaters, Pestalozzis und
Wilhelm von Humboldts versammeln. Als ersten Rektor berief die Regierung den aus Jena vertriebenen Naturphiloso-
phen Lorenz Oken, nach dem die Höhe des Pfannenstiels
benannt ist.

In den Flüchtlingen des reaktionären Europa stand den Re-
formern überhaupt ein intellektuelles Reservoir ersten Ran-
ges zu Gebote. Die deutschen Professoren Schönlein, Henle
und Pfeuffer zierten die medizinische Fakultät; ein gewisser
Privatdozent Georg Büchner, in Hessen als Revoluzzer
steckbrieflich gesucht, entrann hier »dem gräßlichen Fatalis-
mus der Geschichte« für die letzten Monate seines Lebens
ins Studium der Schädelnerven der Barben.

In diesen Jahren genoß man in Zürich die fortgeschrittenste
Bildung der Zeit, und als der junge Keller aus ihr ausgesto-
ßen und auch als Maler gescheitert war, schien sich ihm in
Zürich immer noch die Aussicht auf eine fortschrittliche
Dichterlaufbahn aufzutun. Der Schwabe Georg Herwegh,

»die eiserne Lerche«, hatte ihn mit seinen »Gedichten eines Lebendigen« geweckt. Bald erschienen auch seine eigenen poetischen Erstlinge im »Literarischen Comptoir« Julius Fröbels, eines thüringischen Flüchtlings, der an der »Industrieschule« sein Geschichtslehrer gewesen war. August Adolf Ludwig Follén aus Gießen, von Burschenschaftlern zum Deutschen Volkskaiser ausgerufen und von der Heiligen Allianz verfolgt, auch Dichter, nahm sich als hochmögender Mentor und Lektor des Autodidakten an. Der kommunistische Schneider Wilhelm Weitling machte seine Welt unsicher, auch Bakunin und Arnold Ruge waren nicht weit. »Soviel Zukunft war nie« in der kleinen Kosmopolis seit Lavaters, Geßners und Bodmer/Breitingers Zeiten; nur daß sich diese Zukunft jetzt herausfordernd politisch aufführte.

Daß die liberalen Herren immer noch »Aufklärung von oben« betrieben, gaben sie 1832 beim Maschinensturm von Uster zu erkennen, als das ländliche Industrieproletariat das neue Teufelswerk seiner Ausbeutung in Brand steckte und dafür keineswegs liberal bestraft wurde. Enteignet fühlten sich aber auch weitere Kreise der ländlichen Bevölkerung; gerade solche, auf deren Änderungswillen dreißig Jahre früher noch Verlaß gewesen war. Jetzt aber traf sie die neue Pädagogik an ihrem gewachsenen Habitus, und mit der Berufung des schwäbischen Theologen David Friedrich Strauß, Verfasser eines säkularen »Leben Jesu«, schien ihnen eine zweite Reformation auch noch ihren Gott nehmen zu wollen. Unter Anleitung frommer Unternehmer und ländlicher Pfarrherren, die ihr Aufsichtsmonopol über die Schule nicht kampflos hergaben, läuteten sie Sturm gegen wohlmeinende Überforderungen, zogen wider die Stadt, um den Professor Strauß zu verhindern, und hoben, da sie im Zuge waren, gleich auch die Regierung aus dem Sattel.

Das war der »Züri-Putsch« 1839, und für eine Weile ließ er den Kanton mit seinem Regime der Zensur und der politi-

schen Sittenmandate dem Europa der Heiligen Allianz etwas
ähnlicher aussehen.

40 Aber von einer soliden Rückkehr zu alten Verhältnissen konnte nach dem »Putsch« keine Rede sein. Dafür war die Allianz, die hinter dem Regierungswechsel stand,
zu heterogen. Führer des Aufstandes wie Pfarrer Hirzel aus
Pfäffikon waren selbst moderne »Zerrissene«, die vor ihren
Widersprüchen Schutz gesucht hatten bei einer romanti-
schen Orthodoxie. Im Grunde handelte es sich um eine Re-
aktivierung des alten Stadt-Land-Gegensatzes, den die gnä-
digen Herren, diesmal unter liberalem Etikett, wieder zu
wecken gewußt hatten. Er sollte sich bald unter einem ganz
anderen politischen Zeichen neu formieren, als die Revolte
des Landvolks »demokratisch« besetzt wurde und Eschers
Geld-Oligarchie herausforderte. Im Züri-Putsch aber hatte
sich die Opposition noch »konservativ« artikuliert, und es
blieb dem neuen starken Mann, Professor Johann Caspar
Bluntschli, zugemutet, mit einer ad-hoc-Koalition von
Frommen, Armen und Zurückgesetzten Staat zu machen.
Es sollte ihm nur fünf Jahre gelingen, dann wurde er aus dem
Bürgermeisteramt abgewählt, verließ bald danach auch die
Regierung und, nach dem Sieg der Radikalen 1848, die
Schweiz, um als deutscher Professor und Vordenker des Völ-
kerrechts eine dankbarere Karriere zu machen. Sein Versuch,
in Zürich eine Partei der gemäßigten Mitte zu schmieden,
war gescheitert. Die repressive Staatsklugheit, mit welcher er
zu Werke ging, konnte die Widersprüche nur verschärfen,
die in der ganzen Schweiz zum Austrag drängten. Für die
industrielle und wirtschaftliche Entwicklung Zürichs bedeutete der Putsch eine Irritation, aber keine ernsthafte
Zäsur.
Zürich war nie ein Kandidat für den Sonderbund. Wohl aber

wünschten sich die Kräfte, die große Kapitalien anzulegen hatten, die Räume dafür weiter, die Aussichten besser kalkulierbar. Ihr politisches Programm betrieb die Abschaffung der Binnengrenzen, die Stärkung der Einheit, also des Bundesstaates. Zugleich ging es darum, den Fortschritt unmerklich zu entpolitisieren, um ihn annehmbarer zu machen.

Auf dieser Doppelstrategie beruhte das Erfolgsrezept von Eschers »System«, das sich nach den Siegen der radikalen Partei 1847 und 1848 auch auf Bundesebene etablierte. Als viermaliger Präsident des Nationalrates nahm der erst 30jährige Alfred Escher darin eine Schlüsselposition ein. In seiner Person – und mit ihrem Erfolg – begann sich die Hierarchie Politik-Wirtschaft umzukehren. Es galt, die entscheidenden Staatsstellen durch Leute zu besetzen, welche diesen Interessewandel ohne Skrupel mittrugen, weil er ihnen nur zu natürlich erschien. Er ließ sich als »Versachlichung« sowohl im Zeichen der Modernisierung wie demjenigen der Friedenspolitik propagieren. Wer liberale und eidgenössische Politik immer noch – wie im Vormärz – als Gewissenssache verstand, für die man (wie gegen Frankreich im Savoyer- oder gegen Preußen im Neuenburger Handel) notfalls durchs Feuer ging, empfand die Risikovermeidung der »Bundesbarone« als opportunistisch. So auch Gottfried Keller in den Fünfzigerjahren. Der Dichter, der seinem Tagebuch noch vor kurzem anvertraut hatte: »Nein, es darf keine Privatleute mehr geben!« wollte Herz und Seele der jungen Republik nicht den Schwankungen der Baumwollpreise ausliefern.

Das »System« und sein Protagonist wiederum verließen sich getrost darauf, daß sie den Beweis für die Verbesserung des Landes nicht schuldig bleiben würden. So viel Wirtschaft wie möglich, so viel Politik wie nötig: so ließ sich das Argument des nationalen Wohls zu Gunsten der neuen Großwirtschaft wenden. Sie litt keinen Mangel an Komplizen und Komparsen, die das Licht sahen, sobald man es ihnen zu sehen erlaubte – oder zu sehen erleichterte, etwa durch Beförderung an eine gewünschte Staatsstelle. Dabei brauchte es keineswegs mit unrechten Dingen zuzugehen. Die eigene Lobby in den Behörden sorgte gewissermaßen instinktiv dafür, daß der Staat nicht aus dem Ruder lief. Rivalitäten zwischen Kantonen, auch Flügelkämpfe in der eigenen Partei dienten trefflich dazu, Wettbewerbsfähigkeit zu demonstrieren. Es kam darauf an, mit dem Gewicht eines Sachzwangs aufzutreten. Und wie Sachzwänge herzustellen waren, wußte die Wirtschafts-Partei am besten.

41 Soweit in Lochers Prozessen und Polemiken doch ein »System« bemerkbar ist, beruht es auf entgegengesetzten Prämissen: da alles Politik ist, muß Politik alles bleiben. Ökonomie betrachtete der Herrensohn etwa wie ein aufgeklärter Herr des *Ancien Régimes* das Mustergut des Bauern Kleinjogg: ganz schön, wenn die Vernunft nicht nur die Feder führt, sondern auch den Pflug. Ökonomie hat Respekt verdient, insofern sie die Grundlagen zum Gebrauch der Freiheit schafft; schränkt sie ihn ein, muß man ihr auf die Finger schlagen. Versucht sie sich aber an die Stelle der Politik zu setzen – das ist: die freie Wahl des Besseren –, so wird sie verächtlich und führt zur Korruption. Wenn sich diese als öffentliches Interesse aufführt, muß man sie beim richtigen Namen nennen und nackt machen. Dann ist öffentliche Indiskretion angesagt; dann muß der rechtlich Gesinnte zum Denunzianten werden, ein unerschrockener Chirurg, der den sogenannten Nervus rerum – lies: die Herrschaft des Geldes – von der Res publica trennt, und zwar mit dem schärfsten Messer. Denn was Mittel ist, darf sich in einem freien Staat nicht zum Zweck erheben: sonst werden beide ehrlos. Diese Philosophie steht nicht explizit in Lochers Schriften – um so deutlicher ist sie an seinen Handlungen, seinen Aller-

gien und Ressentiments abzulesen. Er ist alte Schule, insofern sich sein Geschmack noch eher empört als sein Rechtssinn: mit beidem bewaffnet, entfesselt er seine Kampagnen.
Die Pressefreiheit ist für ihn die Freiheit schlechthin; der
Sturm, der die Räume für Politik wieder aufreißen soll, die
ihr die Wirtschaft unter dem Vorwand der Notwendigkeit
verbaut; so duckt sie den freien Bürger zum Diener oder
Günstling und bringt seine Banausen-Natur hervor.

Das ist die Rolle eines athenischen Bürgers, für den Politik
ein Geschäft freier Muße bleiben muß – gespielt von einem
Zürcher Advokaten, der seine Streitfreude an der großen
Tendenz seines Jahrhunderts mißt: der Gewinnsucht, die für
ihn noch immer nichts weiter als unanständig und unphilo-
sophisch ist. Sie mag noch so raffiniert auftreten, noch so er-
finderisch machen: sie bleibt subaltern, ohne Satisfaktionsfä-
higkeit für den freien Geist; sie hat Prügel verdient. Und
wenn sie sich mit noch so vielen Nullen vor dem Komma
schmücken kann: sie bleibt eine multiplizierte Null.

Dem Herrenbub Locher wäre es – ganz anders als Keller –
nicht eingefallen, den eigenen Wert von der Ökonomie abhängig zu machen, geschweige denn ihr Gewicht über die
Person als schwerwiegende, einlösungspflichtige bürgerliche
Schuld anzuerkennen. Für die meisten seiner Zeitgenossen
war Locher mit seinen Angriffen auf das »System« Escher –
nachdem sie nicht mehr als Partei-Engagement zu mißver-
stehen waren – die pure Frechheit. Der Mann leistete sich geringzuschätzen, was für alle, Arm und Reich, denn doch das
Nötigste blieb: das liebe Geld. Von ihm war nicht einmal zu
erwarten, daß er Kapital und Arbeitslohn gebührend unterschied: er war und wurde kein sozialistischer Agitator. Er riß
nur herunter; sein Spott kannte kein Erbarmen. Mit der
Schwäche der Menschen? Mit ihrer Mittelmäßigkeit.

Wenn das Stil hat – der schweizerische ist es nicht. Selbst
nach dem Maßstab des 19. Jahrhunderts, als gute Politik
noch nicht mit gegenseitiger Schonung zu verwechseln war,

agierte Locher halsbrecherisch, ohne Rücksicht auf Verluste
– auch nicht auf die eigenen, was seine Mitbürger am meisten
verblüffte. Er konnte doch keiner der Ihren sein; er durch-
schaute sie nur. Sein ernsthafter Mangel an Opportunismus
ließ ihn als Narren erscheinen. Er spielte noch *Va-banque*,
als es für ihn nichts mehr zu gewinnen gab.

Landesfremd wirkte auch seine Unfähigkeit zu Nachträgerei
und Übelnehmen. Er kämpfte rücksichtslos, und er verlor
ohne Bitterkeit. Als sie ihm am Ende das Handwerk des Advokaten nur noch durch ein Berufsverbot legen konnten, war
er auch im Exil noch nicht am Ende. Ihm blieb die Feder, um
seinen Fall gelassen zu protokollieren. Sein Werk war eitel
gewesen; er blieb es auch, auf *seine* Art. Seine Lebenserzäh-
lung hat die Ruhe eines Mannes, der keinen Streit hat mit sich
selbst und darum nicht zu siegen brauchte. Er hatte sich
selbst genuggetan.

42 Für das Große Werk der liberalen Reform hatte sich
auch ein kleiner Zürcher namens Hans Rudolf Keller
verzehrt, Drechslermeister, zugewandert aus dem Bauerndorf Glattfelden. Als Kämpfer für Chancengleichheit beteiligte er sich an der Errichtung einer Waisenschule. Notfalls
sollte die Republik auch seinem Sohn Gottfried den Vater ersetzen. Sein eigener Schulsack war das Felleisen des wan-
dernden Gesellen gewesen, aber vom Hochdeutschen, der
Sprache Schillers, die er sich draußen angewöhnt hatte, ließ
er auch als Heimgekehrter nicht mehr. Wie hoch die Schranken waren, welche den Hintersassen immer noch vom Stadt-
bürgerkind trennten, sollte der vaterlose Sohn bei seinem erzwungenen Schulabgang erfahren, der ein Schelmenstück
wohlgezielter Mißverständnisse war.

43 *Wir Knaben waren allzumal gute Aristokraten, mit Ausnahme derer, die vom Lande kamen. Auch ich, obwohl meines Ursprunges halber auch ein Landmann, aber in der Stadt geboren, heulte mit den Wölfen und dünkte mich in kindischem Unverstande glücklich, auch ein städtischer Aristokrat zu heißen (...) Hätte mein Vater (...) noch gelebt, wäre ich ohne Zweifel ein ganz liberales Männlein gewesen.*

Dieses wurde er, in den Augen wohlwollender Mitbürger, erst als Staatsschreiber. Hier ist noch (im »Grünen Heinrich«) vom »Industrieschüler« die Rede, unterwegs zu einer Demonstration seiner Klasse vor dem Haus ihres Rechenlehrers Egli. Am Ende hatte man dem ungeschickten Exponenten des Landfreisinns wenigstens die Scheiben eingeschlagen. *Zunächst handelt es sich um Jux, dann um einen Zweck, ein Prinzip, sei es gut oder schlecht. Haben sich die Führer durch Suggestion des Willens der Mehrheit bemächtigt, so ist kein Halten mehr, sie können es bis zur Absurdität, bis zur Grausamkeit treiben.*

So analysiert diesmal Locher die psycho-soziale Dynamik, die dem Schul-Putsch zugrunde lag. Sie entspricht ziemlich exakt derjenigen, die Keller ebendiesem Locher, ohne ihn mit Namen zu nennen, in »Die öffentlichen Verleumder«, in »Das verlorene Lachen« unterschiebt. Könnte der Lebensfeind selbst zu den »hohen Häuptern« jenes Saubannerzugs gehört haben, dem sich Heinrich Lee spät, aber doch noch beigesellt hatte, von quasi-idealer Revolutionslust getrieben? Locher selbst nennt als Rädelsführer die Söhne des Obersten Bürkli, eines Mannes, der damals in Zürich *das schön Wetter machte: Krieg und Frieden, Verwaltung, Kunst und Wissenschaft lagen in seiner Hand.* Einer der Bürkli-Buben, Karl, sollte noch als Gründer des Konsumvereins (1851), später einer Fourierschen Kolonie in Texas von sich reden machen – und Pleite –, von der er sich, in die Heimat zurückgekehrt, als Volksmann und Kampfgenosse Lochers rehabilitierte, bevor er seinen Arbeiterflügel 1878 von der demokratischen Partei abzog.

Ihm, wie auch Locher selbst, kam das bessere Elternhaus nach jenem Schüleraufstand zustatten. In beiden Fällen war das Strafgericht nicht weit von Gratulation entfernt. Die richtenden Herrschaften mochten einem Landlehrer aus Küsnacht die Lektion herzlich gönnen, der die Lösung einer Rechenaufgabe statt mit einem städtischen *Häst si bald?* mit einem seebäurischen *Heschibald?* – und in jedem Fall wirkungslos – eingefordert hatte.

Auch Gottfried Keller, der am Ende als einziger die Zeche bezahlte, war so ein *Heschibalg*. Locher verfehlt die Anmerkung nicht, *daß Keller das r, das k und das g nicht aussprechen konnte.* Soziale Sprachfehler dieser Sorte wiegen schwer vor einem Schulgericht, das seine eigene Zweideutigkeit genießt; Söhnchen wie Locher haben von ihm nichts zu befürchten. *Du warst ja gar nicht dabei – Doch, ich war dabei. – (...) Nun ja, es sind ja alle dabei gewesen, aber du hast nicht »Hesibalg« gerufen. – Ich weiß es nicht mehr. – Wenn du es nicht weißt, so wirst du auch nicht gerufen haben, sonst müßtest du es wissen.*

Ein vergnügliches Verhör. Gegen einen, an dem ein Exempel statuiert werden muß, sind andere Töne angebracht. Der falsche Aristokrat Keller hatte ja auch noch die Frechheit gehabt, den Zug, an dem er eigentlich gar nicht hatte teilnehmen wollen, zu *ordnen.*

44 In seinen Memoiren behandelt Locher diese Sündenbockfindung schlicht als »Justizmord«. Inzwischen hat er ihn am eigenen Leib erfahren. (Und rechtschaffen provoziert.)

Warum er dafür auf Kellers Sympathie nicht rechnen durfte, kann man gerade bei diesem Schülerdrama mit Händen greifen. Keller war gleich zweimal der Dumme gewesen: er hatte in Egli den Falschen, nämlich gewissermaßen sein eigenes

Fleisch und Blut getroffen. Und danach wurde ihm eingetränkt, daß er sich auch *so viel* nicht leisten konnte. In beiden Stücken war der betrogene Selbstbetrüger von dem smarten Locher durch eine Welt getrennt. Der machte es ja zu seinem Beruf, möglichst viele »Justizmorde« an seine Fahne zu heften, und nahm dabei nicht den geringsten Schaden an Selbstachtung und Gewissen. Keller aber mußte seinen Schaden *verarbeiten* – dafür brauchte er den *ganzen* Stoff, beide Seiten des traumatischen Ereignisses; ihm blieb der Ausweg zur Höhe der Richterlichkeit versperrt. Bei Locher mochte der Schülerprozeß eine Episode in der Berufsbildung des Advokaten bleiben; bei Keller machte er Epoche für das Doppelamt des Dichters und Staatsschreibers. Er war gewissermaßen lebenslang mit dem weiteren »Ordnen« jenes verunglückten Aufmarsches beschäftigt.

Mit dem Rechthaber gab es um so weniger Brüderlichkeit, je mehr sich dieser davon herausnahm – aufgrund eines intimen Rechtsanspruchs. Denn Vater Kellers Werkstatt war in Lochers Elternhaus eingemietet gewesen, und er hatte ihm zu Füßen gesessen *mit dem geheimen Wunsch, auch Drechsler zu werden.*

In Lochers Schlußkommentar zu jenem alten Schülerstreich hätte Keller nur Schimpf und Herablassung vernommen: *Vielleicht wäre Gottfried Keller, wenn ihm nicht bei dieser Gelegenheit so übel mitgespielt worden, wie sein Vater ein tüchtiger Drechsler, aber schwerlich der große Dichter geworden, als welcher er mit Recht gefeiert wird.«*

Dieses »Recht«, ihn mitzufeiern, hat Keller keinem Zeitgenossen weniger zugestanden als Friedrich Locher – und keinem *intimer* abgesprochen. Wozu müßte er ihn sonst in »Die öffentlichen Verleumder«, in einen Popanz gebannt und in aller Form verbrannt haben? Was von ihm übrigbleibt: eine vergiftende Wolke, vor der sich die Mitbürger hüten sollen wie vor der Cholera.

Abends begleitete ich Gottfridli nach Hause, plaudert Lo

cher aus der gemeinsamen Schulzeit. Vor der Haustür am
Rindermarkt hätten sie mit ihren Gesprächen nicht fertig
werden können. *Wart jetzt einen Augenblick, sagte er zu
mir, ich will nur meine Sachen ablegen und sehen, ob die
Mutter zu Hause ist, dann hole ich dich zu mir herauf.* Darauf hört der Zeuge vor der Tür *ein Zetergeschrei und ein Geräusch, witsch-watsch, wie von Ohrfeigen.* ›*Wie oft muß ich
dir sagen, du sollst von der Schule direkt nach Hause kommen und nicht überall Maulaffen feil haben.*‹ Der Wartende
habe es *unter bewandten Verhältnissen* für besser gehalten,
*sich zu trollen und seinen Besuch auf bessere Gelegenheit zu
verschieben.*

Die Gelegenheit wurde nicht mehr besser. An dieser Stelle ist
der Mitschüler Locher auch zum Ohrenzeugen einer anderen verbotenen Szene geworden. Denn im Haus erwartete
den Sohn nicht nur die Mutter mit ihren Ohrfeigen. Da
wohnte auch der »fremde Mann«, der Geselle Heinrich
Wild, an den sie ihn verraten hatte und mit dem sie seine Soh-
nesliebe betrog.

1834 war der »Gottfridli« verwaister, als er sich selbst verraten durfte und als er in seinem großen Roman zu verraten gut
fand. Wenn er gegen die angemaßte Autorität des armen Rechenlehrers aufbegehrte, demonstrierte er eigentlich gegen
den Gesellen, der zu Hause den Meister spielte; es hatte seine
abgründige Richtigkeit mit der Strafe, die er dafür empfing.
Und der Verlierer gewann sein Spiel: 1834 wurde das Jahr, in
dem sich die Mutter von ihrem »Gesellen« trennte. Von nun
an teilte sie ihre Einsamkeit wieder nur mit ihren beiden Kindern. Die Tochter Regula blieb, wie es sich damals gehörte,
dazu verurteilt, sie im Hause zu ertragen. Der Sohn aber zog
aus, um *seine ungerecht beurteilte Persönlichkeit wieder herzustellen.* Damit ist er auch als großer Dichter nicht fertig
geworden. Aber ohne diesen Bruch wäre er keiner geworden – das hat Locher, sein diabolischer Förderer, schon recht
gesehen.

Im übrigen: der »gute Aristokrat« Gottfried, der dafür gestraft wurde, daß er keiner war: vom Himmel war er nicht
gefallen. Das landjunkerliche Milieu des Mutter-Oheims
Scheuchzer sollte dem von der Industrieschule Verbannten
die Regression ins 18. Jahrhundert erlauben, die der Dichter
in seinen »Züricher Novellen« wiederbelebte. Im »Landvogt
von Greifensee« bot sie ihm sogar ein- für allemal Schutz vor
den Mißverständnissen der Liebe.

In dieser erträumten Sphäre war Locher real heimisch gewesen. Aus ihr nahm er den Applomb einer privilegierten Jugend in seine Jahre als Berufsrebell mit. Wie hätte ihm Keller
diese Nähe verzeihen können? Und doch vielleicht noch
eher als die Freiheit, mit der sich Locher von ihr entfernte.

GOTTESSTIMMEN

Mit Tagesanbruch aber demaskierte ich eine furchtbare Artillerie, welche ich konzentrisch auf e i n e n Punkt, die Hauptredoute des Feindes, wirken ließ, Vollkugeln, Kettenkugeln, Bomben, Granaten, Shrapnells, kongrevische Raketen, griechisches Feuer, und schoß Bresche.

45 Friedrich Locher und Alfred Escher sind mit dem silbernen Löffel im Mund zur Welt gekommen; da hatte Gottfried Keller, was sein Leben als Zürcher betrifft, schlechtere Karten. Die einzige, die hätte stechen können, wurde ihm schon als Kind aus der Hand geschlagen. Ohne sogenannten Schulsack mußte er seine weniger als kleinbürgerliche Existenz selbst begeben. Unter dem höchsten Anspruch an sich selbst konnte er es nicht mehr tun. Der Versuch, ein großer Maler zu werden, konnte als Irrtum erst ad acta gelegt werden, als er zum Stoff eines großen Romans geworden war. Aber noch immer war auch der »Grüne Heinrich« das Reifezeugnis nicht, das er seinen Zürcher Patronen schuldig zu sein glaubte.

Die Koterie des fast gleichaltrigen Alfred Escher hatte ihm aus der Ferne unter die Arme gegriffen, als ihnen keine Flügel wachsen wollten. Sie gedachten ihn in den Orient zu schicken, damit aus dem verunglückten Maler ein dramatischer Dichter werden könne. Noch immer honorierten sie ihm die halbwilde politische Jugend der Freischaren-Zeit, von der sie sich selbst gewinnbringend entfernt hatten. Vielleicht leisteten sie auch ein wenig Schadenersatz für sein Sündenbockschicksal an der Industrieschule, wenn sie jetzt – ganz unbildlich – Aktien auf seine Zukunft zogen.

Sie zeigten Geduld mit dem Objekt ihrer freundschaftlichen Spekulation, als es seine Tücken bewies und keine Werbetexte für ihre Eisenbahnpolitik liefern wollte. Sie zahlten seine Berliner Schulden, sie offerierten dem Autodidakten sogar eine Professur an ihrem neu begründeten Polytechnikum, das, nach Eschers Willen, eigentlich eine Eidgenössische Universität hätte werden sollen. Richard Wagner bringt in seinem Lebensbericht von 1867 den Fall Keller auf den Punkt: *Ich war erstaunt, in Keller einen auffallend unbehülflichen und spröd erscheinenden Menschen kennenzulernen, dessen erste Bekanntschaft jedem sofort das Gefühl der Angst um sein Fortkommen erweckte. (…) Glücklicherweise wußte man ihn, wie es scheint schon aus patriotischen Rücksichten, mit der Zeit endlich im Staatsdienste unterzubringen, wo er als redlicher Mensch und tüchtiger Kopf jedenfalls gute Dienste leistete, wenn auch seine schriftstellerische Arbeit von jetzt an, nach jenen ersten Ansätzen, fast immer zu ruhen schien.*

Wer beim »Grünen Heinrich« von »ersten Ansätzen« redet, kann ihn nicht gelesen haben. Die Versorgung aber, die Wagners Außenansicht schildert, funktioniert exakt nach den Prinzipien der Escherschen Seilschaften, die Locher in seinen Pamphleten geisselte. Am Sozialisten Johann Jakob Treichler (1822-1906) hatte das »System« sein Meisterstück geliefert. Nach der Logik *if you can't beat him, buy him* erhob es ihn zum Regierungsrat und hätte sehr wohl auch Keller so erheben können. Doch der empfahl sich einstweilen nicht für Protektion. Zur Verzweiflung seiner Mutter hatte er die Professur ausgeschlagen und erklärte, *wenn* er einen Posten annehmen würde, dann nur einen, »der nicht viel zu denken gibt«. Doch erst müsse er »seine ungerecht beurteilte Persönlichkeit« in Zürich wiederherstellen.

Zwischen seinen Deutschlandaufenthalten hatte er schon einmal in Eschers Staatskanzlei als Volontär gedient; danach schien seine Ambivalenz gegenüber dem »Prinzeps« endgültig der Opposition zuzuneigen. Nachdem er – fast wie zu Industrieschulzeiten – als Anstifter einer Mißtrauenskundgebung gegen das »System« gegolten hatte, führte er in der radikalen Berner Presse polemische Korrespondenzen über die Zürcher Politik, geißelte die noch immer nicht abgeschaffte Kinderarbeit und machte Eschers »Baumwolle« (*sie niggelet stetsfort mit dem Kopfe, den Courszettel der Gegenwart in der Hand*) dafür verantwortlich. Damit exponierte er sich fast ebenso wie einige Jahre später Locher in der polemischen Suite seiner »Freiherren von Regensberg«. Hätte ein junger Mensch im Kalten Krieg entfernt Ähnliches drucken lassen, er hätte sein Lebtag keine Aussicht auf eine Staatsstelle mehr gehabt.

Keller aber fand keine geringere als die des Ersten Staatschreibers, die durchaus »zu denken gab«. Er hatte sich 1861 eigentümlich formlos darum beworben und wurde ebenso formlos angestellt. Was für politische Buchhalter nur den Schluß zuließ, hier sei (mit dem Märchen von »Spiegel, das Kätzchen« zu reden) einem gefährlichen Mann *der Schmer abgekauft* worden. Ob er der Rechte für dieses Amt sei, behandelte auch die wohlgesinnte Presse als offene Frage. Hatte er nicht schon den ersten Morgen im Amt verschlafen, weil er sich zuvor im »Schwan« volltrunken mit dem durchreisenden Revoluzzer Lassalle geprügelt hatte? Nun war also auch Keller ein Mann des »Systems«, und von jedem, der diesem übel wollte, doppelt angreifbar: als Renegat und Alkoholiker.

Nach dem demokratischen Umsturz von 1868 blieb er im Amt, obwohl er dem »Pamphletär« Locher in seiner Geringschätzung der neuen Herren gewiß nichts nachgab: wieder lag der Vorwurf des Opportunismus in der Luft. Locher erhob ihn nie. Für den Kummer, den Keller mit seinem Nachfolger im Kantonsrat, dem radikalen Arzt Scheuchzer erlebte, hätte er sogar Lochers Sympathie gefunden – natürlich beanspruchte er sie nicht, obwohl die Nachrede der »öffentlichen Verleumder« auch auf diesen Vetter vorzüglich gepaßt hätte.

Aber sie war nun ein- für allemal Locher vorbehalten, dem Herrensohn, bei dem Vater Kellers Drechslerwerkstatt eingemietet gewesen war.

46 Keller wurde, als er sich von Eschers »System« zum Staatsschreiber befördern ließ, von vielen als politischer Wendehals betrachtet. Er hatte noch nach Jahren getreuer Amtsführung Witze wie diesen zu gewärtigen: *Eine vielleicht noch schwerere Aufgabe soll er* (sc. der Direktor der Rentenanstalt) *sich damit gestellt haben, den obersten Schreiber der Republik gegen Händel und darauf folgende Prügel zu assekurieren; an der Lösung dieser Aufgabe arbeitet er, wie man sagt, schon nahe an vier Jahre, aber bisher immer noch ohne großen Erfolg.*

So der »demokratisch« gesinnte »Landbote« am 25. Juli 1865 – die Fama des rauflustigen Trunkenbolds hat, wie bekannt, auch Kellers einzige Verlobte, die scheue Luise Scheidegger, den Tod suchen lassen; im Wasser, dem Ausweg der Frauen auch aus anderen Zürcher Dichterhaushalten.

Nichts von alledem geht auf Lochers Konto. Wäre er nichts als der »öffentliche Verleumder« gewesen, der gewendete Staats-Schreiber hätte für ihn ein gefundenes Fressen sein müssen. Das schlimme Gedicht muß ihm eines Tages ja doch vor Augen gekommen sein. Vielleicht hat er es, anders als die Keller-Philologen, gar nicht auf sich bezogen. Oder es fiel ihm nicht ein, sich an einem Mann zu rächen, den er als »großen Dichter« ehrte.

So in seinen »Republikanischen Wandel-Bilder und Porträts«, den spät im Pariser Exil 1901 von seiner Tochter herausgegebenen Memoiren. Er hätte darin alle Freiheit – und viele Gründe – zu einer Generalabrechnung mit seinen Zürchern und Schweizern gehabt; er macht keinen Gebrauch davon. Wir verdanken ihm – außerhalb des »Grünen Hein-

rich« – die einzige authentische Darstellung von Kellers
Schulabgang. Wer sie liest, findet Grund, dem Urteil des Verfassers auch anderswo zu trauen. Was gab es an einem solchen Mitwisser zu fürchten, außer der Tiefe der Mitwisser-
schaft? *Sein Vater war Drechsler, und da er seine Werkstatt in
unserem Hause hatte, pflegte ich an der Drehbank zu sitzen
und ihm zuzusehen, mit dem geheimen Wunsche, auch
Drechsler zu werden.*

Könnte es an diesem Wunsch etwas gegeben haben, was Keller nicht weniger traf als die Wiederverheiratung der Mutter?
Hinter der Karikatur des »Verleumders« muß sich eine viel
ältere – und zeitlebens frisch gebliebene – Kränkung verbergen. Der Herrenbub saß in Vaters gemieteter Werkstatt, als
gehöre er dazu – sie gehörte ihm ja. An dieser empfindlichen
Stelle durfte es vielleicht ebensowenig einen rivalisierenden
Bruder geben wie im »Grünen Heinrich« eine Schwester –
und im Vaterhaus einen »fremden Mann«.

Dem Usurpator standen später, anders als dem »enthaupte-
ten« Gottfried, alle Türen offen – und er leistete sich den Luxus, eine um die andere zuzuschlagen, während der Witwen-
sohn froh sein mußte, daß sich ihm endlich die Hintertür zu
einem Staatsamt auftat. Das Verständnis, das ihm Locher angedeihen ließ, hatte das Zeug zu jenem begründeten, aber ab-
scheulichen Wucher, mit dem im »Grünen Heinrich« das
Meierlein dem Helden zusetzt. »Erst log allein der Hund« –
vielleicht, aber in Kellers Hauptsache log er nicht.

47 Es gibt unter Kellers Gedichten nichts den »Öffentlichen Verleumdern« Vergleichbares – außer dem
»Jesuitenzug«, mit dem er 1843 als radikaler Heißsporn die
Bühne betrat. In den »Gesammelten Gedichten« (1879) hat
er die wüste, aber ehrwürdige Karikatur wieder aufgewärmt
und unter dem Eindruck des 1. Vatikanischen Konzils noch

etwas nachgewürzt, aber das alte Datum stehenlassen. »Die öffentlichen Verleumder« gleich dahinter aber waren eine krasse Novität, der lyrischen Lebenssumme grimmig nachgetragen, wie das »Verlorene Lachen« dem Zweiten Band der »Seldwyler Geschichten« – nach dem Festzauber der Republik der »Festschwindel«.

In diesen Zusammenhang datiert man »Die öffentlichen Verleumder« , mit vielem Grund, denn die Novelle verarbeitet Material aus Lochers Prozessen und seinen Pamphleten, den »Freiherren von Regensberg«. Das Ölweib Kellers ist der »Prozeßhexe« Lochers aus dem Gesicht geschnitten: einer Puffmutter im Vorort Riesbach, bei der kantonale Würdenträger ein- und ausgingen, keineswegs um sich vom »Pamphletär« dabei öffentlich ertappen zu lassen. Er tat es desto genußvoller.

Dem einstigen Untersuchungsrichter Locher ist das Freudenhaus nicht per se sittenlos, und auch Keller gönnt der Hexenküche seine Ambivalenz. Immerhin läßt er selbst seinen mit sich zerworfenen Helden Jukundus ratsuchend dort eintreten, um ihm dann eine Hintertür in das Stübchen der benachbarten frommen Schwestern zu öffnen, wo er seine Justine wiederfindet, und mit ihr die Aussicht auf das verlorene Lachen.

Von der Gnade der Zweideutigkeit weiß der Verfasser der »Öffentlichen Verleumder« durchaus nichts mehr. Da muß der publizistische Gerichtsvollzieher Locher zum Archetyp des Bösen werden. Da ist er nur noch der »plastische Dämon des Verfalls« (so »Mein Kampf« über »den« Juden), ein Ungeziefer, das aus der Welt gesäubert werden muß. Der Strohmann, der am Schluß – im Schutz eines Zürcher Zunftbrauchs – verbrannt werden muß, ist ein kleiner Holocaust.

Muß einer so als Erzlügner im Feuer vertilgt werden, so darf man auf die Wahrheit gespannt sein, die er hätte ans Licht bringen können. Das Autodafé gilt ja nicht nur einem »öffentlichen Verleumder« und einem Klassengenossen der

Zürcher »Industrieschule«. Es gilt einem Mann, den man in
den Fünfzigerjahren ohne weiteres zu Kellers Partei – damals
noch: der »demokratischen« Opposition – geschlagen hätte.
Und er gilt dem einzigen politisierenden Schriftsteller der in
Zürich, neben Keller, diesen Namen verdient. Lochers Zeit-
studien sind weniger *und* mehr als Seldwyler-Geschichten:
aufgehobene Realsatiren, in denen der Darsteller nicht nur
seinen Verhältnissen den Prozeß macht, sondern auch diese
ihm.

48 Locher blieb zur Selbstinszenierung verurteilt. Er
hat in seinen Schriften einen Machiavell anzubieten,
der es leider aufgeben muß, auf einen passenden Prinzeps zu
warten, da er den einzigen, der dafür in Frage gekommen
wäre, selbst demontiert hat. Seine zu eignen Gunsten frisier-
ten Klassiker-Zitate zeigen ihn bald als Narziß, bald als
Mephisto. Dann wieder gibt er einen Christophorus, der sich
für das Ausbleiben eines wahren Herrn an den falschen
schadlos hält. Da wird er zum rechten Lumpensammler und
verschwendet seinen Witz an die geballte Mediokrität seiner
Mitbürger. Sie sind Witwen- und Waisenfresser, Bankrot-
teure, ungetreue Amtswalter, Pöstchenjäger, Trunkenbolde,
Vergewaltiger in und Hurenböcke außer der Ehe, Prahl-
hänse, betrogene Betrüger, »Anschicksmänner« für jeden
Zweck – glanzlose Sünder, für die seine Pointen eigentlich zu
gut sind. *Es wird bei uns immer schwieriger, kein Verleumder
zu sein.*
Gerade diese Rolle aber wollte er keinesfalls im Repertoire
haben. Er legte nur die Tatsachen vor. Der Lebenswandel,
den ein solcher öffentlicher Ankläger selbst zu führen hat,
um Retourkutschen zu entgehen, muß von übermenschli-
cher Rechtmäßigkeit sein. Locher war viel zu beschäftigt, um
sich private Blößen zu geben. Höchstens starb ihm über sei-

ner Prozeßwirtschaft ein Kind weg. Aufgrund eines Gesetzes, das den Angriff auf Amtspersonen grundsätzlich, ganz ungeachtet seiner Berechtigung, unter Strafe stellte, machte er mit dem Gefängnis Bekanntschaft. Er behandelte es als Ehrensache und spielte sich darin durchaus als Herr mit Ansprüchen auf. Wer ihn fürchten mußte – und wer nicht? – verzichtete ganz gern auf einen Prozeß und entging ihm darum doch nicht immer. Er schien das einzige Mittel, den Schutz zu durchbrechen, mit dem jener Majestätsbeleidigungsparagraph die Amtsgewaltigen umgab. Locher, ein Winkelried, warf sich in diese Speere und genoß dafür den Respekt des gemeinen Volkes.

Der Denunziant sämtlicher Zürcher »Justizmorde« führte seinen dreißigjährigen Krieg gegen das Troja an der Limmat als Griechenheer in einer Person. Er war das Lästermaul Thersites und der schlaue Odysseus, der lastbare Ajax und die ungehörte Kassandra. Es schien ihn nicht zu kümmern, daß die Stadt, die er zerstören half, zugleich die einzige war, in der er hätte gedeihen können. Seiner weltbürgerlichen Gestikulation zum Trotz blieb er ein Zürcher bis ins Mark, der sich für berechtigt hielt, von seinem Gemeinwesen antike Tugenden abzuverlangen. Die Lücke zwischen Polis und Kaff, zwischen Perikles und Escher war der unerschöpfliche Tummelplatz seiner Feder. Auf die Winkel seiner Stadt berechnete er seine Züge; er kannte jeden Kniff im Gesicht seiner Mitbürger.

Lieber als der Sittenrichter oder Paragraphenreiter seiner Republik wäre er ihr Aristophanes geworden. Zu gar nicht wenig Daumier und einen Hauch von Dickens reichte es immerhin. Doch waren es im Grunde nicht die sozialen Klassen, die ihn auf die Barrikade steigen ließen, sondern der Mangel an Klasse in jeder.

49 Gewiß, Dr. Friedrich Locher war ein Ehrabschneider. Ob ihm selbst eine Demontage Ehre macht, können wir nur daran noch abschätzen, ob sie ihr Objekt zugleich plausibel herstellen, aufbauen kann; ob man den Geschlagenen, der meist vergessen ist, dank der Schläge besser sieht. Ein Foul des Darstellers fällt auf die Darstellung zurück. Süffigkeit – die Locher keineswegs verschmäht – ist dann kein Ersatz für Substanz.

Eine rettende Gnade gibt es in jedem Fall zu vermerken. Locher bedient das Vorurteil, aber er wendet es gegen Vertreter der Macht und hat selbst keine eigene im Rücken. Wenn der Matador nicht trifft, hat er nichts zu lachen. Die Arena, in die er gestiegen ist, bietet ihm kein Versteck. Wenn Locher eine Weile populär zu sein schien, täuschte das Volk mit seinem Beifall eher sich selbst als ihn. Er war sein Mann nicht; er würde es, wenn es hart auf hart ging, weder halten können, noch würde es ihm folgen. Wem sein Flötenspiel lieber ist als die Macht, der eignet sich nicht zum Rattenfänger.

Das hat Kellers Schmähgedicht freilich anders gesehen: darin figuriert Locher geradezu als schwarzer Messias. *Sie teilen aus sein Wort / Wie einst die Gottesboten / Getan mit den fünf Broten* – widerwilliger und schlagender kann man den Zauber eines Mannes nicht bestätigen. Locher mag Keller an Lassalle erinnert haben, mit dem er, wegen hypnotischer Experimente am Dichter Georg Herwegh, am Vorabend seines Amtsantritts handgemein geworden war: demselben Herwegh, der im jungen Keller den Dichter erweckt hatte. Diese Szene hat Lassalle hinterher generös mit allgemeiner Weinlaune entschuldigt. Keller aber muß es auch da ums Heiligste gegangen sein. Die Bloßstellung eines wehrlosen Dichter-Bruders ertrug er nicht.

Lassalle verkörperte die Jahrhunderttypen des Snob, des Dandy und des Agitators in einer Person. Er hatte den Prozeß um das Vermögen der Reichsgräfin von Hatzfeld als Revolutionsdrama inszeniert, um dann von seinen Erträgen wie ein Fürst zu leben. Er war, je nachdem, der geniale Spekulant in Gasaktien, Volksrechten, europäischer Politik und Rechtsphilosophie. Er verabschiedete sich mit einem zwar törichten, aber standesgemäßen Tod, demjenigen Puschkins im Duell um die Ehre einer Dame, die ihn bereits abgehalftert hatte.

Auch Locher hypnotisierte seine Mitbürger mit seiner rhetorischen und »zersetzenden« Potenz. Aber ihr Vertrauen erwarb er nicht. Sie warteten nur darauf, daß er sich selbst in seinen Fallstricken verfing. Er wurde keine politische Gründerfigur und gebot am Ende auch seinen Feinden keinen Respekt mehr.

Keller aber, glaube ich, hat ihn nicht vergessen; denn er vergab ihm nicht.

50 Noch immer sitzen sie einander schief gegenüber, die unterschiedlichen Führungspersönlichkeiten vom Zürichsee, mein ehemaliger Pfadfinder-Jungfeldmeister Ulrich Bremi und der Unternehmer in Sachen Ems-Chemie und Vaterland. Sie betrachten ihre Differenz in Sachen Solidaritätsstiftung – in manch anderer Hinsicht haben sie keine, jedenfalls keine unüberwindliche. Noch ist man in einer Großen Regierungskoalition, die überall sonst einem nationalen Notstand gebührte, hier aber nur die bewährte »Zauberformel« verwirklicht. Denn hier ist die Politik, jede Politik, ihr ganz eigener permanenter Notstand.

Dieser Notstand ist zugleich unser Stolz, denn er ist das Volk. Von »Plebisziten« im abfälligen Sinn darf bei uns keine Rede sein. Nach herrschender Lehre übt das Volk nur sein Souveränitätsrecht aus, wenn es das Regieren verhindert; wenn es seine Abgeordneten desavouiert, seine Minister ins Leere laufen läßt. Wenigstens kann es diese, anders als ein Souverän des 18. Jahrhunderts, nicht direkt wählen (das möchte Herr B. ändern, dann wäre er schon so gut wie gewählt). Gegen ihre systematische Verfolgung durch das Volk müssen die Behörden denn doch einigermaßen versichert sein.

Dagegen müssen sie aber auch über alle Parteien hinweg schlecht oder recht zusammenrücken. Nicht genug, daß die gesetzgebende Behörde alle vier Jahre abgewählt werden kann; das Volk kann ihr auch während der Legislaturperioden direkt in die Arbeit pfuschen, wenigstens, indem es ein Gesetz, wenn es fertig ist, zurückweist oder mit dem Referendum droht, wenn es noch unterwegs ist. Diesem Veto vorzubeugen, Gesetze vorsorglich mehrheitsfähig zu machen, läßt Gesetze lange, oft nie reifen und neue lieber gar nicht erst aufkommen. Neue Gesetze waren in der Schweiz selten populär, obwohl die »Demokraten« des 19. Jahrhunderts die direkte Mitsprache des Volkes eigentlich als Maschine gedacht hatten, die Richtung Zukunft Dampf machen und konservative Zauderer ebenso wie asoziale Unternehmer notfalls überfahren konnte. Es kam anders: die direkte Demokratie wurde ein wahres Gottesgeschenk für die Obstruktion aller vermeintlich oder wirklich Überfahrenen. Der Fortschritt hatte gegen sich selbst eine hochwirksame Bremse eingerichtet, die schon beim leichtesten Druck aufs Gaspedal reagiert.

Das zwang die Erben des »Systems« immer mehr, ihre Tätigkeit in staatsferne Räume zu verlegen, wo die Politik sie nicht so behindern konnte. Schon Eschers Alt-Neoliberale lernten, die Vorteile dieser Gewaltenteilung – uns die Profite, die Kosten dem Staat – immer besser zu schätzen. Aber auch wer sich die politische Karriere nicht verdrießen ließ, begann in der beschränkten Haftung der Politik ein entlastendes Moment zu sehen. Das Volk, der Souverän, konnte seinen Vertretern zwar die Tätigkeit verhageln. Aber es lieferte ihnen auch ein wirksames Alibi für vorsorglichen Kleinmut. Wenn der Souverän aufbegehrt, tut er es in der Regel konservativ. Vieles Wünschbare, was überall möglich sein müßte, ist es nicht bei uns, in der direkten Demokratie. Die politische Gleichstellung der Frauen, zum Beispiel, war auf diese Weise sehr lange nicht möglich gewesen. In diesem Punkt schien das Stimmvolk seine Souveränität bis zur Schadenfreude treiben zu wollen. Es besaß dafür, wie Umfragen verrieten, auch noch die mehrheitliche Zustimmung der Frauen selbst. Das Schweizer Parlament besinnt sich zweimal – dafür besteht es ja auch aus zwei gleichberechtigten Kammern –, bevor es dem Volk eine Bewegung zumutet; und hierzulande kann schon der Stillstand, wenn er beim Namen genannt wird, als Bewegung verdächtig sein.

So geht in der Regel fast alles, was das System an Antrieb und Neuerung produziert, von der Regierung aus, worauf das Parlament die Vorlage erst einmal als Fallgrube betrachtet, die ja für eine bestimmte Beute gegraben sein muß, oder als Gaul, von dem nur eines feststeht: geschenkt ist er nicht. Vielleicht ist er ein verkapptes Untier, dem man ins Maul greifen muß, um ihm die Zähne auszubrechen, mit denen es jemanden hätte beißen können. Man weiß aber auch: wird ein Opponent im Rat zu schonungslos überstimmt, so kann er immer das Volk zu Hilfe holen; betrachtet es ihn als seinen Mann und gefällt ihm seine Nase besser, so schlendert es auf den Platz und zeigt seiner Obrigkeit den Daumen, abwärts gewendet: *causa finita*.

Bei diesen seinen Ja-Nein-Staatsakten pflegt das Volk weder Umstände zu machen noch in großer Besetzung anzutreten. Keine Klage ist in der Schweiz häufiger zu hören als die über Stimmabstinenz. Und keine klingt hohler, denn erst eine volle Stimmabstinenz des Volkes könnte den Staat wieder so regierbar machen wie zu Eschers Zeiten. Aber nun ist es, wie es ist, und an eine Entmachtung des Souveräns ist nicht mehr zu denken; zumal er auch unser Stolz ist.

Lange haben wir für unsere Abneigung gegen das Vereinigte Europa seinen Mangel an Demokratie ins Treffen geführt –

und konnten damit etwas Zutreffendes sagen, auch wenn wir nicht alles sagten, was wir meinten (und nicht alles meinten, was wir sagten). Denn es war lange Zeit ebenso gewiß, daß unser eigener Souverän die Beitrittsfrage ohnehin gegenstandslos machen würde, wie, daß auch Europa selbst auf dieser Basis nie zusammengekommen wäre – übrigens so wenig wie der schweizerische Bundesstaat, der den Partikularstaaten damals von einer Partei oktroyiert worden war: mit Hilfe eines veritablen Bürgerkriegs. Escher, Bluntschli und Keller waren sich wenigstens darin einig gewesen, daß nur eine *repräsentative* Demokratie deren Fähigkeit, Politik zu machen und zu vertreten, garantieren könne. Selbst Locher macht deutlich, daß er die populistischen Geister, die er rief, gern wieder in die Pandorabüchse gebannt hätte.

Europa: für Deutschschweizer heißt das zuerst, daß die Grenze gegen Deutschland zu fallen droht. Für zwei Generationen von Schweizern war es die am stärksten bewachte Grenze. Die psychologische, älter als die militärisch besetzte, hat diese bis heute überlebt. So bleibt sie auch die am meisten bewährte, nämlich für die Herstellung von Wir-Formen, über alle inneren Grenzen der Schweiz hinweg.

51 Du hast meine Mutter noch gekannt, Brums, sie war ein Engel von Hilfsbereitschaft und versäumte keine Gelegenheit, ein Opfer zu bringen, nicht nur für mich. Aber sie war eigentlich nicht da. Sie war nicht da gewesen, als ich, elfjährig, sie »am meisten gebraucht« hätte. Sie ließ mich ein Jahr, und dann noch ein weiteres, im Internat zappeln. Danach aber wollte sie nur noch für mich dasein. Und um es zu können, ging sie jede Nacht auf Wache bei reichen Zolliker Sterbenden. Am Morgen aber war sie da, heizte den Ofen und machte mein Frühstück, bevor ich zur Schule ging. Und danach war das Mittagessen bereit, wenn ich aus der Schule zurückkam, erhitzt von der langen Fahrt auf dem Rad. Wenn ich arbeitete, störte sie mich nicht. So lernte ich arbeiten.

War sie während meiner Geburt da, die für sie eine dreitägige Folter gewesen sein muß? Waren wir da einmal bewußtlos nahe zusammen? Früher einmal, als ich von der Primarschule zurückkam, lag sie noch immer in tiefem Schlaf. Dafür hatte sie, wie sich zeigte, eine Schachtel Tabletten leeren müssen. Zeitlebens bestand sie darauf, von einem Selbstmordversuch dürfe keine Rede sein. Sie habe die Tabletten mit einem Gebet zusammen eingenommen: Gott, wenn es Dein Wille ist, behalt mich bei Dir. – Es war Sein Wille nicht. Mein Vater ließ sie ins Spital führen, wo ihr noch rechtzeitig der Magen ausgepumpt wurde.

Damals lebte er noch – »Schnupperli« genannt, weil er durch den weißen Schnurrbart Luft einzog für seinen Vortrag mit der hellen Stimme. Du könntest noch bei ihm zur Schule gegangen sein, denn im Krieg mußte er jungere Kollegen vertreten, die im Dienst waren. Damals muß ihm schon der Krebs im Leib gewachsen sein. Im Spital aber hatte er es, wie er mir sagte, noch einmal gut.

Von da an hatte meine Mutter Seinen Willen allein zu erforschen. Erst am Ende, das seliger hätte sein dürfen, hatte sie die Lust oder Kraft dazu verloren, aber da hatte mir Gott ja schon einen Namen beschert. Nur über den Sex in meinem ersten Buch hat sie sich sehr geschämt. Von wem nur konnte ich das haben?

52 Mein Vater hat mir nicht nur ein Stück jener Erde hinterlassen, zu der ich einmal wieder werden soll. Es gab noch etwas Bleibendes: sein Heiliges Land.

Ich kann es mit Händen greifen, wenn ich Vaters Bibel aufschlage. Seine letzten Dinge standen in diesen Blättern. Nicht im Neuen Testament. Das ist vergleichsweise intakt. Zerlesen, ja zerfleddert ist seine Heilige Schrift im Alten Testament, bei den Psalmen Davids, bei den Büchern Esther und Hiob, den Patriarchengeschichten davor, bis zurück zu Adam und Eva, Seinem Fall. Auch bei den Apokryphen liegen viele Blätter lose, bei den Makkabäern, Tobias, Judith. Ganz zuhinterst im Text verrät nur noch die »Offenbarung« einen vergleichbaren Zuspruch. An der Lektüre meines Vaters ist er für mich lesbar geblieben, ein halbes Jahrhundert nach seinem Tod.

Sein wahres, sein einzig wahres Land sei das Land Jesu: daran hat er gewiß geglaubt. Ich bin dankbar, daß wir nicht mehr dazu gekommen sind, über dieses Land miteinander streiten zu müssen. Es wäre ein trost- und hoffnungsloser Streit geworden, und vielleicht hätte ich dabei nicht nur meinen, sondern auch seinen Glauben verloren: daß ihm das Land des Sohnes über alles heilig sei, des Einzigen und Eingeborenen. Davon hätte ja sein leiblicher Sohn etwas spüren müssen. Er brauchte, glaube ich, seinen Jesus für etwas ganz anderes: als Beweis dafür, daß der Herr züchtigt, ja töten muß, was er liebt.

Er las kein befreiendes Buch. Er las die Beschreibung eines Kampfes und rüstete sich darin für seinen eigenen.

Gegen wen? Zunächst gegen alle, die in seiner Welt unverdient so viel größer herauskamen als er: die Gottlosen, die Freisinnigen, die Hurenböcke und Dirnen, die Leugner der Erbsünde und Anhänger des Frauenstimmrechts, die Verächter seiner eigenen Geschichten, die er nach Feierabend schrieb, um den Ahnungslosen ins Gewissen zu zünden. Es wurde nur ein einziges Mal ein gedrucktes Buch daraus, und auch frommen Blättern wie »Leben und Glauben« konnte er sie immer weniger gut verkaufen. Sogar die Redaktion des »Zolliker-Boten« hatte man ihm unter einem Vorwand weggenommen.

Hier aber, in Seinem Buch, stand geschrieben, daß es mit alledem seine schreckliche Richtigkeit habe; schrecklich nämlich für die andern. Er kämpfte den Guten Kampf gegen ihre Tücken und würde gerechtfertigt daraus hervorgehen. Es kam nur darauf an, die Prüfung zu bestehen, nicht kleinmütig noch kleingläubig zu werden und getrost alle Sorgen auf ihn zu werfen, damit er es wohl mache. Und dann zu bitten, daß einem die Kraft geschenkt werde, durchzuhalten und treu erfunden zu werden bis zum Ende, ja, bis zum Ende am Kreuz. Denn des Herrn Wege waren nicht unsere Wege, aber auf diesen unsträflich zu wandeln, darum durften wir bitten, dafür mußten wir kämpfen.

Einen Sohn liebte er ja doch: Johannes, weil er der Babylonischen Hure seinen apokalyptischen Marsch geblasen hatte. Dafür ließ er ihn auch gern beim Abendmahl an der Schulter des Herrn ruhen. Für ihn gab es nicht zweierlei Johannes – Bibelkritik hätte ihm auch in dieser Form ferngelegen. Er hätte sie als Versuchung behandelt. Seine Jahre am frommen Seminar Unterstraß, die den Bauernsohn für das unerreichbare Theologiestudium entschädigen mußten, ersparten ihm auch jeden Zweifel an Der Schrift. Sie war wörtlich zu nehmen – sonst wäre möglicherweise kein Halten mehr gewesen. Freisinnige Pfarrer, denen die Bibel nur ein Brotkorb und eine Sammlung schöner Gleichnisse war, gab es ja genug. Ihn aber verlangte es nach dem Unbedingten der Propheten, und das hieß für ihn: nach dem Unwidersprechlichen der Berufung. Sein irdischer Gottesbeweis blieb die Zerstörung derer, die Seiner, und damit auch seiner, gespottet hatten.

53 War ihm bewußt, daß er ein jüdisches Buch las? Gewiß hat er es als solches nicht wahrgenommen. Die Bibel handelte ja vom »Volk Gottes«. Sein Gott verzehrte das Historische daran und ließ auch von den Juden nur das Beispielhafte übrig.

Ich glaube, daß mein Vater zwischen dem Buch, in dem er

leben und sterben wollte, und den Juden, die vor unserer
Haustür ermordet wurden, keine *verpflichtende* Verbindung
hergestellt hat. Seine Patriarchen und Propheten aus dem Alten Testament waren nicht so sehr Juden als Menschen, denen Christus noch nicht erschienen war. Es konnte sie kein
Tadel dafür treffen, daß sie noch keine Christen waren. Doch
alles, was sie zu bedeuten hatten, deutete auf Christus hin.
Dafür genossen sie für ihre Sünden großen Spielraum, aus
dem er seine Inspiration und sogar ein Stück Freiheit
schöpfte. Im Alten Testament, einer des Gerichts so bedürftigen Gegend, konnte das Verbot des Neuen Testaments, sich
selbst zum Richter aufzuwerfen, noch nicht in Kraft sein.
Hier hatte Gott selbst noch Richter bestellt über Sein Volk.
Etwas anderes war es *nach* Christus. Da wurden die Juden
erst jüdisch, indem sie Ihn als Messias weder erkannten noch
anerkannten. Noch mehr: sie verrieten ihn und lieferten ihn
ans Kreuz. Dafür sprachen sie sich auch noch selber schuldig: »Sein Blut komme über uns und unsere Kinder!«
Auch hier verpflichtete keinerlei Textkritik meinen Vater
dazu, diese furchtbaren Worte als kirchenpolitische Zutat zu
erkennen. Eine »heidenchristliche« Manipulation hatte die
Einladung zum Antisemitismus den Juden selbst in den
Mund geschoben. Für meinen Vater aber hatten sie Gott, den
sie verraten hatten, auch noch herausgefordert. Gewiß, die
Antwort auf diese Ungeheuerlichkeit mußte man Ihm überlassen. Aber Unschuldige traf sie in Vaters Augen wahrlich
nicht. Der Gleichklang Juden/Judas prägte sich ein für alle
Zeiten. So kam auch das Unglück nicht von ungefähr, das
jetzt über die europäischen Juden hereinbrach.
Billigen, gar rechtfertigen habe ich es meinen Vater nie gehört. Er verstummte beredt davor, erschüttert von der
Pünktlichkeit des Gerichts. Hitler war gewiß der Antichrist.
Aber auch der hatte, leider, seinen Platz in der Geschichte
des Heils. Der Holocaust war für ihn (verglichen etwa mit
dem Schicksal Pastor Niemöllers) »kein Thema«. Wo die

Furchtbarkeit der Heimsuchung alle Begriffe überstieg, mußte einfach höhere Gewalt am Werk sein. Hier durfte sich der kleine Richter des Richtens enthalten.

Dieser Antisemitismus ist, im vollen Wortsinn, nicht zu fassen. Er verbirgt sich mit Fleiß seine blutige Innenseite und will nicht nur von den Juden nichts wissen. Er weiß auch nichts von sich selbst.

Aber daß Jesus selbst ein jüdischer Rabbi war: wie konnte auch das »kein Thema« sein? Der (jüdische) Evangelist Matthäus führt Jesu väterlichen Stammbaum mit aller Sorgfalt bis zu König David zurück, unbeeindruckt vom Wunder der jungfräulichen Geburt.

Mein Vater machte keinen Gebrauch vom Angebot der »Deutschen Christen«, Jesus »arisches Blut« anzudichten. *Von Jesse kam die Art* – dabei hatte es zu bleiben, menschlich gesprochen. Göttlich betrachtet, konnte der Sohn Gottes natürlich so wenig ein Jude sein wie Adam und Eva – oder gar Gott selbst. Und was an der »Judenfrage« – so noch 1947 ein Buchtitel meines Zolliker Sonntagschulpfarrers – immer noch eines Kompasses bedürftig blieb, das ließ sich für den christlichen Gebrauch in einem Bibelwort hinreichend richten: *Es muß Ärgernis in die Welt kommen, aber wehe dem, durch den es kommt.*

Da hatten die Juden ja zugleich ihre Sendung weg, und das Wehe dazu. Sie blieben das Auserwählte Volk: nämlich als unvermeidliches Ärgernis.

Ein Christentum, das den Juden keinen stärkeren Schutz zu bieten hat, muß bis heute Gründe genug kennen, über seine Beteiligung am Holocaust nachzudenken. Ich habe eigene Gründe, das Glaubensmonopol als eine kaum verhüllte Form der Menschenfeindschaft anzusehen.

»Keiner kommt zum Vater denn durch mich.« Über Ihn bin ich nicht einmal zu meinem leiblichen Vater zurückgekommen. Du tust mir leid, Vater, aber dein Glaube nicht.

DER KOMPLEX

*Wir haben keinen Überfluß an Patrioten,
welche ihre Haut zu Markte tragen, Be-
strafen Sie das freie Wort blos deshalb, weil
es kühn, aber wahr ist, so werden Sie näch-
stens eine seltsame Stille um sich finden und
die Hydra der Reaktion wird bald die zün-
gelnden Köpfe strecken.*

*Abgesehen also von deren brutaler Unge-
rechtigkeit, war die Escher'sche Politik eine
erstaunlich kurzsichtige und sowohl für das
weitere Vaterland, als besonders die eigne,
liberale Partei geradezu verderbliche.*

54 Die Singularität Auschwitz.
Geht es darum, sie zu bestreiten? Das nämlich wäre
die »unglaubliche Verharmlosung«, deren mich Herr B. (vgl.
Anhang D, S. 334) bezichtigt.

Wir sind eine seltsame Besetzung für einen neuen Histori-
kerstreit. Der »engagiert« genannte Autor schreibt ein Büchlein, in dem er Auschwitz gerade nicht relativiert. Nur ge-
traut er sich nicht, das, was Auschwitz zu bedeuten hat, auf
ein Lokal und auf bestimmte Völker zu beschränken. Der
Sprachgebrauch eines Bundespräsidenten reißt ihn zu der
Erinnerung hin, daß der Zusammenhang in die Schweiz reiche: bis in die Art von Schweizern, über Juden, Deutsche,
über sich selbst zu reden.

Man mag meine Schrift einen Verstoß gegen den keineswegs
nur helvetischen Hang zur Verhältnismässigkeit nennen.
Aber eine *Verharmlosung*?

Herr B. möchte dazu festgestellt haben, daß die Schweiz in

dieser Sache relativ unschuldig ist. Im Sinne des Verhältnismässigkeitsprinzips: vergleichsweise fast ganz sauber. »Freispruch für die Schweiz«, lautet der Buchtitel seines Gesinnungsgenossen Ernst Leisi, eines ehemaligen Professors. Die Schweiz, so bekennt er, hat sich vergleichsweise unheimlich wenig vorzuwerfen.

An der »Singularität von Auschwitz« gibt es etwas, das schlechte Gewohnheiten begünstigt. Die Einfalt, von sich selbst heilig gesprochen, kommt wieder zu ihrer Chance, Pässe mit Spezialstempeln auszustellen. Das »D«, mit dem Herr B. mich gezeichnet hat, ist immerhin ein Anfang. Wer den Deutschen ihre spezielle Berufung zum Massenmord »verharmlost«, wird dann gleich auch ein wenig zum Auschwitz-Leugner.

Nun, ich werde meine Gründe haben. Schließlich lasse ich mich von Deutschen bezahlen, wie mein Vorgänger, der bekannte Landesverräter Jakob Schaffner (1875–1944). Ich publiziere in einem deutschen Verlag, ich bekenne mich zum »Anschluß« an Europa, einer typisch deutschen Konstruktion. Da muß ich den Deutschen wohl nach dem Mund reden.

In Amerika gab es in den Nachkriegsjahren jemanden, der noch lieber, und aus noch besseren Gründen als Herr B. oder ich, an die Einzigartigkeit von Auschwitz geglaubt hätte. Er war selbst Jude, mit Namen Stanley Milgram, Psychologe von Beruf. Um zu überprüfen, wie weit Autorität und Gehorsam führen können, und zwar bei keineswegs abnormen Mitmenschen, veranstaltete er 1963 ein Experiment, das in seiner Art so erschreckend ist wie die Lager: nur daß die Opfer dabei simuliert waren.

Das aber wußten die Probanden auf der andern Seite des Versuchs nicht. Sie bekamen den Auftrag, ihre (nicht sichtbaren) Gegenüber einem fälligen und dringlichen Lernprozeß zu unterziehen, der durch Nachhilfen in Form elektrischer Signale zu unterstützen war. Bei mangelhaftem Lernwillen war den Bedürftigen ein schonender Stromstoß zu verabfolgen, der bei Renitenz verstärkt werden konnte, auf einer gleitenden Skala, die auch hohe Werte erreichte; gegebenenfalls. Man unterließ den Hinweis nicht, daß von einem bestimmten Punkt an Lebensgefahr gegeben sei; womit man die Ernsthaftigkeit des Versuchs unterstrich. Bei normaler Lernbereitschaft erübrigten sich so starke Mittel ja wohl von selbst.

Das taten sie keineswegs. Extreme Nachhilfen wurden, bei der empörenden Begriffsstutzigkeit der zum Lernen Verpflichteten, rascher nötig gefunden als gedacht; und dies, obwohl die Erziehungsberechtigten ihre Gegenüber zwar nicht sehen konnten, aber schreien hörten.

Menschen wie du und ich, Amerikaner wie Deutsche, waren mehrheitlich bereit, einem als dringlich dargestellten Erziehungsbedarf *todbringenden* Nachdruck zu verleihen. Nötig war dafür nichts weiter als die doppelte Gewißheit, dazu a) durch ein sie entlastendes System *moralisch* gezwungen zu sein, und b) auch für die Opfer nur das Beste zu wollen.

Soviel zur Singularität, so viel zur »unglaublichen Verharmlosung«.

Unglaublich harmlose Menschen werden, bei rechter Führung, im Namen der Glaubwürdigkeit zu Monstern an Selbstüberwindung. Zu tapferen Mördern.

55 Wer hier noch nicht erschrecken will, erhält noch einmal Gelegenheit dazu. Neuere Bearbeitungen des inzwischen *klassisch* gewordenen Experiments ergaben nämlich, daß die Sympathie der Befragten nicht etwa den »Opfern« galt – nur weil man inzwischen wissen durfte, daß sie fingiert waren? –, sondern den Tätern, denen man offensichtlich die Anführungszeichen lieber gegönnt hätte. Worauf hatten sie sich da einlassen müssen! Das Licht, in dem sie erschienen! Sie konnten einem wahrhaftig leid tun.

Monströs wird Himmlers bekannte Ansprache an seine Mordgehilfen erst recht, wenn man, mit Milgrams Nachhilfe, fassen lernt, daß ihr Kern mehrheitsfähig ist; niemals im Wort, wohl aber in der Tat. *Dies durchgehalten zu haben, und (...) anständig geblieben zu sein...* »dies« muß hier heißen: den Anblick der Leichenberge, welche die angesprochenen SS-Männer ja nicht nur liegen gesehen, sondern fabriziert hatten ... *ist ein niemals geschriebenes und nie zu schreibendes Ruhmesblatt unserer Geschichte.*
Es wurde nach dem Krieg viel (manche sagten schon damals: mehr als genug) über den SS-Staat geschrieben. Ins öffentliche Bewußtsein durchgeschlagen hat der Holocaust doch erst mit dem gleichnamigen TV-Rührstück der Siebzigerjahre.
Auch Überlebende wie Ruth Klüger oder Paul Kertész schreiben inzwischen so über »ihr« Auschwitz, als gebe es das wahrhaft Neue und Ungeheuerliche jetzt erst nachzutragen: die ver-rückte Normalität, den simulierten Alltag unter der Rauchwolke verdampfender Menschen.
Die Opfer gehen weit, um dem bloßen Opfermitleid, diesem Ehrengrab zu Lebzeiten, zu entrinnen. Sie haben Auschwitz überlebt und offenbar keine Lust, sich seine Singularität als neuen Judenstern anzuheften.

56 Herr Heinrich Rothmund, des Justiz- und Polizeidepartements ehrbarer Schreibtischtäter in den Diensten Bundesrat von Steigers, war bekanntlich der Erfinder des J-Stempels, den er 1938 den Nazis »beliebt machte«, damit Schweizer Grenzbeamte Juden als unechte Flüchtlinge abweisen konnten. Herr Rothmund gedachte damit nicht nur der »Verjudung« (sein Wort) der Schweiz vorzubeugen, sondern auch dem »Antisemitismus«. Es ist klar, was er damit meinte: vermeiden wir, die Juden *noch* anstößiger zu machen.

Dann wären unsere eigenen Juden nämlich die ersten, die
darunter zu leiden hätten.

Diese Logik des anständigen Antisemitismus liegt wieder
faustdick in der Luft. Wir sind nicht auf historische Zeugnisse angewiesen, ihre Wirksamkeit zu überprüfen. ›Laßt
uns den Holocaust-Fonds so zügig und generös wie möglich
abwickeln: je weniger man darüber spricht, desto besser für
die Juden. An jedem verlorenen Tag, mit jeder fortgesetzten
»Erpressung« mästet sich der Antisemitismus. Je weniger
das Volk merkt, was es tut – das heißt, was wir in seinem Namen, zwecks Imagepflege, nicht lassen dürfen –, um so besser. Nur keine schlafenden Hunde wecken!‹ Darum darf
auch an der Solidaritätsstiftung nur ja kein Restgeschmack
von Holocaust haften, er würde uns die ganze Suppe verderben. Die Hunde, geweckt, wie sie dann wären, würden sie
nicht schlucken. Und geschluckt muß sie ja doch sein, nachdem wir sie uns – und auch noch ohne Not! – eingebrockt
haben.

Es ist ein ganz besonderes Puzzle, aus einer Buchstaben-
suppe, in der Wörter wie »Holocaust« und »Totengold«
schwimmen, nur noch Wörter wie »Solidarität« zu fischen.
Als Schriftsteller z. D. der bundesrätlichen Arbeitsgruppe
(Konzept der Stiftung) war ich mit einer zweideutigen Erwartung konfrontiert: die Schrift so zu stellen, daß sie sich
vom Ausland her ganz anders lesen soll als aus dem Inland.
Betrachtete man die Stiftung im nackten Lichte der Ehrlichkeit, gab es an ihr einiges, das die Begeisterung erkälten
konnte. Sie sollte das vorzeigbare Produkt eines nicht ganz
vorzeigbaren Kompromisses werden: ein Produkt so recht
nach Schweizer Art. Ich war mit in diesem Ding, weil alte
Bekannte wie Brums meiner Pfadfinderehre noch immer
hinreichend sicher waren (»treu Gott und dem Vaterland,
hilfreich dem Nächsten...«).

Es war die Geschichtsbetrachtung des Herrn B., vertreten
durch ihren Zudiener, einen Herrn Mörgeli, der mich meiner

Zweifel an der Solidaritätsstiftung enthob. Ich ging, jede Woche wieder, einen Tag nach Bern, weil es dort einen neuen Fall Dreyfus zu verhandeln gab, für den man beinahe auch den Namen wieder verwenden konnte. Nur mußte man ihn à la Suisse buchstabieren, wie die Fallgeschichte selbst: undramatisch, aber beelendend.

Ruth Dreifuß, die Innenministerin, ist schon als Frau in unserem System noch immer eine Novität. Als jüdische Bundesrätin hätte sie ein Durchbruch sein können; vielleicht zu ihrem und aller Glück wurde er als solcher nicht einmal registriert. Sie war vor allem darum gewählt worden, weil die bürgerliche Ratsmehrheit eine andere Frau unter allen Umständen verhindern wollte; eine, die schon *als* Frau Furcht erregt hatte. Diesem unberechenbaren, aber erkennbar kämpferischen Lockenkopf war fast jede andere vorzuziehen, und wäre sie auch Jüdin – davon zu *sprechen* brauchte man nicht. Im übrigen brachte Ruth Dreifuß alles mit, was der Zauberformel-Proporz von der Besetzung verlangte. Sie war Französischschweizerin mit St. Galler Familienhintergrund, Sozialdemokratin, Gewerkschafterin, ledig (ihre erste Vorgängerin im Bundesrat war an einem Ehemann gescheitert). Sie wirkte intelligent, sensibel und nicht penetrant feministisch.

Alles i. O.? In der Tat, der jüdische Anteil an ihrem Porträt wäre irrelevant geblieben, hätte ihn Herr B. – oder war es doch nur sein Herr Mörgeli? – nicht mit einer kleinen Kulissenschiebung ins rechte Licht gerückt. Man weiß es schon: sie war nicht antisemitisch gemeint. Herrn B.s Geschichtsschreibung fühlte sich nur verpflichtet, öffentlich daran zu erinnern, daß Vater Dreifuß 1938 bei der »Denunziation« des Polizeihauptmanns Paul Grüninger in St. Gallen eine gewisse Rolle gespielt habe.

Grüninger? Einer der Aufrechten und wahren Gerechten im Krieg, der die furchtbare Legalität der schweizerischen Flüchtlingspolitik in gebotener Stille unterlaufen hatte, indem er über tausend österreichischen Juden eigenmächtig lebensrettende Papiere ausstellte – worauf er 1940 schimpflich entlassen und auch nach dem Krieg keineswegs rehabilitiert, geschweige denn geehrt wurde. Erst nach seinem Tod und der Weltwende von 1989, anläßlich der Umbesetzung so vieler anderer Rollen, kam er auch der offiziellen Schweiz als Held gelegen.

Es ist nicht bekannt, daß sich Herr B.'s Volkspartei für Grüningers Rehabilitation jemals stark gemacht hätte. Jetzt aber bemächtigt sie sich der Lichtgestalt, um einen Juden als Judas anzuschwärzen. Was, wie gesagt, nichts Antisemitisches zu bedeuten hat. Es geht nur um Tatsachen.

57 Die Tatsachen sind melancholisch. Schweizer Juden, wie der Vater der Bundesrätin, waren die einzige Menschengruppe in der Schweiz, die privat für »Glaubensgenossen« unter den Flüchtlingen aus dem NS-Reich aufkommen mußten. Wenn sie sich durch die gezwungene Solidarität – wie viele Juden konnten noch kommen? – bedroht gefühlt haben sollten, wäre dies nicht speziell jüdisch, nur allzumenschlich. Es paßte ins Bild der Antisemitismus-Prävention eines Herrn Rothmund, der ja auch jüdischen Mitbürgern eine weitere »Verjudung« ersparen wollte. Daß sie mit einer solchen Behörde zusammenzuarbeiten fortfuhren, war nicht zu vermeiden. Es läßt sich sogar vorstellen, daß dieser Sachverhalt in den Augen derer, die darunter zu leiden hatten, den Tatbestand der »Kollaboration« erfüllte.

Dann wäre Sidney Dreifuß im Fall aller Juden gewesen, die von ihren Verfolgern zur Komplizenschaft erpreßt wurden: als »Judenräte«, »Älteste«, am Ende: als »Sonderkommandos« vor oder nach der Gaskammer. Einige dieser Zeugen, die nicht von den Nazis selbst beseitigt wurden, leben noch. Niemand hat ihnen dafür einen Prozeß machen dürfen.

Was ein rechter Volksmann ist, darf. Da Auschwitz bekanntlich nicht in der Schweiz liegt, braucht er in den Bundesbe-
hörden von damals keine kriminelle Organisation zu sehen
und muß ihren Druck auf jüdische Schweizer keine Erpressung nennen. Unser Volksmann darf, weil er das Schicksal
der Juden in jener Zeit rasch ausblendet, wenn er sich einen
Schweizer Helden zueignet, Polizeihauptmann Grüninger,
über den Vater Dreifuß sich damals verhören lassen mußte.
Dieser hat die Falschdatierung der lebensrettenden Papiere
bestätigt. Von dieser Aussage hat die Bundespolizei gegen
Grüninger, für sie nichts weiter als ein ungetreuer Beamter,
Gebrauch gemacht.
Daraus eine »Denunziation« zu konstruieren, ist ein starkes
Stück von Rechtsneutralismus. Es in einem Augenblick auf-
zubringen, wo die Schweiz – in den Augen der Volksmänner – ihrerseits »denunziert«, »erpreßt« wird, kann man nur
einen ungewöhnlich wohlkalkulierten Zufall nennen; berechnet auf exakt jenen unanständigen Antisemitismus, den
der anständige Antisemitismus bekanntlich nicht wecken
will. Leider ist der Volksmann, als Nicht-Antisemit, der Geschichte die Tatsachen schuldig. Da muß er auch so ehrlich
sein, Roß und Reiter zu nennen.
Daß bei dieser tätlichen Nennung eine volle Breitseite Dreck
auf die Tochter des »Denunzianten« spritzt, war natürlich
keinerlei Absicht. Daß sie, als erste jüdische Bundesrätin, besonders exponiert, auch besonders verletzlich sein könnte:
wer käme auf dergleichen? Wo sie doch der leibhaftige Beweis dafür ist, daß in unserem Staat jeder und jede, Frauen
und Mannen, an jede Stelle avancieren können.
Für einen Antisemitismus, der von sich selbst nichts wissen
will, ist gerade die Jüdin in der Landesregierung der schla-
gendste Beweis, daß er keiner ist. Anfassen – nämlich politisch – wird man sie ja noch dürfen, wie jeden andern Amts-
träger auch. Sonst ist sie nicht die Richtige fürs politische
Geschäft, und wir leben nicht in Herrn B. s freier Schweiz.

58 Eigentlich hätte sich niemand wundern dürfen, wenn Ruth Dreifuß nach dieser Geschichte in der Tat gefunden hätte: dieses politische Geschäft, mit seiner biedermännischen Brandstifterlogik, sei nicht das richtige für sie. Sie hat geschwiegen. Schon wieder hat eine Jüdin besser geschwiegen – nicht weil sie verfolgt war, sondern damit sie, und andere Juden, es lieber nicht würden; gemustert von jenem Vorurteil, das die Idiotie nicht vor Bedrohlichkeit bewahrt. Je pfiffiger die Gefahr geringgeschätzt wird, desto deutlicher ist sie zu fühlen. Ruth Dreifuß hat geschwiegen; andere, etwa die Männer ihres Kollegiums, hätten darum nicht zu schweigen brauchen. Vielleicht hat sich dieser oder jener Bundesrat ja auch überlegt, ob er vernehmlich reden soll, und dann an die schlafenden Hunde gedacht, und an seine Verantwortung für ihren Schlaf. Aber gerade dieses Bedenken bewiese, wie wach die Hunde längst sind – wieder, immer noch.

Auschwitz liegt nicht in der Schweiz. Aber ein gewisser Brandgeruch liegt auch hier in der Luft – und Leuten, die wissen, was er bedeutet, wird zugemutet, damit zu leben. Das möchte ich nicht. Ich habe erfahren, wie Herr B. *guilt by association* konstruiert – Schaffner gleich Landesverrat gleich Muschg. Damit sind wir erst bei McCarthy. Damit wir wenigstens nicht *unbemerkt* weitertreiben, von der verfolgenden Unschuld weitergetrieben werden, ist, in der Tat, wieder Solidarität mit bestimmten Mitbürgern und Mitbürgerinnen nötig. Nicht weil sie Schweizer, nicht weil sie Frauen oder Juden, sondern weil sie Menschen sind.

Das war es auch, glaube ich, was der Intellektuelle bei einer »Solidaritätsstiftung« zu suchen hatte. Sie mag auf allen Beinen hinken und nach vielen Seiten schielen. Ihr Impuls bleibt nötig. Hier ist eine Wende der Geschichte angesagt, und sage einmal keiner, er sei nicht dabeigewesen.

Alle starken Gründe gegen die Stiftung wiegen den einen guten nicht auf: daß Sidney Dreifuß freigesprochen wird. Dafür verbitten wir uns einen »Freispruch für die Schweiz«. Wir haben zu viele Beweise dagegen. Wir finden sie in uns selbst.

59 Herr B. dementiert, wie zu lesen war, daß er nur echte Tote als Opfer betrachtet. Er läßt also, anders als es den Grenzwächtern im Krieg erlaubt wurde, über Opfer mit sich reden. Er will großzügiger sein. Aber tot, nicht wahr, sind die echten Opfer ja doch. Daran ändert eine pressepolitische Nuancierung nichts. Worum es heute noch gehen kann, ist eine saubere Berechnungsgrundlage für Schadenersatzforderungen aus aller Welt. Nur weil er sich zu heucheln weigert, soll Herr B. ein Unmensch sein?

Es ist unsern Vätern auch gestern um Sicherheit gegangen, zuerst, wie sich versteht, um diejenige des eigenen Landes. Um sie geht es Herrn B. auch heute. Darüber kann er sich in Empörung reden über jeden, dem diese Sicherheit offenbar nichts wert ist. Sie kommt, auch heute noch, zuerst, und dann lange nichts mehr. Fehleinschätzungen mögen damals unterlaufen sein, das räumt er ein. Aber sie sind zu entschuldigen. Schließlich war das Ziel, die Schweiz zu sichern, hoch gesteckt, fast unerschwinglich. Diesen Preis verrechnet auch er, unausgesprochen, mit den Opfern.

Dreißigtausend Juden haben »wir« also gerettet: die Zahl derjenigen, die wir weggewiesen haben, unterliegt nur Schätzungen, gibt also keine Berechnungsgrundlage her. Ich hatte einen guten Bekannten, der als ungarisches Judenkind freigekauft wurde gegen Lastwagen. Eichmanns *Deal*. Später wurde der Gerettete Professor an der FU in Berlin und hatte schon einen Ruf zurück nach Zürich angenommen, als er sich das Leben nahm. Das Wasser, in das er ging, die Taschen mit Steinen beschwert, liegt nur ein paar Steinwürfe vom Bahnhof Grunewald entfernt, wo die Menschentransporte Berlin - Auschwitz zusammengestellt wurden.

Ich hatte ihn ein paar Wochen zuvor im Zürcher »Select« getroffen. Er war ebenso berühmt für seine reinliche Intelligenz wie für sein Vergnügen am Klatsch. Er sprach von einer kleinen Wohnung in Paris, die ihm den Gedanken, wieder in die Schweiz zurückzuziehen, erträglich mache. Die Berliner Arbeit hielt er für gescheitert, verzweifelt, wie er war, an der Vereinbarkeit von Universität und demokratischer Vernunft. Nach seinem Tod las man in der »Neuen Zürcher Zeitung« einen Briefwechsel mit unserem gemeinsamen Lehrer. Er bezog sich auf die Rolle des jungen Emil Staiger, welcher der Nationalen Front nahegestanden hatte. Der jüdische Professor begegnete dem Schweizer Professor immer noch mit Takt, Höflichkeit und Respekt. Er fragte aus Gründen der Reinlichkeit: an Belastung war ihm nicht gelegen. Eben darum steht das Tödliche ganz lauter in seinen Briefen.

Davon wird niemand Herrn B. s Schweiz je reinwaschen. Es ist unverrechenbar.

Peter Szondi hätte sich nicht als Auschwitz-Opfer etikettiert. Um so mehr war er darauf angewiesen, daß andere Bescheid wußten und sich danach verhielten. In der Tat: hätte es zwischen der Schweiz und Auschwitz keine bewachte Grenze gegeben, er hätte nicht die Chance gehabt, Auschwitz einige Jahrzehnte zu überleben. Für ihn war jene bewachte Grenze die Lebensrettung. Er allein hätte sagen dürfen: Auschwitz liegt nicht in der Schweiz. Vielleicht hätte er es, in der ihm eigenen Strenge, heute getan.

Aber dafür hätte kein Magistrat ihm mit dem Satz zuvorkommen dürfen: »Wenn man gewisse Leute reden hört, könnte man meinen, Auschwitz liege in der Schweiz.«

60 Das ist mehr als eine Stilfrage, es macht einen Unterschied. Für hemdsärmlige Politik ist er eine Nuance, kaum der Rede wert. Darum ist ihre Rede auch danach. Für verfolgte Menschen aber ist der Stilunterschied der freie Raum, der zwischen zwei gleich unmöglichen Sätzen (»Auschwitz liegt in der Schweiz«/ »Auschwitz liegt nicht in der Schweiz«) aufgeht. In dieser Differenz wird das »Grab in den Lüften« zum Ort, an dem man trotz allem atmen kann, ein U-topos, offen gelassen, von Schweigen geschützt, nicht dem Verschweigen ausgeliefert. Dazwischen liegt eine Welt, die Welt der Zivilisation. In dieser Welt leben wir mit den glücklich oder unglücklich Überlebenden zusammen. Auch mit denjenigen, die nicht nur »Glück hatten«, sondern auch wieder ertragen lernten, Glück zu leben.

Diesen Ort von Behauptung und Gegenbehauptung freizumachen, war das Ziel meines Aufsatzes, den Herr B. mit seinem heiligen Zorn angeschwärzt hat. Dieses Ziel war nicht erreichbar. Dennoch: Vor Herrn B.s Zorn fehlt mir der Respekt. Ich weigere mich sogar, ihm gutzuschreiben, daß auch das Unglück im eigenen Land Respekt verdient. Ja, aber es hat nicht verdient, gegen anderes Unglück aufgerechnet zu werden. Es braucht nicht herzuhalten zum Frisieren der Bilanz zu eigenen Gunsten.

Wir wollen, Auschwitz vor Augen, vergleichsweise wenig verbrochen haben. Wenn dieser Vergleich erlaubt wäre: *wir* dürften ihn nicht machen. Hier erst beginnt für mich die »Singularität von Auschwitz«. Sie trifft jedes Volk, jede Zivilisation ungeteilt und so ganz, als stände sie in jedem einzelnen Land, in jeder einzelnen Person wieder als ganze auf dem Spiel. Denn so ist es: Auschwitz ist nie vorbei, und überall kann es wieder bevorstehen.

Wir können unsere Defizite der Vergangenheit so wenig wie die der Gegenwart auf dem Wege des Vergleichs mit anderen Völkern teilen, Schweden, Österreichern, Amerikanern, nicht einmal mit den Deutschen. Vor dem Abbruch der Zivilisation steht jedes Volk, jede Person allein wie nirgends sonst. Gegenüber der »Sonderbehandlung« gibt es keinen Sonderfall Schweiz: Ich nicht, du auch.

»Wir müssen«, wie es in Kellers »Verlorenem Lachen« heißt, »als ganz unteilbare Leute in das Gericht, das jeden ereilt«.

FÜHRER

> *Wenn der Staat das Recht des S t ä r k e r n*
> *als Beispiel aufstellt, so muß man sich nicht*
> *wundern, wenn der Bürger sich auch im*
> *Privatleben danach richtet. (...) Was in ma-*
> *terieller Beziehung abfällt, geht in Folge ei-*
> *gener Entsittlichung wieder doppelt verlo-*
> *ren.*

> *Glaubt man im Ernst, wenn es Deutschland*
> *konvenieren sollte, ein paar hunderttausend*
> *Mann nach Italien zu werfen, wir würden*
> *es daran hindern können, oder auch nur*
> *wollen? Wie steht es aber dann mit unserer*
> *gepriesenen Neutralität? –*

61 Nach Mitternacht am TV gesehen: Das »Nürnberger Urteil«. Der Film von Stanley Kramer (1961) handelt vom Prozeß eines amerikanischen Provinzrichters gegen hohe Vertreter der Nazijustiz. Diesen Prozeß, wie denjenigen gegen die Hauptkriegsverbrecher, bis zum Todesurteil durchzuziehen, wäre, wenn die dort geschaffenen Rechtsgrundsätze weiter gelten sollen, nur rechtens gewesen. Doch opportun war es nicht mehr. In der Tschechoslowakei haben die Kommunisten die demokratische Regierung gestürzt; nach dem abgeschnittenen Berlin muß eine Luftbrücke errichtet werden. Die Deutschen gelten nun als Bundesgenossen im Kalten Krieg. Damit wird das Dritte Reich verzeihlicher (Ex-Ministerpräsident Filbinger: »Was gestern Recht war, kann heute nicht Unrecht sein.«)
Der Richter aus Amerika versucht in Deutschland der Anfechtung zu widerstehen, die ihm weniger die neue weltpoli-

tische Lage bereitet als die Vielfalt der Wahrheiten. In seinem
Hauptangeklagten, dem Ex-NS-Richter Jannings, findet er
einen unerwarteten Komplizen. Dieser konfrontiert sich mit
seiner Schuld und verlangt dafür das Todesurteil.

Dagegen versucht der deutsche Verteidiger die Anklage zu
entkräften, indem er nicht nur die Karte des Kalten Kriegs
spielt, sondern (wenn schon!) auch alle übrigen Kriegsfüh-
renden auf die Anklagebank setzt. Angesichts der »gebrech-
lichen Einrichtung der Welt« (Kleist) seien absolute Schuld-
sprüche unverhältnismäßig und pharisäisch. Und habe nicht
selbst Churchill noch 1937 erklärt, in einer Stunde der Not
wünsche er England einen Mann von der Entschlossenheit
Hitlers?

Am Ende bleibt dem Richter nur eine einzige Maxime des
Handelns in der Hand: der Kategorische Imperativ der Zivilisation. Diesen Anspruch des Menschen an die Menschlichkeit, der unter allen Umständen gelten soll, setzt die Regie
Kaufmanns dem vollen Licht seiner Zerbrechlichkeit aus. Er
hält an ihm fest, nicht trotzdem, sondern darum. Er bleibt
auch dann in Kraft, wenn der Angeklagte Jannings zum Leben verurteilt wird.

62 Die zahllos gewordene Literatur über A. H. – sie soll
derjenigen über Jesus Christus nicht mehr nach-
stehen – scheint vor allem die Unerforschlichkeit eines Phä-
nomens bestätigen zu müssen: das der *Liebe* zu ihm.

Wer diese Liebe mit der Geistesverwirrung eines ganzen Volkes erklärt, vertieft nur den Erklärungsbedarf. Über den Gefühlen, die diesem Menschen zuflogen, lagert eine Wolke, deren Kraft noch nicht erschöpft sein kann. Vielleicht ist das
Geheimnis dieses Tabus, versucht man es dem Vorstellbaren
zu nähern, so peinigend wie die »Endlösung«. Privatfilme
seiner Interieurs zeigen keine »andere Seite«, sondern den-

selben linkischen Mann, der die Tribüne besteigt und sich vor seinen inszenierten Exterieurs, den Monumenten, Märschen, Paraden aufbaut. Nahaufnahmen des Gesichts in Bewegung: keine gibt heute noch eine Ahnung der Faszination her, die von ihm ausgegangen sein muß. Was fehlt auf diesen Bildern, wohin ist ihre Essenz verduftet? Das hingerissene Gefühl, das sich von einem halbgebackenen Gesicht repräsentieren ließ, weil es in ihm die Welt von ihren Übeln erlöst sah? Überwinde ich mich zur Phantasie, ich begäbe mich in die reale Gesellschaft dieses Mannes, so packt mich immerhin ein starker Affekt: Furcht, die Furcht, dieses zugleich starre und leere, zur Entgleisung und Entladung offenbar jederzeit bereite Gesicht zu reizen. Wäre er nicht der allbekannte Führer, sondern ein Kriegsinvalider (der er 1918 ja gewesen ist) auf dem Trottoir oder in der Straßenbahn, ich denke, ich würde ihm auszuweichen suchen; oder, böte er mir eine selbstgemalte Postkarte an: mich loskaufen, möglicherweise mit einem unnötig hohen Betrag. Oder würde ich mich besinnen (nur nicht zu lange!), ob ich wagen dürfte, auf sein Angebot zu verzichten? Um keinen Preis möchte ich seine Aufmerksamkeit, deren Umfang nicht abzusehen wäre, erregt haben.

63 Gesetzt aber den Fall, dieser Mensch tritt in einer Gesellschaft auf, die meine Furcht ausreichend verstärkt; als Bandenführer also, ein Chef, dessen Umgebung ihm genau die Reverenz erweist, die ich als Bestätigung meiner Furcht erlebe? Und so war es ja in Wirklichkeit: der Führer mochte »aufgebaut« sein, aber setzte sich gegen seine Aufbauer so regelmäßig wie naturgesetzlich durch. Wäre es dann möglich, daß sich die Furcht in Ehrfurcht verwandelte; daß sie mein System der Wahrnehmung verschiebt, indem sie ein unerwartetes Ereignis als Phänomen buchen muß?

Ich wünschte, ich könnte es ausschließen. Aber es wäre möglich, wenn dieses Wesen zu erkennen gäbe, daß es zwar in der Tat zu fürchten sei, aber nicht von mir. Sende ich die richtigen Signale, so habe ich für mich und das, was mir teuer ist, nichts zu befürchten. Die Entlastung könnte den Ausweg finden, den Mann ehrenhaft, ja mehr als das, in seiner Bedrohlichkeit ehr-würdig zu finden.

Noch immer wäre der Kern meines Gefühls negativ, opportunistisch; aber wäre nicht schon Raum darin für meine Beschämung, nämlich durch die Radikalität dieses Menschen? Gesetzt den Fall, ich fühlte mich von ihm persönlich ausgezeichnet: könnte es dann nicht sein, daß ich diesen Bonus auch verdienen wollte und damit anfinge, alles, was bisher in meinem Gefühl gegen diesen Mann sprach, umzupolen und ihm zugute zu halten?

Gibt es eine Person, die sich nie nach solch radikaler Umbesetzung des Bekannten gesehnt hätte; deren Identitätssicherungen fest genug säßen, um nicht bei rechter Gelegenheit durchzubrennen? Was könnte er aus mir machen, wenn ich zu seinen Erwählten gehörte? Mich zu ihm durchgerungen, mich für ihn überwunden zu haben: könnte ich dieser heroischen Lesart meiner selbst widerstehen?

H. muß in seiner Ausstrahlung, die heute grotesk wirkt, etwas gehabt haben, was Leute mit Grundsätzen und Kultur bewegen konnte, ihren Grundsätzen, ihrer Kultur schrittweise zu mißtrauen und sie dann mit etwas fühlbar Stärkerem zu vertauschen. Er machte einen zum Verschworenen zu seinen Gunsten, und zu Lasten der Skrupel, über die er weiterzuführen schien. *Du mußt dein Leben ändern* – dafür genügte die rechte *Gemeinschaft*; und derjenige, der sie möglich gemacht hatte, durfte sie auch erzwungen haben. Jetzt wurde sie wirklich, kraft seiner Präsenz. Er erwartete Tatbeweise und prüfte die Person; wie lange prüfte diese noch ihre Tat? Das Unbedingte gehörte zum Opfer, das man ihm nicht schuldig bleiben durfte. Für den Führer, auf Gedeih und Verderb: denn eben so trat er ja auch selbst für sein Volk ein, nahm dabei auch Verbrechen auf sich und war damit gewissermaßen ihr erstes Opfer. Wie durfte man ihm das eigene Opfer schuldig bleiben? Das Milgram-Experiment im großen Stil – die wirklich moralische Frage dabei ist nur, ob es zum Verbrechen *verpflichtete*, oder ob es das Verbrechen *erlaubte* und uns von seinem Odium befreite. Haben wir eine natürliche Hemmung dagegen, Artgenossen umzubringen, die nicht zu unserer Horde gehören? Schimpansen, genetisch unsere nächsten Verwandten, haben sie nicht. Höchstens erregen Nächstenmorde ihre Palavertätigkeit in höherem Maße: nach der Gewalt das Ritual der Bewältigung.

Vielleicht bestand die Stärke des A. H. darin, daß er zu Energien einen Schlüssel besaß, den wir für immer verlegt haben wollten. Er aber wußte ihn zu gebrauchen und öffnete die Schleusen. Der Unmenschlichkeit? Der begrenzten, auf die eigene Horde beschränkten, für diese aber zu allem entschlossenen »Menschlichkeit«. Es genügte, um sie zu entfesseln, die Menschenähnlichkeit der andern als böse Vortäuschung zu kennzeichnen, demnach als doppelt strafwürdig. Sie waren nicht unseresgleichen; sie taten nur so. Und wenn man genauer hinsah, entdeckte man lauter Unterschiede, andere Nasen, andere Gesten, andere Gefühle, andere Sitten – in Wirklichkeit: abscheuliche Unsitten; Verschwörungen gegen unseren intakten Körper, Ausschläge, Anschläge.

»Alle eure Sorgen werfet auf ihn« – damit fängt es an, mit dem Heilandsversprechen; aber was es zum Überschwang macht, könnten die verbotenen Begierden sein, die in der Verheißung mitschwingen; auch diese verantwortet er für uns, phallisch aufgerichtet steht er mitten unter ihnen und erhebt sich zugleich über sie. Am Ende weiß er, was er uns schuldig ist: er nimmt ihre infame Erfüllung mit ins Grab, er läßt sich, und sie damit, in seinem eigenen Holocaust verrauchen, und die Mitschuldigen warfen der Inszenierung die Beweisstücke ihrer Beteiligung ins Feuer nach. Sie verbrannten nicht ganz, aber angeschwärzt waren sie genug. Damit, nach einer Schockfrist von zwei Jahrzehnten, das Palaver beginnen durfte: was hatten wir getan? Hatten wir es tun müssen, dürfen, und wer trug Schuld daran?

Die Feinde, die dieser A. H. uns zeigte, mochten uns bisher unbekannt gewesen, nicht einmal wie Feinde erschienen sein. Er aber besaß den Blick, der tiefer drang. Er hatte den Schlüssel – wir mußten nur die Entschlossenheit haben. Es brauchte einen wie ihn – weniger galt nicht –, um die aus den Fugen geratene Welt wieder einzurenken. Keine Arbeit für Hamlet, eine für Herakles. Sie begann in unserem Herzen, das wir von Zweifeln reinigen durften, zuerst von den Zweifeln an ihn. Sie waren Teil des Problems, zu dessen Lösung er antrat und uns antreten ließ.

Wären wir da nicht schon – »mit heißem Herzen« – an seiner Seite gestanden, in seinen Reihen marschiert, mit ruhig festem Schritt, einem Schritt, der sich den Stolz, die Entschlossenheit schuldig war, überallhin zu treten, auch auf Menschen, die uns, wenn sie jammerten, klagten, weinten, nur die Schwachheit vor Augen führten, die wir in uns selbst zertreten hatten?

64 »Wenn das der Führer wüßte.« Von vielem, das man sah, durfte man in der Tat nicht glauben, daß er es wußte. Auch damit aber blieb – oder wurde – er erst führend, nämlich zum Nichtwissen. »Führer, befiehl, wir folgen«; als diese Gefolgschaft ihre Gewissenlosigkeit hätte erkennen müssen, bedeckte sie sich mit Nichtwissen. Genügt es nicht, daß es geschehen ist – muß man es auch noch wissen wollen?

Mit dem Holocaust brauchte niemand zu rechnen, in bestimmtem Sinn nicht einmal diejenigen, die daran beteiligt waren. Es spottete aller Vernunft – sobald Hitler sie nicht mehr gefesselt hielt – , daß ein Oberster Feldherr in der Vernichtung der Juden das ebenso dringende Kriegsziel hatte sehen wollen wie im militärischen Sieg, für den die Deutschen die unsäglichsten Mühen auf sich genommen hatten. Es machte ihm nichts aus, schließlich auch das eigene Volk als Feind zu behandeln, da es sich seiner Vision nicht gewachsen gezeigt habe.

Kriminal-Darwinismus? Viel schlimmer: Theaterregie. Es war diesem Dramaturgen schließlich gleichgültig, mit welcher Besetzung er sein Stück inszenierte, solange es nur grandios blieb.

Vielleicht bewacht diese Schande das Hitler-Tabu am sichersten: daß die Deutschen nur als Verbrauchsmaterial für ein defektes Ego hergehalten haben sollen. Daß sie für diese Schmiere nicht nur ihr Schlimmstes gegeben hatten, sondern auch ihr Bestes. Was für ein anthropologischer Skandal, daß ein Mann mit so dürftiger Ausstattung an kultureller Intelligenz »seine« Deutschen zur Wette hinreißen konnte: man brauche nur oft genug über seinen Schatten zu springen, dann werde man diesen Schatten ein für allemal los? War es diesem Führer eines tief ernsthaften Volkes überhaupt mit etwas ernst, das er ihm eingebrockt hatte?

War es ihm nicht einmal mit dem mörderischen Antisemitismus recht ernst? Einer seiner dumpfsten Regieassistenten, der »Stürmer« Julius Streicher, erklärte, als es ihm in seinem Nürnberg an den Kragen ging, seine Bekehrung zur neuen jüdischen Herrenrasse und wollte ihr sein entsprechendes *Know-how* zur Verfügung stellen. Das Abscheulichste an der Niederlage der Humanität bleibt der Zwang, daß man nicht umhin kann, die Frivolität darin zu bemerken; das schauerlich Unnütze, das Autodafé eines Afterkünstlers, der, nachdem er in der Wiener Akademie nicht angenommen wurde, dafür ein ganzes Volk durchfallen ließ. Halb Europa zerstörte er als Realersatz für eine ungewürdigt gebliebene Talentprobe. Als der Trümmerhaufen seinem Ego hoch genug schien, verbrannte er sich selbst darauf, nicht ohne der Schlußszene noch das Rührstück einer kleinbürgerlichen Trauung aufzusetzen.

Die umfassende Entwertung, die A. H. den Deutschen angetan hat, ist so schwer erträglich, daß man sie lieber als unmöglich betrachtet. Der Sog des Vakuums bleibt fatal, auch 50 Jahre danach. Sollte man, in seinem Zeichen, denn gar keine Werte geschaffen haben? Hat man, wenn man auf weißen Schiffen nach den Kanarischen Inseln fuhr, keine Kraft durch Freude erlebt? Und war – vom Nordkap bis El Alamein – gar keine Freude in der Kraft, als die Ausflüge des Kleinbürgers zu Exzessen blutiger Bewährung wurden, zur Fanfare von Siegesmeldungen? Es war keine gute Zeit. Aber war es nicht doch die beste? Stark?

65 Solange die Kunst in unserer Gesellschaft als Marginalie, statt, wie bei den Griechen, als Schlüsselproduktion einer Gesellschaft gilt, sind wir auch mit einer so hellsichtigen Demontage des Führers wie Thomas Manns »Bruder Hitler« nicht zu erleuchten. Und doch steht die Anthropologie, in der Hitler seine nicht weniger entlastende als abscheuliche Singularität verliert, am ehesten in Kunstwerken geschrieben: im »Doktor Faustus«, Hans Henny Jahnns »Fluß ohne Ufer« oder in Barlachs »Der gestohlene Mond«. Doch was nützte es, wollte man so komplexe Lektüren Leuten zur Pflicht machen, die nichts dringender ersehnen als die Reduktion auf schlichteste Muster? Da sind sie mit Hitler-Reden auch heute noch besser bedient, und ihr Karl-May-Hintergrund empfiehlt sie für alle Frequenzen der Wahrnehmung zwischen Kitsch und Pop.

Man hat auch mit Hitlers heftigster Beschimpfung gegen seine mögliche Wiederholung nichts geleistet. Nachreden wie »faschistisch« oder »präfaschistisch« *wecken* nur die Hunde am andern Ende der Leine, an die man sie nehmen möchte. Wer eines Führers bedürftig ist, wird eine hilflose Moral immer wieder zur Zeugin gegen diese selbst machen. So lange wir die Quelle des Faschismus in uns selbst nicht fassen wollen, sind das Scheingefechte und dienen ihrerseits einer unhaltbaren Vereinfachung der Welt.

Das Elend von Menschen, die es, selbst mit blutigen Händen, nur gut gemeint haben müssen und denen dabei, nach ihren Begriffen, immer noch mehr mitgespielt wird, als sie andern je mitspielen können – dieses Elend würde eine andere Art von Richtigstellung verlangen; eine, die sich auf den Alltag der Wahrnehmung herunterläßt, empfindlich ist, ohne Schulmeisterei, für die Einladungen zur Unempfindlichkeit, die wir uns von den Wortführern aller Sprachen, besonders der absprechenden, gefallen lassen. Und wenn nicht grade wir selbst den Schaden davon haben, gefällt sie uns ja ganz diebisch.

Erhellung beginnt mit Wahrnehmung. Was redet da mit, wenn Einer seine Botschaft ausruft? Auf welche Feindschaften will er mich damit verpflichten? Gibt er die mindeste Neugier auf eine Sicht zu erkennen, die mit der seinen unverträglich ist? Wie behandelt er Widersprüche überhaupt? Hält er sie für eine Gefahr, gegen die er einschreiten muß – oder für alltäglichen, keineswegs schon *per se* ehrenrührigen Stoff der Zivilisation? Wieviel Freiheit gibt er selbst zu erkennen, wenn er Freiheit propagiert?

Stilfragen sind Fragen der Substanz. Ein Redner, der ein kontroverses Thema nicht zu Lasten der Vorurteile (auch seiner eigenen) zu vertiefen bereit ist, kann nicht der Rechte sein, es hinreichend zu behandeln. Welches Kriterium haben wir für die Vertrauenswürdigkeit eines Politikers bevor er zu Taten schreitet, als die Umsicht seiner Sprache? Der Beweis, daß die reduzierte Sprache ein Unglück war, wird leider meist erst dadurch erbracht, daß ein noch größeres passiert.

Aber wie stellt man einen komplexen Diskurs über Hitler her, ohne seine Gestalt zu relativieren, plausibler zu machen, womöglich, wie versteckt immer, zu entlasten?

66 Da sei der Holocaust vor, jetzt und immerdar, beschwört uns die kategorische Moral mit aller Schärfe. Wenn sie damit nur nicht hinter ihrem eigenen Rücken dem Satanskult so viel heißen Stoff zufließen ließe. Wo zeigen Sie die Leichenberge? hörte ich Rolf Hochhuth den Regisseur Syberberg nach seinem »Hitler«-Film peinlich befragen. Die Frage mochte noch so berechtigt sein – schon ihre Wiederholung vertrug sie nicht; sie denunzierte den Moralisten als Voyeur, fataler noch: sie wurde rhetorisch. Die Antwort interessierte den Frager nicht, er kannte sie schon.

»Ich will auch nicht von Philosemiten sonderbehandelt werden«, hörte ich von Robert Neumann; es gibt aber auch einen Haß auf den Antisemitismus, der eine Sonderbehandlung Hitlers begünstigt. Seine Figur in Kontexte zu stellen, mag dazu verleiten, ihr die Schärfe zu nehmen; die Erhebung zum Dämon aber bewahrt ihr die Unberührbarkeit. 1938 war Chaplins »Großer Diktator« eine hellsichtige und mutige Parodie; heute vernebelt ihr Witz, und mehr noch ihre Moral, die Optik: so viel immerhin hat Hitler bewiesen, daß ihm damit nicht beizukommen war.

Niemals vergessen! Aber wie, ohne die Toten, denen Hitler, der Massenvernichter, das Gesicht genommen hat, für immer mit seinem verworfenen zu verbinden und ihr Gedächtnis zu schänden durch Rituale ersatzweisen Hasses, deren Stoff von seinem Stoff geschnitten ist?

George Steiners Tour de Force über die schaurige Komplizität des alten Hitler mit dem Kommando seiner israelischen Entführer wurde in Deutschland nicht verlegt, und viele Juden haben ihm das Gedankenexperiment nicht verziehen.

Zweimal ein sicheres Zeichen, daß das Problem dort angesiedelt wurde, wo es uns noch immer bedroht. Aber wie wäre davon wegzukommen in ein *gutes* Vergessen?

Vielleicht geben uns die Toten einmal ein Zeichen, wie das Vergessen denn beschaffen sein müßte, indem sie, statt Opfer zu bleiben, ihre Menschlichkeit mit uns teilen. *Nehmen* können wir uns die Erlaubnis zu diesem Vergessen nicht.

Aber so viel müssen wir wissen: daß unsere graue Unlust, an ein Verbrechen erinnert zu werden, immer wieder Wege findet, den Verbrecher (vergleichsweise) farbig zu finden. Wer war er? Jedenfalls: wir waren wer.

MUTTERLAND

> *Die Republik beruht auf dem Mehrheits-*
> *prinzip. (...) Dieses Prinzip ist ein Notbe-*
> *helf, kein Axiom, als welches es nicht selten*
> *angesehen wird. Es widerstreitet menschli-*
> *cher Erfahrung, nach der die Intelligenz*
> *sich überall in Minderheit zeigt.*

> *Die Franzosen sind es, die uns die Freiheit*
> *gebracht haben. Es ist dies ein Gut, welches*
> *nicht zu teuer bezahlt werden kann; aber*
> *gerade billig haben sie es uns nicht gegeben.*

67 Die Person, die hier ich sagt, hat, was man ein Leben nennt, nicht nur unverlangt zugeschickt bekommen. Etwas von ihrem Erzählstoff hat sie auch selbst gewählt,
und ich sehe keinen Grund, diese Wahl für weniger ursprünglich zu halten als die genetische Mitgift. In der Regel erledigt
sich bei Motiven, nach denen man mit eigenen Händen greift,
eine falsche Wahl so sicher wie das Mißverständnis einer
Liebe. Das Gewählte zeigt an, daß es dir nicht bestimmt sein
wollte, es bindet sich nicht an dich und fällt eines Tages wieder von dir ab. Die richtige Wahl erkennst du daran, daß du
keine gehabt hast – was sich keineswegs auf den ersten Blick
zeigen muß. Was dir auf Dauer zugehört, entwickelt sich
nachhaltig auch hinter deinem Rücken. Es bedarf deiner Be-
kenntnisse zu ihm nicht. Und doch entwickelt es sich so, daß
du immer weniger den Eindruck hast, *du* seist es, der das Motiv erzählt. Es erzählt dich und lebt sich in deinem Leben aus.
Je besser du es hörst, desto weiter führt es dich. Dann weißt
du wohl (weil du es erfahren hast): du bist einer *wahren* Geschichte begegnet, von der deine wirkliche gewissermaßen

nur die Skizze war. Und je mehr du deiner Phantasie erlaubst, sie auszuführen, desto weniger ist sie nur deine eigene.

Sagen wir: deine Geschichte ist einer größeren und älteren zugeflossen, und durch sie, über deine Person hinaus, beweglich geworden durch Raum und Zeit. Solche Geschichten hat man einmal Mythen genannt. Jetzt schlüpft eine davon in deine Lebensgeschichte und zeigt zwar nicht das ganze Mögliche daran, läßt aber das mögliche Ganze durchscheinen. Was nicht nur deinem Raum, deiner Zeit angehört, will sich wieder rühren, und dafür bedient es sich jetzt deiner Figur. Im Spiegel deiner Geschichte, der dich lange blenden muß, bis er dich besser sehen lehrt, meinst du auch einen Blick in Karten zu tun, die du nicht aufgedeckt hast. Sie gehören einem größeren Spiel an; in deinem Rücken öffnet sich das erweiterte Kartenbild zum Tableau einer begehbaren Gegend, deren Vorgeschobener du bist. Mit deinen Schritten ziehst du sie, lange nur blind, in die Gegenwart weiter und bildest ihr immer scheinbar neue Gegenwart hinzu.

Aber du bleibst der Ausleger und Nachsteller weitläufigerer Verhältnisse. Und dein Fall ist, als besonderer, zugleich dein Beitrag zu einem gemeinsamen Fall. Denn die Welt der wahren Erzählung kennt den Unterschied von Allgemeinem und Besonderem nicht, so wenig wie den zwischen Groß und Klein, Vor und Nach, Hier und Dort. Es ist die Nähe des *Ursprungs*, der solche Prothesen der Wahrnehmung in seinen Wirbel zieht. Dieser ist zugleich eine Bewegung aus Stille, in der jedes der astronomisch vielen Partikel erzählbarer Welt gleichberechtigt ist. Und unter allen steht auch deine einmalige, unwiederholbare Welt zu Buch.

Dieses Buch ist nicht auszuschreiben. Und doch: jedes Individuum schreibt, mit den Chiffren seiner Lebensgeschichte, an nichts anderem. Ich habe mir, um meiner Schrift auf den Grund zu kommen, neue Länder als Deckblätter gewählt, in denen meine wahre Geschichte durchschlagen konnte, damit ich auch meinen Text besser lese. Auf dem Grund dieser Länder begannen Geschichten sich zu zeigen, die eher mich erzählt haben als ich sie. Sie sind mir auf den Wegen meines Lebens entgegengekommen.

Länder, in die man nur geboren und hineinerzogen ist, leisten solche Dienste nicht. Sie bleiben zwar bestehen, aber sie bleiben auch zurück. Geht die Seele auf Arbeitssuche, braucht sie, wie andere brotlos Gewordene, die merkliche Entfernung von Blut und Boden; Heimwehkindern tut sie weh. Aber sie gehen nicht nur über das hinaus, was einmal Heimat war; sie gehen auch dahinter zurück. Denn unsere wahren Vater- und Mutterländer liegen tiefer als das eigene Land, oder was man von ganzem Herzen dafür hielt, bevor man entdecken mußte, wie wenig einem daran zu eigen ist, und wie wenig es sich selbst gehört. Das, was vor aller Heimat ist, kommt einem im Bild einer Fremde entgegen, in der man zugleich ein glückhaftes Zeichen erkennt: weil die Tiefe dieser Fremde mit derjenigen der eigenen, noch ungeläufigen Erzählung zusammenstimmt und jedem Schritt, auch Schritten in die Irre und ins Abseits, eine Resonanz zu bieten hat, die Räume mit vertrauter Möblierung nicht hergeben. Da geht unter deinen Füßen etwas mit. Du kannst dir begleitet vorkommen und, wenn du fromm bleibst, sogar geführt.

Mein richtiges Mutterland mag man sich als weitere Umgebung eines Bahnwärterhäuschens an der Grenze der Kantone Zürich und Thurgau vorstellen. Als tüchtiger Schweizer ist mein Großvater zum Bahnmeister aufgestiegen und hat seine Frau zu viel allein gelassen, mit Folgen für sie, und dadurch für die Empfindlichkeit ihrer Tochter, meiner Mutter, die sich zeitlebens verbat, das Bild einer Mutter mit dem einer sinnlichen Frau zusammenzusehen. Aber das wäre eine eigene Geschichte.

Was aber mein richtiges Vaterland betrifft, war es schon gefunden und zur Sicherheit gleich doppelt genäht: Oetwil am See und das Heilige Land. Beide durften, als es mit dem Selberlesen ernst wurde, nicht meine einzigen, schon gar nicht meine wahren Vaterländer bleiben. Auch mein wahres Vaterland habe ich, fast noch unter den Augen meines Vaters, so entfernt wie möglich gewählt, und, wie ich gerne glauben möchte, es mich.

68 Dem Zeichen, in dem ich mein Mutterland, jene bestimmte Umgebung des Bahnwärterhäuschens, auflösen durfte, bin ich 1968 in Woodstock, N. Y. begegnet, bei inzwischen berühmt gewordenem Anlaß. Meine mütterliche Ostschweiz war der Lüftung besonders bedürftig, weil mit Wänden vermauert, an denen ein Organismus ersticken kann. Die Depressionen meiner Mutterseite sind aus ostschweizerischem Stoff. Aber auch mein Ziehvater, der rettende Professor, war Thurgauer, wie seine ersten Vorgänger an der Spitze des eidgenössischen Polytechnikums, meinem heutigen Arbeitsplatz: die Kern und Kappeler, Zeitgenossen Lochers und Stützen des Escher-Systems. Ihre Mundart hat lange die Sprache der Bankgesellschaftsspitzen und auch die Leitartikel der »Neuen Zürcher Zeitung« geprägt.

Erst in den Vereinigten Staaten habe ich zum ersten Mal, als einwanderungsberechtigter Jungakademiker, mein wahres Mutterland betreten. Hier begegnete ich ausgewanderten mütterlichen Verwandten, die mich die Geschichte der Sippschaft mit ihrem Hang zu schwarzen Schlüssen heiterer lesen lehrten. Zu den Lebenszeichen gehört das Gesicht meiner amerikanischen Kusine. Sie hat das Ostschweizerische ihrer Eltern nie reden gelernt. Eben so wurde sie, als entfernte Schwester, meine gute Fee: in ihr war er gelungen, der ersehnte Aufstieg in eine seelenruhige Bürgerlichkeit. Nur hieß sie hier *Community*.

Alle Brüder meiner Mutter hatten es mit Auswanderung versucht. Zwei, der »Londoner« und der »Amerikaner«, hatten es auch, mitsamt einer sog. guten Stellung, bis zum Lebens-

ende geschafft. Aber gerade dieses wollte von so rechtem
Glück nicht zeugen. Sie versanken in Altersdunkelheit wie
meine Mutter; wie auch der Jüngste, das Nesthäkchen, den
der Vorkrieg aus Frankreich zurückgetrieben hatte, zuerst an
die Kasse einer Bierwirtschaft an der Landesausstellung,
dann in die Schweiz. Kreditanstalt. Nur die augenscheinlich
robuste, heimlich am meisten beschwerte Mutterschwester,
meine gefürchtete Patentante, hatte, mit Hilfe einer frommen
Freundin und des Harmoniums, ihre haarsträubende Gott-
seligkeit bis zum letzten Atemzug festhalten können.

Meine Mutter, in ihren Zwanzigerjahren und denen des Jahrhunderts, diente als Gouvernante französischer und britischer Söhnchen. Dann sollte sie mit ihrer letzten Herrschaft
aus dem *Lake District* nach Indien umsiedeln. Das hätte ihr
zu weit geführt. Dort wäre womöglich ein britischer Offizier
ihr Los geworden (darunter hätte sie es gewiß nicht getan),
und dann hätte ihr *Storyboard* ein anderes Gesicht angenommen: meines wäre darauf nicht erschienen. Sie zog es vor, in
der Schweiz Pflegen anzunehmen, 1933, in Form einer Heirat, diejenige des verwitweten Dorfschullehrers, der mein
Vater werden sollte. Nach allem, was ich weiß, war das keineswegs seine Absicht. Sie aber tat es nicht anders. Wenn
schon eine Ehe mit einem alten Mann, dann mußte auch noch
ein Kind sein.

Der Bruder aber, welcher der Ostschweiz nach Amerika
entronnen war, blieb ihrem Herzen der nächste. Sie schrieb
ihm, und nach seinem Tod seiner Tochter, Briefe in gewis-
senhaftem, fast fehlerfreiem Englisch, die rechte – und immer geschönte – Familiensimulationen waren. Als ich 1963
zum ersten Mal in Indiana, Pennsylvania, die Familie meiner
Kusine besuchte – sie hatte einen Juwelier geheiratet, die
Stütze seiner Kleinstadt –, lag ein gedämpfter Segen über der
Landschaft der nachwachsenden Christbäume. Denn durch
diese – und die Geburt Jim Stewarts – unterschied sich der
Ort von den zahllosen gleichnamigen. In diesem Indiana,

sagten mir meine Fühler, wäre ich als Kind gut aufgehoben gewesen.

Die Gegend war ja auch derjenigen des Schweizer Mittellandes sehr ähnlich, nur lagen die Siedlungen weiter auseinander und machten weniger von sich her. Nicht weit entfernt bestellten die *Amish* den Boden einer frommen Vergangenheit, der gerade so für die Gegenwart nur das Beste abzuwerfen schien. Die penible Sauberkeit, von der ein Wochenmarkt in Lancaster PA. glänzt, hat in der Schweiz nur noch die verklärte Erinnerung zu bieten.

Überhaupt hatten die Verwerfungen der Neuen Welt überall Inseln der Vergangenheit, quasi-fossile europäische Milieus, bestehen lassen, wie sonst vielleicht nur noch der tiefgefrorene Ostblock: das Stetl in Brooklyn, die antiken Hotels und Kaffeehäuser New Yorks. Durch die amerikanischen Innenstädte ziehen Fluchten geschwärzten Backsteins wie im Manchester Friedrich Engels' einem gläsernen Himmel entgegen, während die Abwärme aus dem Asphalt raucht. In Ithaca, N. Y., blickte ich auf einen See hinunter, der eigentlich der Zürichsee hätte sein müssen. Nur lag er hier schwarzblau im ahornbunten Indianersommer der Lederstrumpf-Romane, im Abendrot hinter dem Pfahlbauerdorf auf meinem ersten Schulwandbild.

Das Amerika des Ostküsten-Hinterlands, das ich zwei Jahre bewohnte, wirkte durchdringend schweizerisch, doch ohne den schweren Kältesee über der alten Ostschweiz und das *Pressing* in ihren Augen; ohne die Erbarmungslosigkeit ihres Putzes ohne Lücken.

69 Vor allem erlebte ich, als Auswanderer auf Zusehen hin, was ich in Europa nie hatte kennenlernen dürfen: gebotenen Widerstand, legitime Revolte. Ich habe die Wende 1968/69 auf dem Campus mitgemacht. Hier gab es einen Bo-

den der Gesellschaft, der den Aufstand zur Familiensache erhob statt zur Utopie. Das Land war ja selbst aus einer »Revolution« geboren: aus dem Widerstand von Kolonisten gegen
den Kolonialismus des 18. Jahrhunderts. Der Mythos dieser
Staatsgeburt machte den Widerstand für eine gute Sache zum
Naturrecht und zur Bürgerpflicht.

Das kam seinem Stil zugute. Widerstand trat, statt mit dem
verbissenen Zug der Anti-Autorität, mit der Selbstsicherheit
längst beglaubigter Stärke auf. Es durfte nicht, es *sollte* gegen
den Vietnamkrieg und für die Bürgerrechte demonstriert
werden. In dieser Sache mochte es Differenzen geben, aber
an der Universität, die mich angestellt hatte, trennten sie
nicht die Oberen von den Unteren; sie wühlten die *Community* auf, aber sie vergifteten sie nicht. Es war nur logisch,
kein Skandal, wenn die Befreiungsmaxime auf sie selbst zu-
rückschlug. Die Universität verstand sich als Dienst an ihren
Kunden; dazu gehörten auch die Eltern, die Ehemaligen. Das
soziale Gewicht der *Alumni* verpflichtete die Administration
zum Gespräch. Das System war fehlerfreundlich, das hieß,
befähigt, eigene Fehler anzuerkennen und zu berichtigen.

Medgar Evers, Martin Luther King, Robert Kennedy: auch
im Dschungel der eigenen Städte starben die Söhne des Landes nicht folgenlos. Nachdem der Fernsehschirm ein Staats-
begräbnis ums andere zelebriert hatte, trat eines schönen Tages auch der Landesvater darin auf, Lyndon B. Johnson, um
seinen Rücktritt anzuzeigen. Pathetisch, aber dennoch wich
er dem Protest der eigenen Gesellschaft. Es durfte ihm nicht
einfallen, vom »Druck der Straße« zu reden.

Der amerikanische Familienmythos schönte sich gnadenlos
und blieb doch anfällig für seine Verpflichtung zur Praxis.
Verlorene und verstoßene Geschwister mußten wieder auf-
stehen können. Verbot die Hausregel, sie ohne ihr Zutun aufzuheben: ein öffentliches Aufheben von ihnen machte man
immerhin. *Ronald Reagan for President*: das galt auf dem
Campus damals noch als der schlechte Witz des Jahres.

Mein Mutterland Amerika war ein Land der tapferen Frauen, von Real-Idealismus bewegt, auch im Beschränkten immer wieder generös, an einen Gemeinschaftssinn gebunden, den man naiv, auch handfest finden durfte, um dann doch immer wieder über seine Kultur des Ausgleichs zu staunen, seine Glücksverheißung zu respektieren.

Amerika war stolz darauf, von Haus aus ein offenes System zu sein. Und wenn es eigenen Maximen zuwiderhandelte, blieben sie doch anrufbar, notfalls bis zum Obersten Gericht. Die Wörter, mit denen sich dieses Amerika feierte, vibrierten wie die Stimme von Joan Baez, und doch ließ sich die Familie auch wieder beim Wort nehmen, und in ihren besten Momenten war sie auch so gut wie ihr größtes Wort. Die Hausmutter Amerika bleibt, in jeder Verkleidung, eine puritanische Heilige. Sie weiß, daß sie in ihrem unvergessenen Skript, dem wörtlichen Evangelium, nicht nur die Moral der zehn Gebote, sondern auch Raum für verlorene Söhne und Töchter finden muß.

Bei ihrer Fixierung auf die Sünde besitzt sie eine hochmoralische Art, die ihre ganz eigenen Perversionen erzeugt. Über das Reich des Bösen läßt sie gleichzeitig Napalm regnen, und *Care Packages* über seine unschuldigen Kinder. Waren die Homosexuellen gestern noch geächtet, genießen sie heute, als Minderheit entdeckt, einen geradezu hysterischen Schutz. Nicht genug, daß der Raucher sich durch sein Laster selbst richtet, er wird dafür auch noch zum sozialen Tod verurteilt. Die Annäherung der Geschlechter genießt das höchste romantische Ansehen und ist ein unerschöpflicher Gegenstand wissenschaftlichen Interesses; in der Praxis aber wird sie von so vielen Sanktionen umlagert, daß den Beteiligten die Lust darauf vergehen muß – die man ihr dann, wie dem prozessierten Brot die nötigen Spurenelemente, auf dem Pflichtweg wieder zusetzen kann, etwa der Pflicht zum Orgasmus.

Da kann ein Kuß zwischen Kindern zur Staatsaktion wer-

den, und ein Augenaufschlag zur Beleidigung der Menschen-
würde. So hochnotpeinlich geht es in einer ordentlichen
Familie zu. Anderseits kann Mord und Totschlag auch in
der besten vorkommen. Blut, kein besonderer Saft, darf in
Strömen vergossen werden, wenn's nur für einen guten
Zweck ist.

Seit die Unterhaltungselektronik global dörfliche Verhältnisse hergestellt hat, kennt auch die familiäre Moral keine
Grenzen mehr, ist die amerikanische Familie in ihrem Element. In der Diskretion wittert sie Unrat, es wird zur öffentlichen Pflicht, Intimität aufzuheben und das Innerste ins
Äußerste zu kehren. An der sensationellen Oberfläche wird
alles befragt und nichts: eine unerhörte Professionalisierung
der Hysterie läßt sie *cool*, wie ein Gebot reiner Sachlichkeit
erscheinen, bei der das Unterhaltungsbedürfnis die Triumphe des Pharisäers zugleich mit der Genugtuung des Voyeurs
feiert. Eine Nation der Gerechten genießt das unaufhörliche
Jüngste Gericht, das sie den Ungerechten bereitet. Und wenn
man fragt, wo in dieser Veranstaltung der *Common Sense*
hingekommen sei: er ist ungebrochen. Er zeigt sich sogar in
der Gelassenheit, mit der die Regie ihre eigenen Exzesse betrachtet. Ihr Optimismus in eigener Sache scheint unerschütterlich und unabhängig von den Katastrophen, die er erzeugt
oder in Kauf nimmt. Es wird in Amerika immer noch auf-
bauender gedacht, erfolgreicher gehandelt als in jedem andern Teil der Welt.

Eine Familie ist am Ende ein verrücktes System, das sich nur
durch ein gutes Quantum Heuchelei, Selbsttäuschung und
Unempfindlichkeit über die Zeit strecken läßt. Dennoch
bleibt es mobilisierbar auch für die Sache der *Family of Man
(and Woman, to be correct)*.

70 Ja, es wäre das Land nach dem Herzen meiner Mutter gewesen. Sie hätte aus ihm auch endlich eine Mördergrube machen dürfen, statt ihre Aggression und Sinnlichkeit im Selbstopfer zu verzehren. Amerika hätte ihr das gezollt, was ihr im Leben am meisten gefehlt hat: Respekt.

Das Land der Mutter ist auch das Land der Muttersöhne. In Amerika wäre ich so erzogen worden, wie sie mich am liebsten gehabt hätte, und die Umgebung hätte herzhaft mitgemodelt. Dem Muttersohn gehört von allem nur das Beste. Er wird nicht nur mit *Ice Cream* und *Burgers*, auch mit Rezepten für das Gute und immer Bessere Leben vollgestopft. Eines glorreichen Tages aber wird er das Übergewicht, das er dabei angesetzt hat, abarbeiten. Dann zeigt er *Mom*, daß er ein Mann ist. Dann sucht er Grenzen zum Überschreiten, nur diejenigen des Anstands verläßt er nie. Immer neuen Fronten zieht er entgegen, wo ihm nichts mehr helfen kann als Siegen. Ganze Wüsten überzieht er mit seiner Tüchtigkeit. Er schießt die Büffel und Indianer ab, die ihn dabei stören, verfehlt aber nicht, sie danach als Totemtiere bzw. Weisheitslehrer zu verehren, und bewahrt bei allem doch das einzige, worauf es ankommt: ein gutes Herz. Er braucht es seiner Mutter nicht mehr zu zeigen. Sie spürt es auch so. Und sie kann sicher sein, daß er an ihrem Grab die Tränen findet, die ihm zeitlebens so schwer über die männliche Wimper tropften. Er bleibt in Gottes Hand. Dafür sorgt schon ihre Nachfolgerin, seine Frau. Sie hat längst die Mutterstelle eingenommen und wird weiter dafür sorgen, daß er den Kirchgang nicht versäumt.

71 *Suiza no existe* – natürlich gibt es Amerika, so weit und breit es aussieht, ebensowenig, und noch etwas weniger als die kleine Schweiz. Nur kann man sich sein Amerika besser aussuchen. Man kann sich (wenn man weiß ist) zuverlässig tragen lassen vom Bedürfnis der Amerikaner, zusammenzugehören, denn sie sehen zu sich selbst keine Alternative mehr: wohin könnte man weiter auswandern? Dafür aber bietet das Land im Innern noch lange Raum genug. Amerika ist das Ende der Alten Welt geblieben, das es für seine frühen Besiedler war. Zugleich war es, indem sie dieses Ende durch Wüste und Berge immer weiter westwärts zogen, der unerschöpfliche Anfang einer Neuen Welt. Dabei ist es geblieben, auch als Amerika der Kontinent ausging. Es brauchte darum noch lange nicht, wie kleinere Kulturen, die fernere Zuflucht nur in der eigenen Seele zu suchen. Es verlegte die gewohnheitsmäßige Großtat der Grenzverschiebung in neugeschaffene Außenwelten, in immer andere Medien, vom Weltraum bis zur Molekularbiologie, vom *Moonwalk* bis zum *Fast Food*.

Amerika ist längst nicht mehr der grenzenlose, es ist der professionell entgrenzte, nicht mehr an natürlichen Bedingungen gebundene Raum. Darum gibt es heute eine Flucht aus Amerika noch weniger als eine Flucht nach Amerika. Es sei denn, man möchte das virtuelle Bild, das von jedem Terminal herunterzuladen ist, auch einmal leibhaft begehen; wie das sonntägliche Messopfer, in dem sich Jesus in jeder Dorfkirche in Brot und Wein verwandle, mittelalterliche Kreuzfahrer nicht davon entband, Jerusalem auch real zu erobern. Amerika ist ein Pilgerort aller Designer von Zukunft geworden, die dort überall etwas früher beginnt; Santiago de Compostela heißt heute Silicon Valley, Stanford, MIT. Aber auch für das Fußvolk aller Szenen bleibt Amerika der Ort, wo die *Action* ist und wo die Musik im Walkman wirklich spielt, das überall und nirgends pulsierende Zentrum einer imperial gewordenen Virtualität, die sich über alle Objekte wie ein Schimmer von Verheißung lagert: keiner kommt heute zur Welt, es sei denn durch Amerika. Die Duplikate Amerikas an jedem Ort der Welt streben nach jener Originaltreue, die im Original selber schon abgemeldet wurde. Seine Aura ist an die sakramental verteilte Ware übergegangen, und auf den

Pionier, der sie sich früher angezogen hat als alle andern: als Trendsetter ist man in der Welt gewissermaßen schon ein Bürger Amerikas.

72 Auch das pennsylvanische Hügelstädtchen meiner Cousine liegt unter dem Smog der Virtualität. Die verbesserte Ostschweiz, die es mir einmal zu bieten hatte, ist ein Eindruck, den meine Erinnerung mit einem stärkeren Partner zusammmen produziert: dem Bild aus der Röhre, dessen Familiarität ein Artefakt ist und damals schon war. Kulturelle Leitbilder, nach denen Menschen aus Fleisch und Blut agieren, ihr Leben abstatten, sind, seit sie aus nackter Naturwüchsigkeit ins Stadium ihrer unbegrenzten Reproduktion und Repräsentierbarkeit übergetreten sind, die wahren Akteure der Menschheit geworden. Sie sind keineswegs tatenlose Reflexe am Himmel der Werte, sondern schaffende Spiegel. Nur sind diese Erzählmaschinen bisher viele Jahrtausende lang unsäglich langsam gelaufen, mit orts- und zeitgebundenem Wirkungsgrad. Ihre Laufgeschwindigkeit war noch mit den Zyklen der Urproduktion gekoppelt, und ihr soziales Produkt erlaubte einigermaßen mühelos eine klare Unterscheidung von Völkern und Kulturen.

Heute aber arbeiten die in Amerika entwickelten Globalisierungsmodelle der Bildschöpfung ebenso rasant wie geräuschlos – und derart selbstverständlich, daß sie ihre Benützer längst für das Natürlichste von der Welt halten. Sie stellen alle nur möglichen Lebensarten für jedes denkbare Bedürfnis her, und das Familiäre erfreut sich einer unerschöpflichen Nachfrage. So bleibt die *Familie* eine Dauerprojektion der amerikanischen Bildmaschine, eine ideale soziale Landschaft, die der amerikanische Welterzähler hinter allen Bildern beschleunigten Wechsels stehenläßt. Diese Fixierung ist eine Kunst, die man in Amerika besser beherrscht als an-

derswo. Denn es ist amerikanisch, sich in der Wechselwelt
zuhause zu fühlen. Der Fortschritt, das heißt: ein familiäres
Auftrumpfen vor jeder Grenze ist die *Home Story* Amerikas.
Dort und nur dort betrachtet man die virtuelle Familie als
natürliches Produkt der eigenen Geschichte: damit wird die
Geschichte aller andern Zivilisationen von der amerikanischen Familiengeschichte überformt. Sie beeilen sich, darin
ebenso zuhause zu sein und immer dort Anschluß und An-
sässigkeit zu gewinnen, wo sich Amerikaner am natürlich-
sten bewegen.

Ein tautologischer Prozeß: Amerika ist das ideale Modell der
von ihm entworfenen idealen Landschaft.

73 Im 19. Jahrhundert hat die Schweiz am Ende ihres
kleinen Bürgerkriegs schon einmal ein hilfreiches, ja
heilsames Bild ihrer selbst aus Amerika bezogen, das damals
noch nicht viel mehr als eine befreite überseeische Kolonie
war; freilich auch schon das ältere Modell bürgerlicher Revolution als das französische, und weniger rigoros. Mit der
Einrichtung eines schweizerischen Senats, der Ständekam-
mer, haben die liberalen Unitarier der Schweiz ihren eigenen
Sieg ins Förderalistische korrigiert und von der älteren Organisation genug stehengelassen, um den nötigen Zusammenhalt der neuen zu sichern. Dabei sprachen die lateinischen Landesteile zum ersten Mal maßgeblich mit. Sie hatten
ihre Untertänigkeit zwar nur mit Hilfe der französischen In-
tervention abschütteln können; nun aber waren sie die letzten, die sich eine Republik nach französischem Muster
wünschten. Sie fühlten sich dem neuen Staat nur dann und
nur so weit verbunden, als er sie davor bewahren konnte,
französische »Kantone«, das heißt, bloße Verwaltungsein-
heiten zu werden. Kulturell wollte man französisch (oder
italienisch) bleiben, politisch aber so autonom wie irgend

möglich: ungezwungene Glieder einer deren Willen respektierenden Bundesgenossenschaft.

Heute ist das anspruchsvolle Modell der Schweiz in Lebensgefahr; die mehrsinnige Lesart der Bundesbriefe verblaßt. Zwar erscheint der französische Landesteil, auf dem Hintergrund der Europa-Diskussion, stärker als früher, und sogar zum ersten Mal als Einheit. Aber dieser Schein trügt, denn die Einheit ist das Produkt einer Pressekonzentration, also der Übersetzung einer alten Geschichte in ein neues Medium, das eine globale Sprache spricht. Die Lokalisierung der Romandie ist durchaus virtuell; was natürlich ihre Wirksamkeit nicht widerlegt, sondern unterstreicht. Nur befinden wir uns damit nicht mehr in einer schweizerischen Geschichte; auch diese, die eine kulturelle Grenze betont, arbeitet an der Aufhebung historischer Grenzen überhaupt.

Der französischen Schweiz ist es ernst damit, daß sie nach Europa will, und doch führt sie ein Scheingefecht; denn sie zeigt damit nur an, daß sie in Amerika liegt, auch sie. Nicht minder natürlich als die deutsche Schweiz, die sich einstweilen gegen Europa sträubt. Der Erzähler der Zivilisation baut um, auch wenn er altes Material verwendet; die alten Spiegel, die gestern noch schaffend tätig waren, erblinden, andere Geschichtenerzähler werden installiert. In jedes Wohnzimmer, an jeden Arbeitsplatz verstrahlen die Bildschirme die Fabel einer neuen Welt, die neue Rollen verteilt. Der Funktionsdialekt, der bei dieser Inszenierung gesprochen wird (so weit er noch verbaler Zeichen bedarf), wurde in Amerika entwickelt und zeigt darum gewisse Ähnlichkeiten mit einer historischen Sprache.

Ja, die künstliche Intelligenz, die sich im globalen Wettbewerb professionelle Darsteller sucht, redet eine Abart des Englischen, in England selbst nicht weniger als in Frankreich, wo man der Informationstechnologie die eigene Sprache eintränken möchte und den Computer als *Ordinateur* anspricht. In Shanghai wie in Lagos, selbstverständlich auch

im Zug zwischen Zürich und Lausanne, wenn sich Fachleute
verschiedener Muttersprachen begegnen – inzwischen können es auch Mitglieder der eidgenössischen Räte sein –, reden
sie diesen neuen Funktionsdialekt. Aus historischen Kultur-
sprachen werden Lokalsprachen, deren Geltung sich, auch
sozial gesehen, immer mehr auf den Nahbereich beschränkt.
Wo an der Zivilisation vorne (bzw. oben) ist, stellst du an der
Englisch-Kompetenz fest; Englisch ist die Bedingung der
Beweglichkeit in der globalisierten Gesellschaft.

74 Natürlich ist das Englisch, das meine Mutter ihrer
Verwandtschaft in Pennsylvanien schrieb, nicht die
Sprache, von der hier die Rede ist und in der wir reden müssen, wenn wir bei unserer Plazierung in der Neuen Welt mit-
reden wollen. Meine Mutter hatte Englisch gelernt wie ich
Latein: als schwere, einstweilen tote Sprache, auf Vorrat erworben, damit sie einem anderswo in der weiten Welt eines
Tages zustatten komme und eine Position verschaffe, in der
man sich auch auszudrücken und zu benehmen wußte. Die
Universalsprache der Informationsgesellschaft dagegen wird
heute kaum noch »erworben«. Sie fliegt ihren Teilnehmern
aus allen Medien zu, aus ihren Menüs wählen sie schon im
Kindergarten die Identität, die ihnen gerade schmeckt. Sie
entscheidet über den Stamm, zu dem ich mich schlage. Sie
selbst ist die Szene, in der ich mich bewege. Popmusik, Internet und E-mail erübrigen den formalen Unterricht in einem
Fach Englisch immer mehr – das Fachenglische, das ihnen
dient, holen sich die Lernenden ohnehin anderswo, wie man
sich einen Code antrainieren muß, der einem den Zugang zu
allen wichtigen Laboratorien der Zivilisation öffnet.
Das Englische trifft sich gut für unsern globalisierten Fall,
auf den diese Sprache wie kaum eine andere gerüstet ist. Sie
hat Erfahrung darin, Fremdsprachen aller Art zu integrieren

(einst angefangen mit dem Französischen), und dabei nicht im geringsten angestrengt zu wirken. Schon auf den ersten Blick sieht sie aus wie das Medium der praktizierten Vernunft. Ihre soziale und kulturelle Bandbreite ist phänomenal: sie hat Lesern Shakespeares ebensoviel zu bieten wie Fans von Beavis und Butthead.

Natürlich ist das Englische so wenig eine *leichte* Sprache wie jede andere, die das Gewicht menschlicher Erfahrungen aufzunehmen und zu vermitteln hat. Der einem eilig zufließende Gebrauch englischer Brocken verbirgt nur besonders erfolgreich, daß sie vielleicht eine besonders schwere Sprache ist – wie jede andere: bei weitem zu schwer für Zivilisationsteilnehmer, die es sich mit Sprache, mit Lesen und Schreiben leicht machen wollen. Wenn gegen die Weltgeläufigkeit des Englischen etwas einzuwenden ist, dann nur dies: daß sie eine Einladung bedeutet, mit Sprache überhaupt nur noch in Form konditionierter Reflexe umzugehen; sich, wo nicht das Fremdsprachenlernen, so doch das Lernen des Fremden in der Sprache zu ersparen. Die Zeichen, in denen wir uns fix wiederzuerkennen glauben, bevorteilen auch einen bestimmten Verkehr: einen, der die Ambivalenz, die mehrfache oder unverhoffte Bedeutung ausschließt. Wenn das digital organisierte Modell zum Lebensraum wird, begünstigt er nur noch das funktionierende Tier. Das anstößig Lebende hat darin immer weniger zu suchen, die Saurier und Einhörner sterben aus.

Segen und Fluch der Reduktion verfolgen auch diejenigen, die der funktionalen Öde in andere Sphären, die religiöse etwa, zu entkommen suchen. Auch hier empfängt sie, nur mystifiziert, die Wüste der Reduktion. An ihrem Himmel werden Menschen von Extraterrestrischen so fix, und notfalls so mörderisch, unterschieden wie in der Menschheitsgeschichte Schwarze von Weißen. Und die Raumschiffe, die die verklärten Seelen abholen, nachdem diese ihren fleischlichen Outfit abgeworfen haben, sind digital gesteuert. Auch dieser Weltraum bleibt eine amerikanische Provinz.

75 Muß ich froh sein, daß ich noch rechtzeitig eine Muttersprache entdeckt habe, die mir, wenn die Stricke reißen, alle Landessprachen miteinander ersetzt? Aber ich habe Amerikanisch als Sprache einer *Differenz* erlebt: Amerika wurde mein Mutterland, weil es zugleich *nicht* das Land meiner Mutter war. Fiele der Abstand dahin, den es mich hat fühlen lassen, wäre Amerika nicht nur keine Mutter meiner Geschichte mehr. Es könnte auch an der Schweiz die Mutterstelle nicht mehr vertreten, die es in ihrer Geschichte gehabt hat. Englisch wäre eine Sprache ohne Widerstand in ihrem Gebrauch, also, da keine Kultursprache mehr, auch als Verkehrsdialekt der Schweiz nichts mehr nütze; je flotter gesprochen, desto weniger. Die Schweiz ist ein Land, das von der Arbeit an seiner inneren Differenz lebt; und mehr als andere lebt es *von* seinen Differenzen. Die Schweiz, die keine einheitliche Kultur hat, ist eben darin ein Kulturprojekt. Können ihre Nicht-Identitäten geläufig überspielt werden, ist es nicht mehr die Schweiz. Ein fader Trost: daß es um sie dann auch nicht mehr schade wäre.
Noch besteht die französische Schweiz auf ihrer Differenz: Herr B., zum Beispiel, ist für sie nicht wählbar. Dafür sei ihr gedankt, und ausnahmsweise auch ihm: für den Beweis, daß er mit der globalisierten Botschaft der Provinzialität, die überall auf ihresgleichen trifft, im eigenen Land eine Provinz sichtbar gemacht hat, die er mit dieser Botschaft nicht erreicht.

76 Ich habe es in den Sechzigerjahren nicht über mich gebracht, auszuwandern, wie der Lieblingsbruder meiner Mutter. Es gab sie noch einmal, die Einladung, »zu den Leuten« überzulaufen, und, wie damals Zolliker Pfadfinder, jetzt Amerikaner zu werden.
Wäre ich es geworden, so könnte ich meinen Patriotismus

beweisen mit der Frage, ob mein Land, der Gewinner des 20. Jahrhunderts, als letzte übriggebliebene Ordnungsmacht des Planeten robust genug sei, die Folgen einfachen Denkens zu tragen.

Jetzt habe ich diese Sorge nicht. Ich sehe viel zu gut, daß sich ein Land wie die Schweiz mit einer unzureichenden oder gewaltsamen Wahrnehmung der Welt unmittelbar selbst schädigt. Europa hat in diesem Jahrhundert zweimal die Probe darauf gemacht. Es war auf dem besten und schlimmsten Weg, sich selbst aus der Geschichte der Zivilisation zu streichen. Die Schweiz lernt gerade, sauer genug, daß sie zu diesem Europa gehört. Sie muß jetzt nur noch werden, was sie ist. Das war einmal eine philosophische Maxime; jetzt ist sie so pragmatisch wie möglich.

Daß es ein Glück bedeutet, Europäer zu sein, ist auch ein Gefühl, das ich meinem Mutterland Amerika verdanke, der ausgewachsenen und ausgewanderten Tochter der Alten Welt. Nie habe ich wie dort empfunden, daß ich einen Ort habe, und daß das Beste wie das Schlimmste, was davon ausgehen kann, ein Produkt europäischer Geschichte ist. Im mütterlich ausgestatteten Haus der großen Tochter habe ich den Grund gespürt, warum sie sich einst vom Elternhaus entfernen mußte, um ihre eigene Familie zu gründen, die anders und endlich perfekt sein würde. Sie brauchte den Abstand eines Ozeans, wenn ihr wenigstens gelingen sollte, was die alte Familie nie geschafft hatte: grundverschiedene Völker, Mentalitäten und Lebensarten friedlich zu vereinigen. Zum Schutz dieser Leistung, aber auch unter dem Vorwand einer Menschheitssendung, hat sie Kriege geführt, aber – jedenfalls nach dem amerikanischen Bürgerkrieg – nicht mehr gegen sich selbst.

Inzwischen ist das Andere der Amerikaner durch die Sprache ihrer Errungenschaften überall familiär – und *als* Anderes entsprechend unkenntlich geworden. Die Europäer müssen sich ihr eigenes Anderssein wieder herausnehmen.

Unsere Verfassung kann nicht die amerikanische sein. Europa wäre an seinen Konflikten beinahe zugrunde gegangen; zugleich wird es durch diese Konflikte konstituiert. Es muß sie also nicht unterdrücken, sondern nutzen lernen. Europäern kommt es zu, die Geschichte ihrer Konflikte zur Schule der Konfliktfähigkeit zu erheben. Und wenn sie sich zum Schutz gegen ihre tödlichen Unarten zusammenschließen, brauchen sie dazu ihre *ganze* Geschichte. Der Zusammenschluß darf nur den Sinn haben, den Unfrieden ihrer Verschiedenheit sicherer zu machen. Sie sollen die guten Gründe ihrer Konflikte für eine bessere Kultur der Auseinandersetzung nützen.

77 Ein Europa, das sich als »Nation« aufführte, übernähme ein Konzept der Goebbels-Propaganda. Europa ist so wenig eine Nation wie die Schweiz; es hat – in gebotener Bescheidenheit – mehr zu vertreten als sich selbst. In diesem Anspruch ist der niemals abschließend oder ausschließend definierbare Erdteil dem kleinen Gebilde in seiner Mitte verwandt, dem es jetzt aufgegeben ist, nach Jahrzehnten der Grenzbesetzung seine Subtilität zu entdecken und die Zwangsjacke der »Nation« zu lockern. Diese Befreiung kann das Pathos durchaus entbehren. Umso mehr bedarf sie innerer Souveränität und anspruchsvoller Ironie. Europäische »Ansprüche« wollen zuerst gegen sich selbst vorgetragen sein; denn dieser Diskurs verkehrt eine jahrhundertealte Gewohnheit der Hegemonie in die Sprache erträglicher Unterschiedlichkeit und aufrichtigen Menschendienstes. Europa muß den Herrschaftssprachen ebenso absagen, wie die Schweiz der Sprache pharisäischer Unschuld. Denn Herrschaft und die Lüge, an ihr unbeteiligt zu sein, sind vom selben Stoff.

»Vereinigte Staaten von Europa« wären, als Wiedergut-

machung von Geschichte, eine Hybris, nicht weniger als die
Nationalkriege von früher. An ihre Stelle müßte treten ein
Bund, eine größere Eidgenossenschaft, die bereits zum
Schwur des Nie-Wieder gekommen ist und welcher der Preis
ihres Versagens nachhaltig in den Knochen sitzt.

Ein halbes Jahrhundert glaubte die Schweiz, sie komme nicht
zu diesem Schwur. Damit hat sie noch mehr sich selbst als andere getäuscht. Es bleibt ihr das Glück zu erfahren übrig, daß
sie, in einer europäischen Gemeinschaft, ihren eigenen Eid
erneuern darf. Sie wird auf einen Bund eingeschworen, zu
dem sie in mancher (nicht in jeder) Hinsicht Modell gestanden haben könnte. Jetzt ist es an ihr zu entscheiden, ob das
Modell ein Selbstzweck gewesen ist – dann wird es, als mu-
seales Objekt, zu entbehren sein – oder ob es zur Bewohn-
barkeit des »Europäischen Hauses« beiträgt. Die Nachhilfe
aus Amerika kam zu hoher Zeit. Die rechte Zeit daraus zu
machen, ist es noch nicht zu spät.

78 Wenn ich in den Ferien aus dem Internat nach Hause
kam, sah ich hie und da einen älteren Mann in unserem
Garten beschäftigt, dem ich eine Zwischenverpflegung, bei
gutem Wetter auch das Mittagessen hinunterbrachte, das er
dann allein am Tisch in der Laube verzehrte. Danach las er
Zeitung und rauchte einen Stumpen dazu, bevor er sich wieder ans Umgraben, Häckeln oder Baumschneiden machte.
Er hieß Herr Wild, und meine Mutter hatte, als sie noch gesund gewesen war, seine krebskranke Frau »zutode gepflegt«, wie sich mein Vater in dem ihm eigenen Humor aus-
drückte. Es waren keine »hablichen« Leute, und meine
Mutter wußte die Hilfe, die Herr Wild im Garten leistete, als
Gegendienst für ihre Nachtwachen darzustellen, die mein
Vater übrigens nicht gerne gesehen hatte. Daß sie sich dabei
übernommen habe, hielt er für eine Ursache der Depression,

in die sie sich durch den Tod ihrer Mutter gestürzt hatte; darauf ging auch ihm die Hausfrau verloren, und, wie sich zeigte, endgültig.

Nach seinem Tod wurde aus dem Garten eine eigentliche Gemüsepflanzung. Die Mutter gab mir zu verstehen, dem Anteil, den Herrn Wild daran hatte, liege eine Art Pachtverhältnis zugrunde, von dem wir in mancher Hinsicht profitierten. Sie war vom Gröbsten an Gartenarbeit entlastet, und außerdem kam frisches Gemüse auf den Tisch, das für meine Gesundheit gut war; beiläufig auch für diejenige des Herrn Wild. Der müsse, nachdem er wegen eines unbekannten Schadens als Friedhofgärtner frühpensioniert worden war, viel an die frische Luft. Mit seinem Stumpenqualm komme er ihr sowieso nicht ins Haus!

Wir hatten also eine Art Knecht. Manchmal konnte er mir leid tun, wenn er nach schwerer Arbeit sein Essen so allein hinter wildem Wein versteckt einnehmen mußte. Er war kinderlos. Wenn ich ihm das Tablett zutrug, wußten wir nichts miteinander zu reden.

War ich bestürzt, erstarrte ich, als mir meine Mutter, in einem ihrer letzten Briefe ins Internat, mitteilte, sie habe sich mit diesem Herrn Wild verheiratet?

Ich hatte es zuerst überlesen. Ihre Briefe hatten letzthin immer mehr die Form von Gebeten angenommen, mit denen ich gerne rasch fertig war. Sie empfahlen die Schwachheit der Menschen, vor allem meine eigene, einem höheren Schutz. Sie ließ mich wissen, wie sehr sie sich auf meine baldige gesegnete Rückkehr freue – die wiederholte Aufnahmeprüfung ins Zürcher Gymnasium stand unmittelbar bevor –, und daß sie jetzt viel mehr für mich da sein wolle. Sie habe eingesehen, der große Garten sei ihr schon lange zuviel geworden; auch Pflegen wolle sie jetzt keine mehr annehmen. Herr Wild, selbst Witwer, könne uns manchen Dienst leisten, er sei auch bei Reparaturen im Haus sehr anstellig, man dürfe jetzt sogar daran denken, das Haus neu zu verputzen.

Daß die Mitteilung oder fast-nicht-Mitteilung ihrer Zivil-
standsänderung, von einem Bekenntnis so weit wie möglich
entfernt, die Gebetsform des Briefes leicht verwirrte, war
das Auffälligste daran. Offenbar traute sich die Mutter nicht,
eine doch unerhörte Zumutung nahtlos in ein Gebet einzu-
schließen. Was die Renovation des Hauses betraf, so wußte
sie natürlich, wie sehr ich mich unseres Hauses alle die Jahre
geschämt hatte. Es trug mit seinem schmutzigen, dabei
schwächlichen Gelb in meinen Augen eine Miene unheil-
barer Dürftigkeit zur Schau und wollte gar nicht ins Orts-
bild passen. Mit der Aussicht auf einen neuen Verputz sollte
mir offenbar auch diejenige auf einen Stiefvater schmackhaft
gemacht werden; vielleicht dachte die Mutter sogar, sie
könne mir, bei meiner Rückkehrfreude, nicht allzuviel anhaben.
Sie täuschte sich sehr. Der Schlag, den sie mir jetzt antat, war
um viele Grade abscheulicher als derjenige vor einem Jahr, als
sie mein Exil im Internat nochmals verlängert hatte. Diesmal
fühlte ich mich durch keine Rücksicht auf ihre Gesundheit
gehemmt. Sie sollte meine Abwesenheit nicht straflos dafür
verwendet haben, diesem Friedhofsmann näherzutreten. Ich
war auf der Stelle entschlossen, ihn aus dem Haus zu treiben.
Ich war der brave Bub nicht mehr, der sich in alles schickte.
Als ich hinterher den Briefumschlag mit dem fremden Ab-
sender – Frau F. Wild-Muschg – mit Tränen des Entsetzens
betrachtete, entschied ich mich dafür, diesem Herrn Wild zu
begegnen, als existiere er gar nicht, und mit ihm niemals ein
Wort zu sprechen.
Ich habe mein Gelübde gehalten und den Fremdkörper am
Tisch mit meinem Schweigen eingemauert. Selbst wenn wir
uns gegenübersaßen, habe ich den Mitesser nicht angesehen;
weder grüßte ich ihn, noch habe ich seinen Gruß erwidert.
Die Vorhaltungen, die mir mein Onkel, auch der professorale
Nachbar und Lebensretter, deswegen machten, habe ich,
meines Trotzes sicher, ruhig über mich ergehen lassen.

Wurde ich von Dritten auf Herrn Wild angesprochen, ohne
daß ich die Antwort schuldig bleiben durfte, sagte ich: nein,
mein Vater sei gestorben. Dies dort sei ein entfernter Bekannter, den meine Mutter versorgen müsse.
Ich genierte mich nicht, wenn meine Mutter dabei in ein
schiefes Licht geriet. Ich baute darauf, daß sie es so nicht
lange aushalten könne, und behandelte sie mit einer strengen
Höflichkeit, die ich einstudiert hatte und als starke Rolle genoß. Ich wußte, daß die Mutter die Wahl, vor die ich sie damit jeden Tag stellte, nicht hatte. Konnte dieser Mensch
nicht mein Vater sein, würde er nicht ihr Mann bleiben. Diesen Herrn Wild allein schon für seine Existenz zu verachten,
war eine Art von bösem Rausch, der mir fast die Lebens-
freude ersetzte. – Nach zwei Jahren war es so weit: die Ehe
wurde beendet. Das in Mutters Welt Unerhörte einer Scheidung trug sie als stumme Buße für die Meisterlosigkeit ihres
einzigen Sohnes, die sie sich mit ihrem Fehltritt eingehandelt
hatte.
Denn es versteht sich, daß mir der Aufwand böser Seelen-
kraft, den ich zuhause treiben mußte, auch das Gedeihen in
der Schule verdarb. So konnte ich meiner Mutter eines Tages
ihre Schuld in Gestalt eines blauen Briefes vorweisen. Ich
hatte mich aus dem Provisorium, in das ich gefallen war,
nicht mehr gerettet. Und da ich mich auch gegen einen Lehrer unflätig benommen hatte und als Rädelsführer eines bösen Streichs galt, mußte ich die Schule, die früher mein Trost
gewesen war, verlassen.
Aber da waren wir schon wieder zu zweit; Herr Wild war in
ein möbliertes Zimmer umgezogen. Eine Scheidung bedurfte
damals noch klarer Schuldzuweisungen; diese fielen Herrn
Wild nicht schwer. Er machte geltend, meine Mutter habe als
Hausfrau ganz und gar versagt. Die für sie tödliche Zusammenfassung lautete: »Unreinlichkeit in höchstem Grade«.
Meine Mutter ließ auch dieses auf sich sitzen und anerkannte
das Urteil wie dasjenige ihres Todes. Sie verstummte gewis-

sermaßen lebenslänglich davor, und stumm blieb auch, was uns verband, trotziger und unlösbarer als je: das geteilte Geheimnis einer nun erst unheilbar gewordenen Nähe.

79 Diese Geschichte ist, wie sich versteht, erlogen. Im Leben meiner Mutter gab es nie einen solchen Mann. Sie hat schon den ersten, meinen Vater, spät genug und unter erdrückenden Skrupeln geheiratet. Die Gebetsförmigkeit ihrer Briefe ins Internat blieb ungestört. Darin warf sie ihre Sorgen schon auf Gott, bevor sie diese recht angesehen hatte; sie waren ja schon als mangelhaftes Gottvertrauen ungebührlich genug.

Diesen Herrn Wild (Hans Heinrich) habe ich mir aus Kellers Leben geborgt, wobei ihm die Biographen noch weniger Raum als Locher zu gönnen pflegen und auch keiner Lebensdaten würdigen. Ganz so karg kann nicht einmal Kellers Mutter mit ihrem zweiten Mann umgesprungen sein. Keller selbst freilich verschweigt ihn noch gründlicher, es sei denn, man liest das verdeckte Zeichen im Werk und staunt, was er daraus zu machen wußte: den »Grünen Heinrich«, ein Kunstwerk verschlüsselter Schuld, von so erhellender wie dunkler Notwendigkeit.

In der Zeit alleinerziehender Mütter und Väter, aus- und wieder eingeräumter Beziehungskisten und vielseitiger Partnerschafts-Szenarien ist Kellers Jugendtrauma eine statistische Trivialität geworden: was sie nicht immer davor bewahrt, die alten Wunden zu schlagen. Ich selbst stecke noch bis über die Hüften in einer Welt, wo die Ehe kein Konstrukt einer flexiblen Zivilgesellschaft, sondern ein Schicksal war, eine Einrichtung auf Leben und Tod. Was darin nicht vorkommen durfte, das unterblieb aus Scheu vor einer unbedingt zahlbaren Schuld und Sühne. Die Liebe war gewissermaßen nur ein Vorspiel zu einer Prüfung ohne Ende. Man

mußte den Partner noch töten – doch ohne Gewaltspuren –,
um sich von ihm zu scheiden. Und was da ineinander ver-
schlungen geblieben war, mußte bis zum letzten Atemzug als
gute Ehe gelten, damit sie bei der Beerdigung den Überlebenden als Leistung eingeschärft werden konnte.

Meine Mutter war viel zu ängstlich für einen andern Mann;
sie ersparte mir den Streit mit ihr, den Kampf um sie. Dafür
ersparte sie sich so wenig wie mir das tägliche Begräbnis der
Wünsche. Von weitem betrachtet und gerühmt, sah es wie
die unermüdliche Gartenarbeit aus, mit der sie sich gerne
übernahm, so lange sie sicher sein durfte, daß ich nur
»lernte«. Sie war für mich da, allein für mich; wir blieben,
jedes mit seinem guten Willen, allein.

Vaterland

Für einstweilen hatte ich genug Vaterland.

*Wenn ich die Menschheit nicht aufklären
kann, so will ich wenigstens zu deren Betö-
rung nicht Hand bieten.*

80   *So frei und weit
wie diesen Blick von Agamemnons Grab
wünsche ich dir Werden und Wachsen
Deiner eignen
künftigen Welt.*

Diese Worte setzte mir der hochmögende Vater eines »meiner« Pfadfinder, dankbar vielleicht, daß ich seinem Sohn militärische Bräuche erspart hatte, in das »Atlantis«-Buch über
ein »Ewiges Griechenland«. Es wurde mein wichtigstes
Konfirmationsgeschenk.
Von Agamemnons *Grab*! Sie war mir schon geläufig, die
schauderhafte Wiedergutmachungsgeschichte, die dazugehörte. In Gustav Schwabs »Sagen des klassischen Altertums«
hatte ich mir meine Götter und Helden ausgesucht. Als Alt-
griechisch in der alpinen Lehranstalt Schulfach wurde, verband es sich mit der Sehnsucht nach Heimkehr und stellte
zugleich ein Hindernis dafür dar. Denn auch im Griechischen, wie in allem, war man im Zürcher Gymnasium weiter
fortgeschritten. Um mein Exil zu beenden, mußten die Götter erst die Schwermut meiner Mutter geheilt haben. Dafür
bedienten sie sich meines Wohlverhaltens.

Ich bestand sie immerhin, die befürchtete Wiederaufnahme-
prüfung ins Vaterland, doch in der Probezeit stand ich bald
auf Verlust. Das städtische Gymnasium unterlag einem ganz
anderen Selektionsdruck als das alpine. Wäre da nicht ein
Gott eingesprungen, in Verkleidung eines alten Mathematik-
lehrers mit Seehundsgesicht, der wegschaute, wenn ich
meine Resultate beim Nachbarn abschrieb: mein Untergang
wäre schon mit der Probezeit beschlossene Sache gewesen,
denn im Griechischen stand mir das Wasser von Anfang an
bis zum Hals.

Das Ende war so gut wie gekommen, als wir eines Morgens
prüfungsweise aufgefordert wurden, aus Xenophons *Expe-
ditio Cyri* zu übersetzen. Ich war außerstande dazu. Tags
darauf, als das niederschmetternde Resultat eintraf, vermochte ich auch die Verbesserungen nicht zu leisten, auf
welche der gestrenge Lehrer Wert legte. Er wurde, wegen seiner Frisur mit dem schrägen Schritt über die Stirn, »Bubi«
genannt, aber niemand war von Kindlichkeit weiter entfernt
als er.

Ich schrieb statt aller Verbesserung ein Gedicht ins Heft. Damit wollte das verwaiste Musterkind anzeigen, daß es von
dem Buch, das es nicht übersetzen konnte, eine höhere Ahnung besaß. Ich kannte die Stelle, wo die griechischen Söld-
ner, noch lange nicht am Ende ihrer Strapazen, eine wundersame Augenöffnung erleben: sie sehen das Meer (*thalatta,
thalatta*!) an dessen fernem andern Ende das entbehrte Vaterland zu vermuten ist. *Wie ist sie noch weit, die achaische
Erde*, fing mein Gedicht an, und mündete in eine phäakische
Phantasie:

*Und wenn mich Morpheus sanft in seine Arme ließe gleiten,
Trieb an der grünen Delos träumend ich vorbei
Und blickt', erwachend, in der Heimat traute Weiten,
Dann frag mich, wo des Daseins hellste Freude sei!*

Statt der unterlassenen Pflicht gab ich anderntags diese Verse ab. Sie waren die Nagelprobe, das Gottesgericht. Entweder war ich hiermit endgültig verworfen, oder es hatte ein Wunder zu geschehen.

Er machte keinerlei Miene dazu, als »Bubi« die Hefte, wie gewohnt schon am nächsten Tag, zurückbrachte. Grußlos, bis auf das damals noch obligate »Setzen!«, verteilte er sie, außer meinem, und schrieb einen griechischen Text an die Tafel.

Schon wieder eine Prüfung? Aber es zeigte sich, daß sie nur der Beschäftigung der Klasse diente. »Bubi« winkte mich in die hinterste leere Bank, setzte sich zu mir und begann, halblaut redend, die Verbesserungen für mich zu machen. Eigenhändig trug er sie in mein Heft ein und deckte dabei das Gedicht auf der andern Seite mit dem Löschblatt zu. Darüber verlor er kein Wort. Aber er setzte die griechischen Lettern so langsam aufs Papier, wie mir vor Jahren mein Vater deutsche Wörter vor-geschrieben hatte.

81 Mein Opfer war angenommen, die Adoption gelungen. Denn von dieser Stunde an wurde ich Bubis lieber Sohn, an dem er Wohlgefallen gefunden hatte, natürlich, ohne es mir jemals zu zeigen. Er blieb, bis auf diese einzige Gnade, ein Gott der Gerechtigkeit.

Viel später erfuhr ich, daß er unter den Lehrern der einzige Linke gewesen war, und ein Jugendfreund des Dichters Dürrenmatt, also im Kollegium der zunftmeisterlichen Bildungsbürger keine ganz stimmige Besetzung. Da verstand ich auch seine Humorlosigkeit besser, die ich zuvor gefürchtet hatte. Aber mit mir hatte er etwas von seinem Geheimnis geteilt, indem er meine Schande bedeckte. Er ersparte mir das Atridenlos: ich brauchte die Mutter nicht mehr zu töten, indem ich in der Schule durchfiel. Es war jetzt sogar erlaubt, mich von ihrer Lebenserwartung abzusetzen, wenn auch in gebotener Heimlichkeit; sie wollte ja noch immer geschont werden. Mir aber machte das Altgriechische fortan fast keine Mühe mehr. Ich hatte die Sprache meines wahren Vaterlandes entdeckt.

Meine Errettung machte die Mutter zu einer wahren Anbeterin Bubis. Sie erhob ihn in die Nähe des ETH-Professors, der mich vor der Schneiderlehre bewahrt hatte, und eigentlich kamen beide noch lange vor dem Lieben Gott.

Aber auch diesem Gott meines Vaters durfte die Alleinerziehende nichts schuldig bleiben. Sie beschwor ihn in jedem ihrer Briefe, die sie mir ins Internat und später ins Ausland zugehen ließ. Als ich zum ersten Mal nach Amerika flog und schon in der Reihe zur Paßkontrolle stand, rief sie mir durch die ganze Halle nach: *Bueb, vergiß de Höchscht nid*! Gewiß kam keiner der übrigen Wartenden auf die Idee, sie könnte damit jemand anderes als meinen Vorgesetzten gemeint haben. Und so war es ja auch. Der Verkehr mit Gott war eine Sache unter Männern. *Sollen wir den Männern auch das noch abnehmen*? Diese Männer, bis hinauf zum »Höchsten«, hatten ihr schon Elend genug gebracht. Leider waren die Frauen, nach ihrer traurigen Überzeugung, um nichts besser, denn sie schämten sich nicht, die Triebe der Männer zu benützen. Dagegen war diesen nur noch durch Gott zu helfen, und Ihn mußte ich ihr warmhalten und mir zum Vorbild nehmen. Für die wahre Liebe hielt man sich am besten an Seinen Sohn.

Je älter und schwächer sie wurde, desto weniger erinnerte sie sich freilich an diese Männerwirtschaft. Und als es ans Sterben ging, war von Gott keine Rede mehr, und auch nicht von mir.

82 Aber solange ich noch in die Schule ging, durfte es nicht wahr sein, daß uns nicht zu helfen war. Und so zwang sie uns, zu Seinen Ehren Zeugnis abzulegen und zu bitten, es möge nicht ganz falsch gefunden werden. Solange meine Schulzeugnisse stimmten, konnte nicht alles verloren sein. Aber auch sie hatte ihre Heimlichkeiten und verließ sich darauf, daß ich sie nicht verriet. Zum Zweck des Gottesdienstes hängte sie ihr Herz an Gewaltige, die versprachen, ihr die Überforderung täglichen Lebens zu erleichtern. Sie hatte gelernt, ihren eigenen Gefühlen nicht zu trauen. Professoren, dachte sie, müßten über das Gröbste hinaus sein. So hohe Menschen konnte sie gefahrlos lieben. Und sie brauchte eine Versuchsperson für ihre Liebe, mich, für sie mußte auch ich zum Professor werden.

Ich hatte ebenfalls meine Heimlichkeit. Die Mutter, die ich damals noch für fromm hielt, durfte nicht wissen, wie weit meine Welt, »das Ewige Griechenland«, von unseren Mutter-Sohn-Dunkelheiten entfernt lag. Eben darum sollte es meine Welt sein. Ihr Wachstum hatte mir die Widmung im »Atlantis«-Buch versprochen, als sie mir »diesen Blick von Agamemnons Grab« gönnte.

Das »Ewige Griechenland« war die Nicht-Konfirmation meines väterlichen Christentums. Er hatte mich in ein Heiliges Land gezeugt, und jetzt stahl ich mich daraus in ein wahres fort, mit dem ahnungslosen Segen meiner Mutter, die in Bubis Griechenland keinen Unrat witterte. »*Die Reise nach Griechenland ist von allen Reisen, die wir unternehmen, die geistigste*«, war in dem Konfirmationsbuch zu lesen; dagegen hätte doch gewiß auch der Vater nichts einzuwenden gehabt! Sie erzog mich immer noch richtig. Ich blieb auf dem Weg zum Höchsten, den wir beide nicht vergessen durften. Was war das Höchste? Respekt, ein bißchen Respekt für sie in unserer nicht-recht-Zolliker-Welt.

Auch wenn die reine Geistreise, die Taufe zum *Spirit* mißlang: das übrige Programm, das für Respekt hätte ausreichen

müssen, habe ich noch unter ihren Augen erfüllt. Am Ende
ließ ich's auch nicht an einem Professor fehlen. Allerdings
schrieb ich überdies, und das hatte, nach ihren Begriffen,
schon bei meinem Vater zu nichts geführt als Enttäuschung
und lebensgefährlichem Konsum von Zigarren der Marke
»Blauband«. So etwas hätte sie mir gern erspart. Als ich dann
auch noch als Linker galt, mich von einer Schweizerin scheiden ließ und eine Deutsche heiratete, begann sie an ihrer
Pflichterfüllung zu verzweifeln. Hatte sie dafür gelebt?
Hatte sie überhaupt gelebt? Half nur noch beten?
Damit versuchte sie es gewissenhaft noch einige immer
dunklere Jahre, dann verwirrte sich auch dieser Ausweg.
Hatte sie nicht endlich genug getan? Nur wenn es darum
ging, sich zu opfern, tat sie noch immer ein Übriges. War es
zu viel gewesen, merkte sie es daran, daß sie wieder zusammenbrach und pflegebedürftig wurde: welche Schande.
Fast bis zuletzt habe ich sie in jeder Klinik, in die sie als Notfall eingeliefert wurde, spätestens am dritten Tag wieder als
Pflegerin ihrer Mitpatienten erlebt. Als ihr auch dazu die
Kraft fehlte, verstummte sie ganz. Nur gelegentlich rief sie
meinen Namen durch alle Spitalgänge, und wenn ich bei ihr
stand und sie berührte, hörte sie nicht zu rufen auf.

83 Wir lebten – das sagte auch mein Vater – in der jü-
disch-griechischen Tradition. Damit meinte er aber
die christliche. Von der jüdischen hatten wir zwar einen zür-
nenden Gott, aber der unsere, und damit der gnädige, wurde
er erst durch die Passion seines Sohnes. Was hatten wir von
den Griechen? Schöne Menschenbilder, die man bewundern
durfte, wenn man sich zugleich vor Augen hielt, daß sie nicht
halfen. Der Apostel Paulus hatte den Athenern auf dem Altar, den sie leer gelassen hatten, den wahren Gott gezeigt,
einen Gott ohne Bild. Es war der, den sie nicht kannten.

Aber wenigstens wollten sie danach, anders als die Juden, etwas von ihm wissen.

Ich hatte meinen Vater nicht lange genug, um mehr als *einen* Gott kennenlernen zu dürfen. Bei Gustav Schwab fand ich Zeus, dessen Lebenswandel aber zu wünschen übrigließ. Dafür konnte er sich jeden Wunsch erfüllen und wurde Vater von vielen andern Göttern und Göttinnen, Halbgöttern und Helden. Unter seiner Herrschaft brauchten die Menschen nicht nur einen einzigen Gott zu verehren, und er brauchte nicht einmal allmächtig zu sein. Der Höchste blieb er auch so. Die Griechen vermuteten ihn in allen möglichen Gestalten und Verkleidungen; umgekehrt schloß auch das armseligste Kleid nicht aus, daß sich Zeus darin verbarg. Laertes, der Vater des Odysseus, ging im Flickenmantel des Landarbeiters im eigenen Garten herum. Als sich Odysseus seinem Sohn zu erkennen gab, tat er es mit den Worten:

Telemach, nun er daheim ist, mußt du den eigenen Vater
Weder über die Maße bestaunen noch auch bewundern.
Denn es wird hier kein anderer Odysseus mehr kommen,
sondern ich bin es selbst; –

Und, nachdem er gesagt hat, den Göttern, die droben den Himmel bewohnten, fiele es leicht, Sterbliche schön oder häßlich erscheinen zu lassen, setzte er sich hin, und was dann? Dann schlingt der Sohn die Arme um den Vater. Und was dann?

Und in beiden erhob sich ein starkes Verlangen zu klagen
Und sie weinten hell auf, noch unentwegter als Vögel,
Adler der See oder Geier mit Krallen, denen die Bauern
Ihre Jungen geraubt, bevor sie flügge geworden;
So zum Erbarmen vergossen sie Tränen unter den Brauen.

Hätte ich diese Sprache mit meinem Vater teilen können, in
der beide sich einander als Waisen zu erkennen geben: wer
weiß, ich hätte ihm zuliebe sogar seinen Einen Gott übernommen. So war ich froh, daß die Griechen ihrer viele hatten; und immer wieder einen für mich, der sich, auch wenn er
nicht vorhielt, in seiner Verkleidung von mir erkennen ließ.

84 Odysseus: eine Geschichte der Vatersöhne, und
immer hatten sie nur einen einzigen. Arkeisios zeugte
den Laertes, der zeugte den Odysseus, der zeugte den Tele-
machos. Am liebsten hätten sie es bei der Fortpflanzung ihrer Männermacht ganz ohne Frauen getan, aber zum Zeugen
von Söhnen waren Frauen nicht ganz entbehrlich. Sie hätten
sich auch dafür geeignet, weggegeben zu werden, um Verbindungen zu stiften, also verwandtschaftlichen Zuzug für den
Notfall. Mitgift gegen Brautgeschenke: auch dieser Handel
hätte zur Abstützung der eigenen Sippe dienen können. Wer
keine Töchter zeugte, lief ein Risiko. Die Vatersöhne und
Sohnesväter lebten gefährlich, wenn sie Einzelkinder bleiben
wollten und Alleinerben. Sozial gesehen, waren sie schon
beinahe Junggesellen. Wie konnten sie die unvermeidliche
Sohnesmutter zur Garantie bewegen, daß sie eine solche
bleiben würde, und nichts als dies?
Odysseus, vor dem Auszug in das unabsehbare Männer-
abenteuer des Trojanischen Kriegs, verlangt seiner Frau
Penelope eine solche Garantie ab. Er weiß, wenn er nicht zu-
rückkehrt, muß sie wieder heiraten. Ohne Mann und Vormund kann sie sein beträchtliches Gut nicht zusammenhalten; als Witwe ist sie auch dem Volk von Ithaka einen neuen
Herrn schuldig. Aber der ist ja schon da: Telemach, der Same
des Odysseus, rechtmäßig aufgegangen, aber noch schwach
und klein. Notfalls muß er mündig sein, bevor die mütterliche Furche neue Saat aufnimmt. Dann ist er, der Sohn selbst,

derjenige, der die Mutter weggeben und zugleich das väterliche Gut behalten kann. Andernfalls käme ihm der Mann, den sie sich selbst zum Vormund gewählt hat, in die Quere, und seine Erbfolge im eigenen Vaterhaus wäre gefährdet. Darum nimmt Odysseus, bevor er auszieht, seiner Penelope das Versprechen ab, sie müsse den Bartwuchs des gemeinsamen Sohnes abwarten, bevor sie sich wieder verheirate. Dann möge sie so frei sein.

Schöne Freiheit. Nicht nur bestimmt er sie bereits zur Hörigen eines Mannes, nämlich des eigenen Sohnes. Er schmälert auch ihre Chance, je wieder einen Mann von der Statur des ersten zu bekommen. Da sie geringer geschätzt sein wird – denn sie hat mit ihrer Hand keinen Königshof mehr zu vergeben –, wird auch der neue Mann naturgemäß, das heißt, nach der gesellschaftlichen Regel, geringer sein als Odysseus. So wettet er mit seiner Frau; so möchte er, daß sie im Fall seines vorzeitigen Todes mit dem gemeinsamen Sohn würde wetten müssen, damit er selbst, wenn schon nicht ihr einziger, doch ihr erster bleibe. In beiden Wetten wäre sie die Verliererin; und da sie klug ist, wettet sie, in gebührender Stille, ganz anders. Sie wartet zehn Jahre auf Odysseus; das ist sie ihm und seiner Stellung schuldig, und im Licht der übrigen Ithaker betrachtet, ist es schon allerhand und ein starkes Stück – von ihren eigenen Bedürfnissen ganz zu schweigen. Darüber schweigt auch die Erzählung, solche Bedürfnisse beschäftigen sie nicht. Danach aber läßt Penelope ausdrücklich um sich werben; so weit beugt sie sich den Ithakern, die eine ledige Herrschaft dieses Umfangs auf die Dauer nicht dulden können. Es werben, wie erhofft, nur die Besten um sie; und es sind ihrer gleich 108, solche von den eigenen Inseln, und auch von einigen ferneren. Ihre Frauenmacht erstrahlt. Wie aber steht es um den Bartwuchs des Telemach? Der Bart sprießt. Der Sohn wäre so weit, daß er die Herrschaft antreten und die Mutter vergeben könnte, um mit ihr die ihm passende Hausmachtpolitik zu treiben. Er könnte sie auch – das wäre bei 108

mächtigen Freiern vielleicht das klügste – an ihren eigenen
Vater Ikarios auf dem griechischen Festland zurückgehen lassen, damit der seine Vormundschaft wieder übernimmt; auch
so wäre es in der Ordnung der Männer.

So aber wettet die Mutter nicht. Wenn schon Odysseus nicht
wiederkommt, soll auch der Sohn nicht zu bald nachkommen. An seiner Männlichkeit sind noch Zweifel erlaubt. Zu
ihrem Vater zurück begehrt sie am allerwenigsten. Das Stärkste, was sie jetzt tun kann, ist: Herrin eines Spielraums sein;
die Lücke zwischen allen berechtigten Männer-Forderungen
an sie so lange wie möglich offenhalten. Da hinein setzt sie
sich mit ihrem eignen Recht und verzögert das Spiel bis zum
Verwegenen. Damit wird sie zwar immer begehrenswerter,
der Sohn aber immer ungeduldiger. Die Wirtschaft, welche
die 108 Freier verzehren, betrachtet er als sein Erbe. Sie drohen die 108 Brautgeschenke zu überwiegen, die ins Haus gekommen sind; diese hält die Mutter in ihren Räumen eingeschlossen. Sie sind ihr persönliches Unterpfand für die
Zukunft – mag kommen, was da will.

In dieser Lage, die für alle Beteiligten riskant ist, pokert
Penelope am höchsten. Für den Sohn – allein gegen 108 po-
tentielle Stiefväter – wird sie unhaltbar. Nur einer kann ihn
noch retten: der Vater, der entweder entschlossen wieder-
kommen oder entschieden tot sein muß.

85 Nein, sagt die Erzählung, auch der Vater kann es
nicht, der Bettler, der endlich an die Küste Ithakas ge-
spült wird und sie so wenig als die eigene erkennt, daß er
auch hier, wie überall, sein geplagtes Herz fragen muß, ob sie
auch gastlich sei. Sie ist es durchaus nicht; der Heimkehrer
hat nach jetzt 20 Jahren der Pflichtvergessenheit die ganze
männliche Jugend seiner Insel gegen sich aufgebracht. Wer
ist noch auf seiner Seite? Ein Sauhirt, ein sterbender Hund,

eine alte Amme; damit läßt sich Ithaka nicht zurückerobern. Und die liebende Gattin?

Penelope ist weit entfernt, den Heimgekehrten zu erkennen, als er ihr zum ersten Mal gegenübersitzt – so wenig, daß er sich schon fragen darf, ob es nur an seiner Bettlerverkleidung liegt. Wenn schon einen Mann, will sie einen *wie* Odysseus – aber will sie Odysseus? Nicht denjenigen, der vor ihr sitzt, den Landfremden, Umgetriebenen, den Vaganten. Nein, der Mann wird ihr ganz anders zu beweisen haben, daß er *so gut wie* Odysseus ist. Die Probe mit dem Bogenschuß durch zwölf Äxte, die sie veranstaltet, in die Enge getrieben, von den Freiern endlich zur Wahl genötigt, muß den Stärksten erweisen. Sie käme nicht im Traume darauf, daß er schon vor ihr sitzt. Er muß sich zeigen. Er muß es allen zeigen. Nur durch ein Waffenkunststück? Nein, durch Waffengebrauch. Durch hundertfachen Mord, die losen Mägde nicht gerechnet, die er an die Leine knüpfen läßt wie Vögel. Er muß, um Odysseus wiederherzustellen, die Blüte der Inseljugend zur Strecke bringen, als wären es tolle Hunde.

Weiß er etwa, daß sie Telemach umbringen wollten? Das weiß er nicht; er ahndet keinen Regelverstoß der Freier. Er holt sich nur seinen Platz zurück, der einzige Sohn seines Vaters, der einzige Vater seines Sohns. Telemach ist gerettet: zwar wieder zum Thronfolger relegiert, aber des Throns gewiß, und seiner Last noch einer Weile entbunden.

86 Und was ist mit dem Ehebett? Ist Odysseus der Wiedergekehrte, wieder so gut wie der einst Weggefahrene, will sagen, auch seiner Frau als Odysseus gut genug? So klar ist das nicht, was das Bett betrifft. Die Frau prüft ihn, nicht anders als die inzwischen getöteten Freier, und auch wenn er die Prüfung besteht – er kann beweisen: er selbst, kein anderer hat das Bett gezimmert –, so ist sie ein starkes

Stück. Denn eigentlich ist Penelope nicht gefragt. Ihr Mann ist zurückgekehrt, er hat die Freier beseitigt; stärkerer Beweise bedürfte es nicht, dies ist ihr Mann. Und sie akzeptiert ihn auch, auf die gebotene Art. Sie besteigt es wieder mit ihm, das Bett; er ist der Mann dazu.

Alles wieder nach der Regel, und doch: das Spiel ist aus; Penelopes gewagtes Spiel, das ihr allein gehört hat, das Spiel auf Zeit- und Raumgewinn, auf Ruhmesgewinn, Ehrenpreis für sie selbst. Nicht mehr die Frau des Odysseus, noch nicht die Frau des Ersten und Besten der Freier; nicht nur die Treuhänderin des Sohnes, nicht nur Wahrerin des Männergutes; dieses Spiel in ihrem eigenen Namen, als Frau und Herrin einer Regellücke, in der sie Raum fand für ganz eigene Regeln, nicht die treue Gattin, nicht nur Witwe eines verschollenen Mannes zu sein; auch die ersehnte Gattin für 108 jüngere blühende Männer. Eine unerhörte und nicht zu vertretende Freiheit; Herrin des Textes, den sie, wie das Totenkleid des Schwiegervaters, selber webt und wieder auflöst, nach eigenem Gutdünken: was für eine Geschichte! Und jetzt also zu nichts weiter bestimmt als zum *Happy end* in den Armen der Rechtmäßigkeit; des Mannes, der sich ins Recht gesetzt hat durch Mord, durch die Schlachtung von Menschen, die seine Landsleute waren, nicht seine Untertanen. Das muß Bürgerkrieg bedeuten, und die Vatersöhne und Sohnesväter bekommen ihn auch. Die vielen Häuser Ithakas, deren Zierden Odysseus totgeschlagen hat, erheben sich gegen das blutbeschmierte Haus des Einen. Odysseus hat seinen Vater zurückgeholt, vom Land, auf das er sich zurückgezogen hatte, zu schwach, unfähig oder unwillig, im Palast des verlorenen Sohnes zum Rechten zu sehen, zu dessen Rechten. Jetzt muß er wieder ins Glied der Vatersöhne zurück, wo sie sich rüsten zum Krieg gegen ihre eigene Insel.

Es kommt nicht dazu. Die obere Agentur weiß es zu verhindern, die Treuhänderin der Geschichte, die göttliche Drahtzieherin und unbeugsam erfinderische Patronin des Odys-

seus und seiner Einzelmännerdynastie. Athene tritt dazwischen, wie schon bei jeder andern Wendung, die die Geschichte zu Ungunsten des Mannes hätte nehmen können,
der ihr Held bleiben soll, um jeden Preis. Die Göttin richtet
es, sie verkleidet sich in einen Ratgeber für Vater und Sohn,
sieht dazu, daß die Gebete, welche die beiden an sie richten,
erhört werden. Sie stärkt, verschönt, verkümmert ihren
Odysseus nach Bedarf. Sie sorgt für ihn, wenn er wacht und
schläft, sorgt auch dafür, daß er wacht oder schläft. Sie ist
Partei; und ohne ihre Partei gäbe es keine Geschichte des
Odysseus, gäbe es diesen Odysseus nicht einmal dem Namen nach.

Warum tut sie das?

Weil, wenn nur nach den Regeln gespielt würde, die
Menschen verloren wären; weil es darauf ankommt, für den
Regelbruch einen starken Advokaten zu finden, denn ohne
Regelbruch gäbe es keine Helden. Ist der Held in Unter-
gangsgefahr, muß die Göttin das Spiel türken, anhalten, stö-
ren, durcheinanderbringen, umwerfen, bis die Stellung des
Helden wieder stark genug ist, daß er überlebt, daß er siegt.
Dann mag die Regel wieder in Kraft treten, nämlich zu sei-
nem Vorteil. Denn regellos geht es so wenig wie nach der Re-
gel. Nur muß sie gebogen werden für die Herstellung, die
Wiederherstellung des Helden, sonst wäre er verloren wie jeder gewöhnliche Mensch; sonst würde er kein Held.

Und für wen biegt die Gottheit die Regel? Für den, auf den
sie aufmerksam wird. Und wodurch wird sie aufmerksam?
Durch seinen Mut zum Regelverstoß. Darin erkennen die
Götter ihresgleichen. Aber damit der Mensch darüber nicht
zum Gott werde, stellen sie die Regeln, die ihn erst zum
Menschen, zum Bürger machen, wieder her.

87 Es fehlt der Geschichte des Odysseus nicht viel, eine Haaresbreite nur, zur elenden Geschichte, derjenigen des andern Heimkehrers, Agamemnon, dessen Frau nicht einmal zehn Jahre gewartet hatte, bevor sie sich einen neuen Mann gab, und ihrem Volk einen neuen Herrn. Sie hatte Frauen- und Muttergründe dafür, die man einfühlbar findet. Agamemnon war nicht nur ausgezogen; er hatte für seinen glücklichen Auszug ein Kind, Iphigenie, geopfert, der Göttin Artemis, berühmt für ihre militante Jungfräulichkeit: sie hob die zur Schlachtung vorgesehene Jungfrau für sich auf. Aber davon wußte die Mutter nichts. Sie sah nur: der Mann hatte ihr Ebenbild, die Tochter geopfert; und diese Tochter galt ihr mehr als der Sohn, den sie außerdem geboren hatte, Orestes. Den aber stiftete bekanntlich ein Männergott, Apollo, zur Rache des Vaters an, und damit zum Muttermord. Woraufwiederum die tote Mutter ihre eigenen Rachegöttinnen gegen den Sohn aufbrachte und den Mörder mit Wahnsinn schlug. In dieser Geschichte war keiner, der nicht eine Regel gebrochen hätte; da war aber auch keiner, der nicht nach einer gehandelt hatte, als er eine andere brach. Die Regeln untereinander aber waren unversöhnlich. Wer besaß da noch die Kraft, wer war berufen, eine Regel über allen Regeln zu stiften?

In der Agamemnon-Klytaimnestra-Orestes-Tragödie war es das Gericht der Polis Athen, der Areopag. Es war aufgefordert, in einem göttergestützten, darum heillosen Konflikt ein menschliches Urteil zu finden. Damit es auch nur »unentschieden« lauten konnte, bedurfte auch dieses Gericht der Stimme einer Gottheit: Pallas Athenes. Aber ihre weiße Kugel zugunsten des Muttermörders und Vatersohns hätte ihn nicht freigesprochen. Sie reichte nur für ein Patt. Der wahre Götterspruch lautete also: das Patt muß reichen zu einem möglichen guten Leben. Das Unentschieden ist die Grundlage jeder Staatskunst, also jeder gerechten Entscheidung. Die des Aeropag lautete nicht zugunsten des Orestes. Sie schonte ihn nur. Damit mußte er leben, damit können auch die Götter beider Seiten leben. Respekt vor ihnen. Ob ihre Sache gut oder schlecht war: es sei dahingestellt. Die Entscheidung lautet: die Sache ist *vertretbar*, so oder so.

Die Entscheidung zugunsten der Vertretbarkeit auch der andern, der entgegengesetzten Sache, war eine der größten in der abendländischen Geschichte, denn es ist die Entscheidung zur Zivilisation.

Nur eine Haaresbreite fehlte Penelope, daß sie zu Klytaimnestra geworden wäre. Nur eine Haaresbreite, und Telemach hätte, wie Orest, seinen Vater an der Mutter rächen müssen. Teufels Küche war auch in Ithaka gerichtet, alle Zutaten lagen bereit. Am Ende zahlten, dank Athenes Dazwischenkunft, doch nur die Freier die Zeche. Recht so, meinte das bürgerliche 19. Jahrhundert, etwa mit der Stimme des braven Gustav Schwab. Diese Freier haben eine in Treue ausharrende alleinstehende Frau schamlos bedrängt. Sie plünderten ihr Haus, sie trachteten ihrem Sohn nach dem Leben. Nichts, fast nichts von alledem stimmte, nämlich für die Leute, welche die ursprünglichen Hörer der Odyssee waren. Sie hätten gar nicht gewußt, wovon die Biedermeier der Kleinfamilie da schwatzen. Die Freier waren im Recht; ihr Pech war nur: für einen Regelverstoß, der einen Gott für sie vom Stuhl gerissen hätte, waren sie nicht erheblich genug. So wurden sie keine Helden, sie blieben traurige Schlachtopfer.

Penelope aber geht um ein Haar an einer Heldinnenrolle vorbei; die Geschichte erzählt: es war Penelopes Haar, das die Regie Pallas Athenes gerade noch richten und glätten konnte, sonst hätte es die Suppe Odyssee verdorben. Aber Penelope hat verdient, daß man dieses Haar beim Verkosten immer noch spürt. Denn was ihr zur Heldin der Griechen fehlte, das macht sie beinahe zu unserer Heldin, diese Nicht-nur-Gattin des Odysseus, Nicht-nur-Mutter des Telemach. Dafür sollten wir uns Fleisch und Blut der Freier etwas weniger kannibalisch-moralisch schmecken lassen. Diesen Ver-

stoß gegen die Regeln des Biedermeier sind wir ihnen und
auch uns selber schuldig; er macht uns darum noch lange
nicht zu Helden.

> *So weit und frei*
> *Wie diesen Blick von Agamemnons Grab –*

Wer mir das gewünscht hat, meinte es gut mit mir; und wie
immer ist gut gemeint das Gegenteil von Kunst. Diejenige
Homers öffnete mir den Blick noch etwas weiter, und er
wurde schauderhaft, wie der Tod des Agamemnon, wie das
Leben des Odysseus. Ein Männerleben, ein Mörderleben, alles andere als musterhaft – und eben darum ein starker Reiz
für das Interesse der Göttin, das Spiel dieses Mannes zu seinen Gunsten zu zinken. Und, wenn der Schauder recht gefühlt ist, ein noch stärkerer Reiz, sich mit dem Schauderhaf-
ten zu versöhnen. Denn ohne diesen Schauder hätte es die
Polis Athen, die Stadt der Städte, nicht gegeben; ohne ihn
hätte das Politische, Regeln verletzend, Regeln wiederher-
stellend, keinen Bestand; hätte das Göttliche, das uns nicht
fehlen darf, kein menschliches Gesicht angenommen. In diesem Gesicht werden Vater- und Mutterland niemals eins sein,
aber sich vertragen, im unerläßlichen Erschrecken, überein-
ander zuerst, dann über sich selbst.

88 Unter den Geschichten, die mein Vater am Feierabend
schrieb und die, wenn er Glück hatte, im »Glattaler«
oder in den »Zeitbildern« fortsetzungsweise erschienen, gibt
es einen historischen Roman aus dem Sonderbundskrieg von
1847: »Stürmische Fahrt«. Er erzählt die Liebesgeschichte
eines einfachen jungen Zürchers und einer vornehmen Luzerner Katholikin, deren Vater, General von Sonnenberg, die
Verteidigung seiner Stadt gegen die eidgenössischen Truppen

leiten soll, obwohl er an die Sache des Sonderbunds nicht glaubt, die Jesuiten fürchtet und ihren politischen Frontmann Siegwart-Müller als Apostaten verachtet.

Zweiter Held der Geschichte ist der Politiker Robert Steiger, ein Luzerner Liberaler, der zuvor die »Freischarenzüge« gegen die konservative Regierung ins Land gezogen hatte. Nach ihrem Scheitern wird er zum Tode verurteilt, aber in einer Nacht- und Nebelaktion aus dem Turm befreit. Dieses Kommando-Unternehmen leitet der Wirt des Zürcher Café Littéraire. Er wird als Held gefeiert, und Steiger avanciert, nach dem Sieg über den Sonderbund, zum Schultheiß von Luzern und später zum »höchsten Schweizer«, d. h. zum Nationalratspräsidenten.

Es ist ein ehrgeiziger Stoff, mit dem mein Vater sein Glück als Schriftsteller erzwingen wollte. Dafür hatte er kein Thema gewählt, das ihm bequem war. Denn mit der Schwarzweiß-Technik, ihm die geläufigste, war diesmal kein Durchkommen. Für den Sonderbund hatte er als Reformierter keine Sympathie übrig. Anderseits konnte er auch das eigene Lager nicht vergolden, denn die Liberalen waren fast noch weniger seine Leute. Wahre Frömmigkeit war denn doch eher auf der Gegenseite zu finden, und die junge Heldin war katholisch.

So mußte er diesmal Buntstifte gebrauchen, sogar im Herzen der Liebesgeschichte, die er aus notgedrungenem Respekt vor dem *andern* Bekenntnis nicht als Bekehrungslegende ausführen konnte. Zum Glück erlaubte ihm die soziale Komplikation, die nur durch sanfte, aber strenge Führung der Herrentochter abzubauen war, eine notdürftig humane Behandlung der Konfessionsfrage. Nachdem die junge Frau geläutert war, durften sich die beiden dennoch kriegen, zumal die Braut gewissermaßen im Bräutigam Gott erst richtig kennengelernt hatte. Da Gott naturgemäß nicht katholisch war, durfte man das Weitere wohl Ihm überlassen.

Als nicht ganz schlüssige Geschichte ist es wohl die mutigste meines Vaters. Ich hätte ihm gewünscht, er hätte seine Verle-

genheit noch besser genützt und wäre, der Literatur zulieb,
selbst dahin gekommen, wo Gott kein Heiliger mehr ist. Das
wäre Vaters Menschenbildern zustatten gekommen. Aber
das war viel verlangt. Da, wo er seine Grenzen hatte, mußte
sie auch Gott gesetzt haben, sonst hätte er sich in der Welt,
deren Fürst der Teufel ist, nicht mehr zurechtgefunden.

Da ich selbst, von ihm ins Leben gestellt, ein Menschenbild
dieses Vaters bin, möchte ich wissen, wie viele Teufel er in
seiner Liebe beschäftigte. Zu viele, für meinen Bedarf, denn
er behandelte die Liebe als rechtes Fegefeuer mit klarem
Richtungsanzeiger: *up up and away*. Und doch: »die Liebe
aber ist die größte unter ihnen«, und es war nicht gut, auch
nicht für Vaters Geschichten, wenn man die Sexualität, ihre
widerspruchvollste wie produktivste Stärke, der andern Seite
überließ und sogar die Faszination davor zu unterdrücken
versuchte. Die Geschichten meines Vaters dienten ihm nicht
zur Erkundung der Welt, sondern zu ihrer Richtigstellung.
Natürlich ist auch diese eine Phantasie. Sie entstammte der
Sonntagsschule und leitet über zum reformierten Gottesdienst. In diesem aber darf keine Rede davon sein, daß Gott
kein Heiliger ist. Ein solcher hätte unsere Welt, wie sie ist,
nicht erschaffen. Daß sie darum des Teufels sein muß, bleibt
ein beschwerliches Zeugnis der Frömmigkeit.

Nach einer Lesung in Zollikon, die der gegenwärtige Redaktor des »Zolliker Boten«, dem Nestbeschmutzer A. M. abge-
neigt, mithilfe einer Leserbrief-Kampagne gern hintertrieben
hätte, erzählte mir eine alte Zollikerin diese Geschichte von
meinem Vater, dessen Schülerin sie noch gewesen war: Er
hatte den achtjährigen Mädchen seiner Klasse das Versprechen abgenommen, nie, nie in ihrem Leben Lippenstift auf-
zutragen. Diese Kleine ganz allein hatte verweigert, mit der
tapferen Begründung: das könne sie jetzt noch nicht wissen,
darum dürfe sie nichts versprechen. Zehn Jahre später begegnete sie, als junge Praktikantin, dem alten Lehrer A. M. in der
städtischen Bürkli-Anlage. Er habe sie von weitem erkannt

und die Arme ausgebreitet. Er sei froh, ihr noch einmal zu begegnen. Jetzt könne er sie um Vergebung bitten für die Frechheit, ihr damals den Gebrauch von Lippenstift verboten zu haben. Diese Sache sei ihm jahrelang nachgegangen und tue ihm leid bis heute.

Als wir nachrechneten, fanden wir: sie mußte meinem Vater im November 1947 begegnet sein, wenige Tage, bevor er ins Krankenhaus eingeliefert wurde, aus dem er nicht mehr lebend herauskam.

89 Vaters »Stürmische Fahrt« beleuchtet den Ort, an den er mich hinzeugen wollte. Das Zollikon meiner Kindheit war dieser Ort nicht. Er mußte mich zu den Pfadfindern, in die Pflanzschule des ungeliebten Freisinns ziehen lassen, und meine ferneren Aufenthalte hatten ihm noch viel weniger gefallen. Er brauchte sie nicht zu erleben.

Erst jetzt, in der Schweiz des Volkstribunen und Pfarrerssohns B., tritt mir die Schweiz meines Vaters wieder in den Weg. Hier ist sie zum Modell für eine neue, mit unheiligen Wassern gewaschene Orthodoxie geworden, die Schwarz-weiß-Topographie meines Vaters, die er zum Heiligen Land bestimmte. Aus Herrn B. s Gesicht fährt nun der Fluch eines lärmenden Gottes auf mich herab: Schwarz oder Weiß? Ja oder Nein?

Vaters Kinder aus erster Ehe hatten ganz anders als ich mit diesem Fluch zu kämpfen gehabt, um ihr den Segen eigener Produktivität abzugewinnen, etwa wie Walter M. eine »Tragische Literaturgeschichte«; aber wie hat er dem richterlichen Gestus die Treue gehalten! Der jüngere Halbbruder rettete sich in die Pastellfarben der Anthroposophie; die jüngere Schwester in ihre Kinderbücher und die lebenslange Ehe mit einer polnisch-jüdischen Tänzerin.

Die ältere Halbschwester, das heikle Kind, schien Vater mit

dem Gift seines Weltmißtrauens am wirksamsten geimpft zu
haben. Sie mußte sich als Lehrerin im roten, rohen Oberwin-
terthur vorzeitig pensionieren lassen. Aber gerade sie hat am
längsten, am Ende am gelassensten, in gewiß nicht mehr allzu
wilder Ehe mit einem gleichaltrigen Herrn zusammengelebt
und das Jammertal wohl bestanden. Daß sie mit ihrer schma-
len Pension über die Runden kam, verdankte sie dem Ver-
kauf der Bilder, die ihr in den Zwanzigerjahren ein junger
Künstler überlassen hatte. Der Vater hatte ihr diese Liebe
zwar nicht verbieten, aber immerhin verderben können. So
mußte der Künstler mit andern Musen zu einigem Ruhm gelangen. Gerade eine seiner Plastiken sollte es sein, die, ein
Beispiel »Entarteter Kunst«, als Titelblatt auf dem Katalog
zur gleichnamigen Ausstellung das deutsche Publikum
schrecken durfte. Nachdem Goebbels seine Kunst erledigt
hatte, holte die Gestapo auch den nach Paris geflohenen
Künstler selbst ab, nach Auschwitz.

Hat mein Vater jenen Katalog gesehen und sich bestätigt gefühlt? – Später konnte sich seine Tochter mit Hilfe der Bilder
Otto Freundlichs vor dem Gröbsten retten. Ihre verbotene
Liebe erwies sich hinterher als das einzige gute Geschäft ihres Lebens.

Sie mußten sterben, meine Halbgeschwister, bevor ich so frei
wurde, Vaters Erbschaft zu überblicken. Sie hatten ihm ihren
Anspruch darauf für ein Linsengericht abgetreten, damit sich
der Witwer nochmals verheiraten konnte. Ich darf sie nicht
ausschlagen.

Wenn du Herrn B. jetzt reden hörtest, Vater, würdest du ihn
etwa nicht wählen?

Es wird mir plötzlich warm ums Herz bei der Vorstellung,
ich könnte mich irren. Und in unserer Erbschaft könnte sich
ein Gott melden, der sich auf Gastlichkeit versteht.

Verrat

*Die Demokratie hat Ähnlichkeit mit dem
Lehnsystem des Mittelalters. Selbständig-
keit gilt als Untreue gegen den Lehnsherrn,
als Felonie, und die Strafe ist politischer
Tod. Escher brauchte nicht in die Höhe zu
schauen, es gab keinen Höhern über ihm,
die Bundesräte waren seine Kreaturen,
aber nach u n t e n !*

90 Wie setzt man ein deutliches Zeichen, und wie bewahrt man es vor einfältiger Besetzung? Dieses Dilemma ist das tägliche Brot des Schriftstellers: in dem für sein
Geschäft reservierten Separé genießt er den Schutz des
Kunstvorbehalts.

Es ist ein dünner Schutz. Fragestunde nach einer Lesung:
Herr M., auf Seite 128 sagen Sie…! Einspruch: ich sage gar
nichts. Ich lasse sagen oder gesagt sein. Wer da sagt, ist eine
Figur. An dieser und dieser Stelle sagt sie es zu dem und dem.
Sie sagt es im Kontext. Den soll der Leser hören. Der Kontext soll mitsprechen, und nur der. Ist auch etwas zu hören,
das er verschweigt? unterdrückt? Oder sagt er zuviel, sagt er
alles? Dann wäre es eine schwache Stelle. Es sei denn, das Zu-
viel-Sagen hätte eine Funktion, und verschwiege seinerseits
etwas –
Also Sie sagen da –
Recht haben sie, der Frager, die Fragerin. Ein Gespräch mit
Lesern ist kein germanistisches Seminar. Der Autor müßte ja
froh sein, wenn ihm ein Leser zutraut, er sage hier endlich
selbst etwas, geradeheraus. Vor ein paar Jahren hieß das
noch: aus dem Bauch.
Ja, die Lesenden haben ein Recht auf ihre eigenen Lektüre.

Ich war einmal der Autor des Buches, jetzt sind sie es. Fehlte noch, daß ich mich hinterher als Textautorität aufspielte. Wenn die Stelle schwach sein sollte, verbessert sie mein stärkster Kommentar nichts mehr. Wenn Sie weiterfragen, verlangen Sie eine neue Geschichte vom Autor, und dazu hätte er etwas mehr Sammlung nötig. Der Saal hier ist zu laut dafür.

Seite 218: da steht das also, und ich habe vielleicht noch immer eine Vermutung, was ich mir damals dazu gedacht habe. Aber sie ist nicht privilegiert. Mich interessiert die Vermutung der andern. Sie haben es ja offenbar gelesen – dann ist es Ihr Buch.

Sie kneifen, Herr Autor.

Ich wehre mich meines Lebens. Ich probiere nämlich inzwischen eine andere Geschichte aus.

Was für eine?

Woher soll ich das wissen, bevor ich sie schreibe?

Diese Dialoge sind voller Mißverständnisse, einige schmeichelhaft, viele beängstigend. Doch: es bleibt noch immer ein »geschützter Dialog«. Man mag befremdlich finden oder empörend, wenn einer über »Babyficken« schreibt: außerhalb der Kunst ein Offizialdelikt, und ein besonders schmähliches. Aber ein Text ist noch kein Verbrechen: denn er schafft seinen eigenen Kontext. Der Schutz bleibt dünn, aber inzwischen garantieren ihn, unsicher genug, sogar die Gerichte, jedenfalls in unserer Gegend der Welt.

Eine Prosa wie mein »Auschwitz«-Essay steht ohne diesen Schutz in der gesellschaftlichen Temperatur. Auch die Erinnerung – auf die man beim Lesen ja stoßen könnte –, daß es sich um das Produkt eines Schriftstellers handelt, kann beide nicht retten. Er macht keine gute Figur, wenn er den Kunstvorbehalt dafür beansprucht, nebenbei, oder hinterher. Hier spricht *er*; was er sagt, soll zusammenfallen mit dem, was er gesagt sein läßt. Er will waschen, dabei macht er sich naß.

Wie beinahe wahr. Wahr, daß der Autor gewissermaßen als

seine eigene Figur auftritt, in behaftbarer Ich-Form (um hier
die Hauptsache zu vernachlässigen, daß diese Ich-Form bei
keinem Menschen ein einfacher Fall ist). Wahr, daß er, anders
als im reinen Kunstprodukt (auch diese »Reinheit« bliebe zu
überprüfen), nicht mehr den ganzen Kontext seines Textes
allein herstellen kann. Für einen wesentlichen Teil dieser Arbeit müssen Mit-Autoren aufkommen, das Publikum, die
Öffentlichkeit; darauf hat er es ja wohl angelegt. Er legt kein
Kunstwerk zur Beurteilung vor, er spricht nicht durch die
Blume. An dieser Kontext-Lieferung hängt unmittelbar der
Sinn des Produkts; damit steht oder fällt auch seine Aktualität. Mit ihrem Kontext drückt sich die Öffentlichkeit selber
aus. Und wenn der Verfasser dabei etwas gedrückt wird: sein
Problem.

91 Wahr – oder doch nicht? Es trifft nicht ganz zu, daß er
dem Partner, den er sucht und anruft, *gar keinen* Kontext vorgibt. Sein Text enthält Anweisungen, wie er gelesen
werden will. Diesen Wunsch kann man ignorieren. Man
braucht sich Steuerung nicht gefallen zu lassen. Man kann sie
überlesen, ein- oder anschwärzen. Man kann den Text im
Kopf umschreiben und dem Autor diese Umschrift unter-
schieben als seine Intention. Das alles kann man straflos.
Aber ganz folgenlos nicht. Ist der Text bei dem Prozeß nicht
verbrannt und aus der Welt geschafft worden, so spricht er
noch immer für sich.
Auch elende Texte sprechen für sich. Der Text muß nicht
recht behalten. Er bietet sich nur für eine zweite und dritte
Lesung an. Um sie zu verdienen, zu ertragen oder herauszu-
fordern, muß er vom Autor selbst schon mit der nötigen
Aufmerksamkeit behandelt worden sein. Diese kann er auch
einem unwürdigen Gegenstand zugewendet haben, oder er
kann ihn, sogar mit Fleiß, unwürdig behandeln; des Gegen-

stands nicht würdig oder des Autors, aber auch des Publikums. Es gibt von guten Autoren sträfliche Texte, die sie durchaus mit ihrer Person vertreten und decken wollten. Es gibt sie von Benn oder Hamsun, es gibt sie auch von Jacob Burckhardt und Thomas Mann.

Das Publikum braucht sie nicht zu entschuldigen. Dennoch kann es sie im Kontext lesen und diesen auch da herstellen, wo der Autor mutwillig darauf verzichtet und sich wie ein Gesetzgeber aufführt. Man braucht nicht so einfältig zu lesen, wie der Autor geschrieben haben will. Ist er bisher nicht durch Einfalt aufgefallen, kann, wenn man ihr plötzlich zu begegnen glaubt, der Zweifel auch zu seinen Gunsten sprechen. Er kann der besseren Sicht auf eine noch nicht ganz ausgemachte Sache dienen.

Die Sache mit Auschwitz gehört zu den nicht ausgemachten. Jedenfalls übernimmt nicht nur der Autor Verantwortung für die Herstellung eines Kontexts. Auch das Publikum leistet seinen Beitrag mehr oder weniger verantwortlich. Es kann mit seiner ersten Lesart durchfallen.

Natürlich ist das Publikum kein Monolith. Es wird immer Stimmen geben, bei denen sich der Verfasser die Bestätigung holen kann, sein Text sei schon richtig; und andere, die ihm nur die Wahl zwischen Strick und Messer lassen. Aber es könnte ihm auf etwas anderes angekommen sein: darauf, daß der Partner die Mehrdeutigkeit des Textes als Dienstleistung wahrnimmt (und nicht beispielsweise als Opportunismus) und als solche akzeptiert. Auch die schroffste Zeichensetzung, die auf Schärfe nicht verzichten will, verzichtet auf Exklusivität. Will sie recht haben? Sie fordert Gehör für eine Sache, der ihr Recht nicht geworden ist; nun verlangt sie es. Nicht die Zensur ist gefragt, sondern die andere Stimme, die der Konfliktfähigkeit. Sie ist in der Politik, was in der Kunst das Schöne wäre.

Die beglaubigte, die menschlich wahre Gegenstimme liefert dem provozierenden Text zu, was ihm zur Kunst fehlt, diesmal fehlen sollte: den Kontext öffentlicher Kultur. An diesem Feinstoff ist die Schweiz ärmer, als sie zu sein brauchte.

92 Und was ist mit dem *J'accuse*?
Gewiß, der Schriftsteller kann, wie jeder andere Bürger, in den zwingenden Fall kommen, sich zum öffentlichen Dienst zu melden. Wenn er ein Schriftsteller ist, wird er diese Beschäftigung, weil sie streng werden kann, nicht mit seiner Arbeit verwechseln. Diese kann man an einem auf das wirkliche »Engagement« Angewiesenen studieren, dem Jongleur. Dem darf kein Ball wichtiger sein als der nächste. Es kommt darauf an, daß ihm keiner entfällt.

Jedes Autoren-Engagement ist, selbst als Provokation, eine zu dürftige Chiffrierung der Realität. Was der Schriftsteller (auch politisch) können muß, steht bei Robert Musil: einen Marxisten so zeichnen, daß neben ihm auch ein Klerikaler getroffen ist. Dafür darf er nicht beide zugleich haben treffen wollen, also nicht das Allgemein-Menschliche. Die Kunst besteht darin, beim Zeichnen vergessen zu können, was das sein soll: ein Kommunist.

Es war einmal: da haben große Dichter das Nicht-Engagement als heroischen Akt, ja als moralisches Programm zu vertreten gewagt:

Der Künstler ist zwar der Sohn seiner Zeit, aber schlimm für ihn, wenn er zugleich ihr Zögling oder gar noch ihr Günstling ist. Eine wohltätige Gottheit reiße den Säugling beizeiten von seiner Mutter Brust, nähre ihn mit der Milch eines bessern Alters und lasse ihn unter fernem griechischen Himmel zur Mündigkeit reifen. Wenn er dann Mann geworden ist, so kehre er, eine fremde Gestalt, in sein Jahrhundert zurück; aber nicht, um es mit seiner Erscheinung zu erfreuen,

sondern furchtbar wie Agamemnons Sohn, um es zu reini-
gen. (...)
Wie verwahrt sich aber der Künstler vor den Verderbnissen
seiner Zeit, die ihn von allen Seiten umfangen? Wenn er ihr
Urteil verachtet. Er blicke aufwärts nach seiner Würde und
dem Gesetz, nicht niederwärts nach dem Glück und dem Be-
dürfnis. Gleich frei von der eitlen Geschäftigkeit, die in den
flüchtigen Augenblick gern ihre Spur drücken möchte, und
von dem ungeduldigen Schwärmergeist, der auf die dürftige
Geburt der Zeit den Maßstab des Unbedingten anwendet,
überlasse er dem Verstande, der hier einheimisch ist, die
Sphäre des Wirklichen; er aber strebe, aus dem Bunde des
Möglichen mit dem Notwendigen, das Ideal zu erzeugen.
Dieses präge er aus in Täuschung und Wahrheit, präge es in
die Spiele seiner Einbildungskraft und in den Ernst seiner Ta-
ten, präge es aus in allen sinnlichen und geistigen Formen und
werfe es schweigend in die unendliche Zeit.

Also sprach Friedrich Schiller in der »Ästhetischen Erziehung des Menschen«: der »Wilhelm Tell«, nachhaltiger Stoff
der Schweizer Vaterlandsliebe, war, mit Verlaub, nur eine
Probe auf dieses große poetische Konzept. Viel Arbeit, alles
ohne Not, und garantiert frei von Engagement.

94 Mußt du immer so gefällig sein? fuhr mich einmal
einer am Telefon an. Der Anlaß ist mir entfallen, es
war mitten in der Nacht. – So gottverdammt gefällig!
schnaubte er, was willst du dir damit kaufen?
Der Frager war Max Frisch. Nach seiner Totenfeier in der
Zürcher St. Peterskirche erzählte mir ein gemeinsamer Bekannter, er habe den damals noch jungen Max im Café Ter-
rasse über zwei Dinge heftig herziehen hören: über das Alter
und über seine gottverdammte Gefälligkeit.

Damals, in der »Stiller«-Zeit, war es also noch seine eigene. Die Schweizerkrankheit bis zum anständigen Tod: war man damit denn nie geschlagen genug? Ich hatte eine akute Panik nötig, bis es mir zum ersten Mal gelang, den Zolliker Pfadfindern nicht gefällig zu sein.

95 Liebe Brüder und Schwestern der Literatur oder der schön genannten Künste: Ihr könnt euch gar nicht genug daran erinnern, daß »Engagement« nur bei Schauspielern und Clowns eine saubere Sache ist. Es gibt andere Arten von Zirkus als den National-Circus, wo ihr etwas werden könnt; sogar der mit Flöhen bringt euch mehr und schont zudem eure Nerven. Ihr dürft den Beweis, ob eine Gitarre auch zum Nägeleinschlagen taugt, schuldig bleiben. Mit dem Kleinholz, das dabei herauskommt, könnt ihr am Ende nicht einmal eine Stube wärmen. Begnügt euch damit, bei einer Leserin, einem Leser, einen Augenblick der Offenheit zu erzeugen. Das ist mehr, als die Politik in Jahrzehnten schafft, denn es ist etwas anderes, als sie schaffen kann. Nichts Größeres, nichts Geringeres, nur etwas anderes.

96 Ich hatte schon in den Siebzigerjahren einmal als dipl. Außenseiter in einer eidgenössischen Kommission Dienst getan: damals ging es um die »Vorbereitung einer Totalrevision der schweizerischen Bundesverfassung«. Das genetivische Gremium gebar ein hochfliegendes Papier ohne politische Wetterfestigkeit, um das es nach übereinstimmender Überzeugung fast aller, die seinen Flug zu verhindern wußten, sehr schade war. Den Mitgliedern bescherte die in der Schweiz in solchen Fällen »Übung« genannte Neubegründung der schweizerischen Eidgenossenschaft eine Reihe erstklassiger staatsrechtlicher Seminare mit der Aura des

Ernstfalls; also immer wieder rote Backen über eine gelun-
gene Formulierung, die dort ein Grundrecht klärte, dort eine
Sozialpflicht festschrieb, als wär's zum ersten Mal.
Der grüne Tisch zu dieser Tagsatzung ohne Not wurde
ringsum an den schönsten Plätzen des Landes aufgeschlagen.
Bald läuteten Innerschweizer Kuhglocken, bald ein Tessiner
Abendglöcklein herein, oder ein welsches Winzerlied be-
schwingte uns zu kleinen Demonstrationen der Lebensart.
Es kam vor, daß der tiefschwarze Justizminister mit der
brandroten Kommunistin ein Tänzlein wagte, in dem beider
Seelen keinen Schaden zu nehmen schienen; eine helvetische
Idylle mitten im Kalten Krieg, ein fortgesetztes Kappeler
Milchsuppenessen. Die Schweiz war schön wie lange nicht
mehr. – Aber das bewegliche Festlein ging bald wieder in
Knirschen und Ächzen unter, mit dem der *Courant normal*
genannte Beinahe-Stillstand des Landes seine bewährten
Packeis-Platten verschob. Wegen einer so akademisch zwit-
schernden Schwalbe wollte die Realität der Schweiz von einem Frühling noch lange nichts wissen.
Als vor einem Jahrzehnt die Bundespolizei auspacken
mußte, was sie während des Kalten Krieges an mitbürger-
lichem Unrat gewittert und heimlich gesammelt hatte, war
ich nicht wenig erstaunt, in meiner »Fiche« unter den Auf-
traggebern auch dem Justizminister persönlich zu begegnen;
demselben, der keine Gelegenheit versäumt hatte, mich zu
meinem Engagement für diesen Staat stürmisch zu beglückwünschen. Die Aktenbearbeitung hatte – sei's mit Absicht
oder gar aus Nachlässigkeit – die gebotene Schwärzung seines Namens unterlassen. Ich will nicht behaupten, daß darauf in mir eine Welt zusammenbrach, eher stellte sie sich wieder her: die verdrehte Welt, in der sich selbst das Musterhirn
im Bundesrat nicht genieren durfte, das Verhältnismäßig-
keitsprinzip einer vermeintlichen Staatsräson zu opfern, die
etwa gebot, bei einem Kollegen die Nachricht »trinkt abends
oft ein Bier« auf alle Fälle festzuhalten.

Der Boden solcher Tatsachen ist auch durch die Totalrevision einer Bundesverfassung nicht zu erschüttern. Bevor sie auf ihm die zwar vermißte, aber nicht im Ernst erwünschte »Grundwelle« auslöst, wird ihr jener Schiffbruch auf dem Trockenen bereitet, den man hierzulande als Stunde des Realismus feiert. Diejenige der Staatsreform war jedenfalls erfolgreich verschlafen, und im Rückblick sieht sie wie die letzte aus, in der die Schweiz sich noch aus eigener Kraft dazu hätte durchringen können. Aber sie sah auch in eigener Sache keinen Nachholbedarf.

Ach, Herr Furgler, was ich über jene Kommission zu verraten fand, plauderte ich ja öffentlich genug aus, sogar im Verfassungstext selbst: tätige Freude über eine Musterverfassung für einen kleinen Musterstaat. Anders als Ihre Dienste fanden diejenigen der DDR (wo die Fichen inzwischen ebenfalls zugänglich sind) an mir nichts für ihre Zwecke hinreichend Brauchbares, also aus Schweizer Sicht hinreichend Verräterisches. Sogar auf Mitgliedschaft in der DDR-Akademie habe ich verzichtet, weil die Statuten sie als »Organ« eines fremden Staates auswiesen. Meinen Verrat habe ich bisher auf das mir Nächste und manchmal Liebste beschränkt. Da freilich war er gelegentlich fast ein patriotisches Vollamt. Und alles aus Gefälligkeit!

97 Dieser Verrat am eigenen Leben zugunsten des eigenen Landes muß eine Schweizerkrankheit sein, fast so alt wie das Heimweh (*le hemvé*). Herrn B. s Rede hätte mich von diesem Übel heilen sollen – aber ihre Rückfallquote ist, wie bei Süchtigen, beträchtlich. Selbst bei dem begnadeten Selbstquäler Henri Frédérique Amiel (1821-1881) traut man seinen Ohren nicht: *Roulez tambours!* und dann das verräterische – nämlich den Schriftsteller gleich mehrfach verratende – *C'est le grand cœur qui fait les braves.*

Carl Spitteler – nicht unserer Größten einer – opferte seinen Arbeitshochmut bei bekannter Gelegenheit auf dem Altar des Vaterlandes. Er schämte sich nicht einmal des Beiworts »unser« bei seinem »Schweizer Standpunkt« (1914), auch wenn es gewiß kein Plural der Bescheidenheit war. Spittelers eigenen Standort verbesserte dieser Standpunkt nicht, denn mit seiner Welschenfreundlichkeit verdarb er sich den deutschen Markt, den wichtigsten, den er hatte. Erst 1919, als er den Nobelpreis für Literatur erhielt, entdeckten ihn auch seine Landsleute als den Ihren. Jetzt hätten sie seine sperrigen Mythen zur nationalen Pflichtlektüre erhoben, aber dafür gaben diese sich nicht her. Immerhin fand man Gründe, seinen Freund Jonas Fränkel, den schwierigen Juden, als Editor und Biographen der nationalisierten Größe zu verhindern. (Man wußte dem Querschädel auch die große Keller-Gesamtausgabe wegzunehmen und setzte sie – sein Wort – als »Staatsphilologie« fort. Nicht zu ihrem Vorteil.)

Was sollen die melancholischen Erinnerungen aus Zeiten »geistiger Landesverteidigung«? Der Dank des Vaterlandes, wenn er denn einmal nachkommt, kann das Mißverständnis am Engagement nur vermehren und heilloser machen. Wo die Stelle des Intellektuellen, des Autors nicht schon als solche ihre Würde hat, vermögen ihm bürgerliche Stellen, die man ihm trotzdem, ersatzweise, verschaffen will, ehren- und schandenhalber, diese Würde nicht zuzusetzen. Daß sie schief sitzt, ist noch der kleinste Schaden; weitaus fataler ist es, wenn seine schriftstellerischen Produkte dabei schief zu wachsen anfangen, von falscher Wichtigkeit, staatsmännischer Rücksicht ins Unerhebliche verzogen werden. Das Gemeinwesen, das seine Künstler nicht freistellen kann, ohne sie zugleich an sich binden zu müssen, bringt sich um das Beste ihrer Produktion, die Rücksichtslosigkeit. Sie selbst aber riskieren, den Unterschied zwischen Beschäftigung und Arbeit zu vergessen.

Was *Arbeit* heißt, kann man bei Ludwig Hohl lernen, und

der größte Schweizer Autor des Jahrhunderts, Robert Wal-
ser, hatte kaum je eine rechte Beschäftigung, geschweige
denn ein ordentliches Engagement. Dafür beginnt seine Arbeit immer mehr zu leuchten, von Winzigkeit und von Welt.
Sie hat das Zeug – obwohl sie es auf nichts dergleichen angelegt hat –, auch die gegenwärtige Landeskrise zu überholen,
spielend und nichts als spielend. Dafür braucht man nicht
mit Windmühlen zu kämpfen, man muß nur in den Wind
schreiben können. Nicht einen, den Politiker oder Medien
machen; Den, der weht, wie er will.
In einem freilich bleibt das Gedicht dem Vaterland verwandt:
es muß nicht sein. Das versuchte Keller als Staatsschreiber
1862 seinem Zürcher Volk begreiflich zu machen. Kein Wunder, daß die Regierung dieses Bettagsmandat doch lieber un-
gedruckt ließ. Nun steht es nur noch im »Fähnlein der Sieben
Aufrechten«, dem Liebesgedicht an ein vielfarbiges Vaterland. Aber da steht es, in Frymanns Worten:
Wie es dem Manne geziemt, in kräftiger Lebensmitte zuwei-
len an den Tod zu denken, so mag er auch in beschaulicher
Stunde das sichere Ende seines Vaterlandes ins Auge fassen,
damit er die Gegenwart desselben umso inbrünstiger liebe,
denn alles ist vergänglich und dem Wechsel unterworfen auf
dieser Erde. (...) Ist die Aufgabe eines Volkes gelöst, so
kommt es auf einige Tage längerer oder kürzerer Dauer nicht
an, neue Erscheinungen harren schon an der Pforte der Zeit!

98 Verrat: ich zog mir die Schelte eines Lesers zu, als ich
in einem Buch den Titel von C. F. Meyer falsch zitiert
hatte. Nicht »Der Verrat des Pescara« hätte ich schreiben sollen, sondern: »Die Versuchung des Pescara«.
Dem ersten ehrbaren Verräter bin ich als Kind in Meinrad
Lienerts »Schweizer Sagen und Heldengeschichten« begegnet, einem löschpapierartigen, in Buchform gepreßten Kraft-

futter für junge Schweizerseelen. Es war ein Ritter von Hü-
nenberg, der den Eidgenossen geflüstert hatte: »Hütet euch
am Morgarten!« Danach konnten seine österreichischen
Standesgenossen von jenem Steinhagel empfangen werden,
der den alten Eidgenossen den ersten Heimsieg ihrer Freiheit
bescherte. Ausgelöst hatten ihn keine unbescholtenen Bauern, sondern »Gebannte« – also des Landes verwiesene
Halbstarke und Rabauken, die sich auf so schlagende Art
wieder volles Bürgerrecht erwarben.

Eigentlich konnte der junge Leser seine Schweizergeschichte
gar nicht einsaugen, ohne sich an Verrat oder Verrätern zu
verschlucken. Die Habsburger waren ganz bestimmt unsere
Feinde. Aber Rudolf von Habsburg konnte doch wohl keiner sein: half er nicht meiner Stadt Zürich gegen die Herren
von Regensberg, die ihre Vögte werden wollten? Und wir
Zürcher selbst! Hatten wir die Eidgenossenschaft nicht verraten müssen, um gegen sie den Alten Zürichkrieg zu führen? Durfte mir etwa gar nicht leid tun, daß wir ihn verloren?
Bei den Burgunderkriegen schien der Fall klarer zu liegen.
Da waren die Guten alle auf einer Seite. Aber wie konnte es
sein, daß Herzog Karl der Kühne vor den Eidgenossen nach
Lausanne floh? Warum bot diese schöne Schweizerstadt unseren Feinden Schutz?

Ich erinnere mich an meine Verwirrung, als mir immer deutlicher wurde: meine Vorfahren, wie die der Mehrzahl heuti-
ger Schweizer, hatten jahrhundertelang auf der falschen Seite
gestanden, bevor sie zur Eidgenossenschaft bekehrt werden
konnten. Die Schweizer Geschichte wimmelte von Verrat,
wenn man sie als zusammenhängenden Film durchlaufen
ließ.

Da hielt man sie doch besser bei passenden Stellen an und betrachtete ihre Höhepunkte wie auf einem Schulwandbild. Im
Stillstand waren die Verhältnisse klar. Zwar ließen sich die
Höhlenbewohner noch nicht so recht als Schweizer betrachten. Aber bei den Pfahlbauern wurde die Verwandtschaft un-

verkennbar. Sie gehörten schon zur wahren Heimatkunde, nur auf dem Rütli geschworen hatten sie noch nicht. Dazwischen gab es ja noch die Römer, die uns Helvetier, aber nur mit Mühe und Not, bei Bibracte besiegt und danach gezwungen hatten, unsere Schweizerdörfer wieder aufzubauen. Die Römer konnten also auch nicht ganz von Übel sein. Sie hatten uns auch den Wein gebracht, der mir einstweilen verboten war, das Theater und die im Elternhaus noch immer fehlende Zentralheizung. Später wären die tapfersten von ihnen sicherlich Eidgenossen geworden, wenn nicht die Alemannen dazwischengekommen wären.

Eigentlich fingen wir doch erst mit denen richtig an. Zollikon war eine Gründung des Alemannen Zollo. Nun wollten neuerdings aber auch die Deutschen Alemannen sein, und vor denen mußte man sich hüten. Irgendwo dazwischen war wieder ein Verrat passiert. Jetzt aber waren wir nichts als Schweizer, und unser Höchstes war General Guisan. Solange der kommandierte, konnte uns nichts passieren, und auch mit den Verrätern war alles klar. Die mußten erschossen werden, und zwar von ihren eigenen Kameraden.

Mein schüchterner Onkel, der jüngste Bruder der Mutter, hatte mithelfen müssen, einen Verräter zu erschießen, im Morgengrauen in einer Kiesgrube. Darüber hätte er eigentlich nicht sprechen dürfen. Er hoffte, daß sein Gewehr mit einer blinden Patrone geladen war, denn er hatte fast keinen Rückschlag an der Schulter gespürt. Vielleicht war er aber auch zu aufgeregt gewesen. Gezielt hatte er dennoch richtig, aufs Herz. Wenn schon, dann brauchte der Verräter einen *sicheren* Tod. Wer ihn nicht ins Herz traf, hätte ihn auch noch leiden lassen.

99 »Wer nicht schweigen kann, schadet der Heimat.«
Das Plakat hing damals in jedem öffentlichen Gebäude Zollikons aus. Es zeigte den übergroßen behelmten
Kopf eines Soldaten, der den Zeigefinger vor die Lippen
hielt, und dahinter eine erschrockene kleine Menschengruppe, wie von einem starken Scheinwerfer gebannt. Der
Feind war nicht im Bild, aber es wollte sagen: der Feind ist
überall.

Die Geschichte wurde wieder einmal angehalten, die Guten
und die Bösen standen fest. Aber da die Bösen mächtig waren
und wir, die Guten, klein und erschrocken, schwiegen wir
besser über das, was wir wußten. Die Bösen waren nämlich
auch mitten unter uns, gut getarnt. Wir durften uns nicht verraten.

Der Nichtschweigende verrät etwas. Er verrät, was man entweder, um der Heimat nicht zu schaden, zu sagen unterläßt
oder, wenn der Belagerungszustand vorüber ist, gar nicht
mehr zu sagen braucht: daß die Welt, um sicher zu bleiben,
in Gute und Böse zerfallen muß. Es muß gewiß sein, daß wir
auch dann die Guten bleiben, wenn es so aussehen kann, als
handelten wir böse. So mögen uns die andern sehen: das ist
ihre Sache. In Zweifelsfällen ist erst recht Treue gefordert, die
uns als die Guten erkennt und laut sagt – *right or wrong, my
country* – : das sind immer noch wir, und wir sind immer
noch die Guten. Aber muß man das laut sagen?

Wir mögen den nicht, der laut redet, der uns laut zu reden
zwingt. Er schadet der Heimat, die im Stillschweigen am besten aufgehoben ist. Er zwingt uns, an Verrat zu denken, uns
zu verraten; das macht ihn verräterisch. Wo bleibt seine Solidarität?

Wenn der Nicht-Schweigende in einer Landschaft von Gut
und Böse etwas Drittes durchaus nicht ausschließen mag,
müssen wir ihn selbst ausschließen. Er darf unsere Welt nicht
unsicher machen. Allermindestens muß das Dritte ganz ein-
deutig als »Sage« (Fabel, Utopie) erkennbar sein. Dann hält

sich der Verrat in den Grenzen der Phantasie, die ihn folgenlos macht, und innerhalb dieser Grenzen bleibt er tolerierbar,
vielleicht gar unterhaltsam. Der Spaß hört auf, wenn sich der
Verrat an die »Heldengeschichten« wagt, denn diese müssen
ausgemacht bleiben. An denen ist nicht zu rütteln, sie halten
ja unsere Freiheit fest.
Da kann die einzige Freiheit, die sich einer davor herausnehmen kann, nur noch die Abweichung sein. Da sollen dann
Helden auf einmal nicht mehr als Helden gelten, und die Geschichte ganz anders aussehen: das aber ist Verrat. Verrat ist,
das ausgeschlossene Dritte so zu behandeln, als wäre es möglich; als könnte es wahr sein; als wäre, daß es Wirklichkeit ist,
nicht schon bedenklich genug.

100 Als Max Frisch die Uniform des Kanoniers und
loyalen Grenzbesetzers endgültig auszog, nicht
bloß einen »Brotsack« leerte, sondern auch das »Dienst-
büchlein« zurückgab, hatte er den Schutz verlassen, den ihm
die Heimat – als Schriftsteller – geboten hatte. Sich selbst
hätte er noch lange verraten dürfen; dafür wurde er als Psychologe und Moralist hoch geschätzt, im Rahmen des Kunstvorbehalts. »Stiller« ließ sich noch als Sage lesen; doch
jetzt war der Autor auch zum Verräter an der Heldengeschichte, ein Un-Schweizer geworden. Er schwieg nicht
mehr über das Selbstverständliche: daß die Topographie
eines sicheren Landes aus Gut und Böse besteht. Er enthüllte
sie als Fiktion, schlimmer noch, er enttarnte sie als Ver-
schwörung.
In der Landsknechtsprache heißt das: er kehrte den Spieß
um, statt ihn, wie Winkelried, in der eigenen Brust zu begra-
ben. Er mußte als Feind behandelt werden. Er hatte den Eidgenossen keine Gasse gemacht, sondern einen Fluchtweg ab-
geschnitten.

Immer, wenn ein Feld zu weit werden könnte – und das der
Geschichte ist notorisch zu weit –, wollen darin, um der
Wohnlichkeit der Seele willen, bestimmte Grenzen errichtet
sein, Marksteine, Denkmäler, die versichern, daß es sich noch
um die *eigene* Seele handelt. Der als Restauration ausgege-
bene Nachbau der »Hohlen Gasse«, in der Tell seinen
Gessler erschossen haben soll, ist ein solches Konstrukt. In
der Nähe von Immensee wurde ein passendes Wegstück für
den Aufbau eines Schau-Platzes verwendet, den man erhaben genug gestalten mußte, um die für eine Gasse darin er-
forderliche Hohlheit zu gewinnen. Diese Hohle Gasse hatten wir Schulkinder einst mit unserem Taschengeld gekauft.
Sie gehörte uns, wie das Rütli.

Eine Modellierung der Welt nach schweizerischen Bedürfnissen im größeren Stil ist das Prinzip Neutralität. Wo man
Komplikationen des Gut/Böse-Schemas nicht ausschließen
kann, muß wenigstens die Teilnahme an ihnen ausgeschlossen bleiben. Sie brauchen unsere Sache nicht zu sein. Unsere
Sache beginnt erst da, wo es in unserer Hand liegt, saubere
Verhältnisse herzustellen. Da setzt aber auch unsere Verantwortung dafür ein; und diese Verantwortung erfordert eine
Art der Rede, die nichts verrät. Nichtssagend ist sie damit
nur für die anderen, und das ist gut so.

Das Buch von Meinrad Lienert enthielt eine versteckte Ge-
brauchsanweisung für lesende Kinder: Sagen und Heldengeschichten sind ein binäres System, der digitale Code des Patriotismus. Sagen sind keine Heldengeschichten oder müssen
es nicht sein. Dafür sind es Sagen. Heldengeschichten aber
sind keine Sagen, darum sind es Heldengeschichten und
müssen es bleiben.

101 Wohin aber gehörten eigentlich die Brüder Swyt und Schej? Sie standen weit vorn in den »Schweizer Sagen und Heldengeschichten«. Aus dem hohen Norden waren sie in die noch unbewohnte Schweiz gekommen, um sie erst einmal ordentlich zu entdecken. In der Gegend um den Vierwaldstättersee fühlten sie sich gleich wie zu Hause. Hier wollten sie Hütten bauen. Aber erst mußten Swyt und Schej zum Zweikampf antreten, denn das schöne Land konnte nur einem einzigen gehören. Da Swyt gewonnen hatte, wurden seine Nachkommen Swyter genannt. Wenn nun aber Schej gewonnen hätte, hätten wir dann nicht Schejer heißen müssen? Wäre nicht alles anders geworden?

War das nun eine Sage oder schon eine Heldengeschichte?

DER BANN

Längst ist das Auge Europa's nicht mehr auf die Schweiz gerichtet. Um uns her ist die Welt fortgeschritten, während wir, die wir enormen Vorsprung besaßen, so ziemlich stehen geblieben sind.

Nun, wenn der Engel uns sucht, so werden wir mit ihm nicht »Verbergis« machen.

102 Als Kinder hatten wir »Scheiterverbannen« gespielt. Wer »es« war, hatte drei Scheite aufzustellen und gegeneinander zu lehnen. Dann hielt er sich die Augen zu, ohne durch die Finger zu spähen, und zählte auf dreißig, während die Mitspieler sich versteckten. »Ich komme!« Und wenn er einen oder eine entdeckt hatte, rannte er zu seinen Scheiten zurück und meldete sie mit lauter Stimme als »angeschlagen«. Dann mußte, wer erkannt war, aus dem Versteck hervor, um sich gefangen zu geben.

Der Heimspieler durfte sich von seinem Stützpunkt nie so weit entfernen, daß ein Mitspieler aus dem Versteck schießen und die Scheite früher erreichen konnte; sei es, um sich selbst »anzuschlagen« oder um sie mit dem Fuß wegzuschleudern. Worauf die bereits Gefangenen befreit waren und sich ein neues Versteck suchen konnten, während der Heimspieler, der »es« nun zum zweiten Mal war, die Scheite einsammeln und wieder aufstellen mußte, bevor er sich erneut auf die Suche machte. Er hatte sein Spiel erst gewonnen, wenn es ihm gelungen war, alle Mitspieler gefangenzunehmen. Der Erstgefangene war dann in der nächsten Runde zum Suchen verurteilt.

»Scheiterverbannen« ist ein Versteckspiel, bei dem sich auch der Suchende, wenn er klug ist, ein Versteck zunutze macht, um die Gesuchten unbedacht aus dem Hinterhalt zu locken und schneller bei den Scheiten anzulangen als sie.

103 Die benötigten Scheite entnahmen wir der Holzbeige, die es in den Kriegsjahren vor jedem Haus gab, und legten sie danach sorgfältig zurück. Die rationierte Kohle war in dem eingeschlossenen und rohstoffarmen Land ohnehin »Gold wert«. Wir wußten nicht, daß die Waffen, die den Deutschen aus der Schweiz geliefert wurden, tatsächlich mit Gold aufgewogen waren, und wußten natürlich noch weniger über seine Herkunft.

Die drei Scheite, die »heim« bedeuteten, standen aneinandergelehnt wie drei abgekämpfte Schwurgenossen auf dem Rütli. Dem Verteidiger dieses Heiligtums wurde ein zugleich pfiffiges und ängstliches Haushalten mit Raum und Distanz abverlangt. Verließ er seinen Herd gar nicht, wurde kein Spiel daraus; wagte er sich aber zu weit weg, riskierte er, das Spiel zu verlieren. Er mußte, im Sinn von Dürrenmatts Parabel, seinem letzten Wort über die Schweiz (sie sei ein Gefängnis, in dem die Gefangenen zugleich ihre eigenen Wärter seien), der vorsorgliche Wärter bleiben, der alle noch Freien gefangennahm und, um nicht ewig der Gefangene seines Ausgangspunktes zu bleiben, von seiner Rolle einen zwar klugen, aber auch freien Gebrauch machte.

Bis heute ist die Schweiz das Land des obligatorischen Schutzraums. Er gehört von Gesetzes wegen in den Keller jedes Neubaus, denn da er im letzten Krieg geschützt hätte, muß er auch im nächsten schützen. Dieser Bunker ist ein magischer Atavismus, wie die Fensterläden, mit denen japanische Christen nach dem Verbot ihres Glaubens im 17. Jahrhundert den heimlich fortgesetzten Gottesdienst vor dem Einblick der Obrigkeit schützten. Als das Christentum 200

Jahre später nicht mehr verfolgt war und die europäischen
Missionare zurückkehrten, fanden sie geschlossene Läden
vor und bekamen sie nicht mehr weg. Für die überlebenden
Gemeinden gehörten geschlossene Läden inzwischen zum
Glaubensinhalt, genauso wie das Abendmahl oder die leib-
liche Auferstehung Christi.

Auch beim »Scheiterverbannen« war die wohlbenützte
Heimlichkeit spielentscheidend. War einer erkannt, beim
Namen aufgerufen, so hatte er verloren. *Wer nicht schweigen
kann, schadet der Heimat.* Die Schweiz machte ein Geheimnis aus sich. Sie lernte sogar, sich zu verheimlichen, was sie
selbst tat. Bis vor kurzem war es nur der damals schon (teilweise) sichtbare, ja vorgezeigte Teil des Geheimnisses, an den
sie sich auch weiterhin erinnern wollte: an die Armee und ihren General, dem wir auch den stärkeren Teil des Geheimnisses gutschrieben; eine zweite, unsichtbare Schweiz, die
Fluchtburg im Innern des Gotthards, von der man flüsterte,
im Notfall biete sie Raum für die ganze Bevölkerung und
hebe sie auf für andere, für alle Zeiten. Eine Sage: der Schutz-
raum hätte nur für Männer gelten sollen, was am Ernst der
Maßnahme zweifeln läßt: wollte man die ledigen Familien
der Gnade des Feindes überlassen? Oder wollte man frei sein
– auch von ihnen? Wie auch immer: Der Gotthard, mehr
Murmeltierbau als Masada, war der gebannte Berg des Vaterlandes, sein Versteck, in dem es »die Arglist der Zeit« (so
bereits ein Bundesbrief aus dem 13. Jahrhundert) überdauern
würde.

Je mehr man sich damals der Landesgrenze näherte, desto
dichter stand das Schweigen. Es war der stumme Zugbeglei-
ter, denn das ältere Ehepaar im nächsten Abteil hörte mit,
und seine Harmlosigkeit konnte täuschen. Auch Mundart
redete es vielleicht nur zur Tarnung. Zwar verwendeten unsere Soldaten am Funkgerät nur noch Mundart, um den
Deutschen das Mithören schwerer zu machen, aber denen
war auch Schweizerdeutsch zuzutrauen.

Es gab eine kritische Strecke, zwei drei Dörfer breit, zwischen Bülach und Schaffhausen, wo die Schweizer Bundesbahnen über deutsches Gebiet fuhren. Da wurden die Rollos heruntergezogen, der Waggon versiegelt, man fuhr durch feindliches Gebiet. Wenn ich einen Blick durch die Ritzen wagte, sahen schon die Kirchtürme abweisend aus, unzweifelhaft deutsch, wie die scheinbar harmlos klingenden Namen Jestetten und Lottstetten, die sich dem Gedächtnis für immer einprägten. Hier also lagen die andern im Versteck, allezeit sprungbereit. Wie war man froh, wenn man nochmal vor ihnen wohlbehalten Schaffhausen erreicht hatte. Denn kaum waren die Rollos oben, sah man wieder eine *Schweizer* Stadt. (Sie wurde von den Amerikanern bombardiert, aus Versehen natürlich; nachher hörte man, es hätten Cowboys am Steuerknüppel gesessen, die keine Landkarten lesen konnten.)

»Eine Fahrt durch das Deutsche Reich« war mein Schulaufsatz betitelt, den mir der Lehrer sofort aus dem Heft riß: das deutsche Reich gehörte nicht in die Schule. Zumal einer unserer Mitschüler, der strohblonde Manfred, nach Zürich zu den Hitlerjungen ging. Wenn wir ihn damit aufzogen, drohte er uns eine furchtbare Strafe an und konnte nicht sagen, welche. Er war unbeliebt und suchte manchmal Schutz bei unserem Lehrer, der uns zur Kameradschaft anhielt, mit eigentümlich gestelzten Worten, die mir in Erinnerung geblieben sind, weil sie zu seiner brüsken Art nicht paßten: eines Tages könnten wir um Manfreds Kameradschaft noch froh sein. Nach Stalingrad verspotteten wir ihn ungestraft; 1945 wurde seine Familie des Landes verwiesen. Ich würde ihn, wenn es ihn noch gibt, gerne einmal fragen, wie er damals in Zollikon damit gelebt hat, Hitlers Junge gewesen zu sein.

104 In Meinrad Lienerts »Schweizer Sagen und Heldengeschichten« ist von »Bann« immer wieder die Rede. Da gibt es Bannwälder, die verschwiegen, wie nur Bergfichten sein können, feststanden gegen Lawinen und Steinschlag, und darum waren sie – wie Schillers Tell seinem Sohn Walter erklärte – »gebannt«, heilig, unberührbar. Da liest man auch vom »Heerbann« der alten Eidgenossen, einem »Gewalthaufen«, der, wenn er brüllte, nicht minder feststand gegen welsche Tücke und deutsche Landsknechte (Knechte!). Wer damals Kind war, las bei Lienert eine dichthaltende Lesart der Wirklichkeit, deren Teil er war und die seine Ängste (denn an solchen war mein Haushalt reich) bannen mußte.

Die »Schweizer Sagen und Heldengeschichten« ersetzten mir damals die Weltgeschichte. Hätte mir jemand gesagt, die Schlachten von Morgarten und Sempach seien für die Österreicher nur marginale Ereignisse, Nebenschauplätze habsburgischer Haus- und Reichspolitik gewesen, hätte ich ihm ins Gesicht gelacht: Kunststück, die haben damals auch verloren! Angefangen bei den typischen Schweizern der Prähistorie, den Pfahlbauern, bis zum Rückzug bei Marignano 1515 (geordnet, die Gefallenen in der Mitte) trug die Schweizergeschichte das Gepräge der Heilsgeschichte.

Sogar die Kleinheit des Staates war eine Tugend, die er sich tapfer, wenn auch sauer hatte verdienen müssen. Wenn die Eidgenossen 1515 aus der Geschichte Europas und 1648 auch expreß aus dem deutschen Reichsverband austraten: um so schlimmer für Europa, Pech für die Deutschen! Der Herr, den wir in unserer Nationalhymne anriefen, wußte, was er tat. Wir blieben unter allen Umständen Sein auserwähltes Volk und Sein Finger, mit dem er auf alle andern deuten konnte.

Diesen nationalistischen Verhältnisschwachsinn entwickelte das 19. Jahrhundert – damals bereits: als autogene Reaktion auf die Globalisierung des Industriezeitalters und des Welthandels – in jedem Staatswesen der sog. zivilisierten Welt.

Der Wahn beschädigte ihre Zivilisation und half ihre Differenzen zu den selbstgeschaffenen Tatsachen leugnen. Wenn es hart auf hart ging, wollte jedes nationale Haupt, wie Wilhelm II., »nur noch Deutsche« kennen.

Überall sonst wurde dieser Nationalismus der hohlen Köpfe an denen, die ihm als Resonanzboden dienten, heimgesucht, wenn nicht im Ersten Weltkrieg, dann um so gründlicher im Zweiten. Es ist kurios, daß sich der Wahn gerade in der Schweiz am hartnäckigsten halten konnte, einem Staatsgebilde, das durch Natur, Kultur und Größe dafür am wenigsten geschaffen war. Und es hat doch auch seine Logik: die großen Töne in eigener Sache sollten den kleinen Vielvölkerstaat zusammenhalten. Hier sah das nationale Pathos, länger als bei den Großen, wie ein Bindemittel aus. Die Willensnation bescheinigte sich selbst den Sonderfall; kam hinzu, daß ihn auch die Nachbarn als Glücksfall lobten.

Daß er fast über Nacht als Unglücksfall gelten, ja gar zur Strafsache werden konnte, war für die Schweizer so undenkbar, wie für die Deutschen noch 1988 der Fall ihrer Vereinigung gewesen wäre.

Diese unerhörten Begebenheiten stehen in einem Zusammenhang. Deutschland vereinigte sich nicht »wieder«. Es begann ein ganz neues Spiel, das, Schritt um Schritt, die Überholung der eigenen Geschichte nach sich zieht, angefangen bei der ehemaligen DDR, aber keineswegs bei ihr endend. In gewissem Sinn beginnt mit der Zukunft Deutschlands auch seine Vergangenheit neu.

Es wird in der Schweiz nicht anders sein. »Wir« sollen jetzt den Schock, der den typischen Nationalstaaten 1945 nicht erspart blieb, aus eigenen Mitteln nacharbeiten – und werden dabei ebensowenig stehenbleiben können. Die ganze Schweizergeschichte wird, im Licht eines Erkenntnisschocks, neu zu erzählen und dabei neu zu entdecken sein – zunächst die letzten unbekannt gewordenen 150 Jahre, deren Jubiläum jetzt zu feiern ist. Sie sind bisher im Schatten versunken, den

die geistige Landesverteidigung nach hinten warf – oder vielmehr: sie sind vom Scheinwerferlicht ihrer Inszenierung aus-
geblendet worden.
Nun aber brauchen wir ein anderes Licht für unsere nächsten
Stücke Wegs. In die Geschichte der andern einzutreten, wird
von selbst dazu führen, daß wir die eigene Geschichte neu lesen. Viele ihrer Punkte werden erst einsehbar, wenn sich das
Land bewegt. Die Schlüsselstellen sind da, nur fehlen uns
einstweilen die Schlüssel dazu, und da, wo wir heute Licht
haben, liegen sie nicht, sondern »im Schatten der Vergangenheit« – bei weitem nicht nur denjenigen des Zweiten Weltkriegs.

105 Der Verfasser des »Grünen Heinrich« hatte mit
dem größten Buch der Schweizer Literatur seine
»ungerecht beurteilte Persönlichkeit« in Zürich nicht wiederherstellen können. Er hatte mit 35 Jahren kein Haus gebaut, keine Frau gewonnen, keine Familie gegründet. Er
schmarotzte als »farblose Tulpe« von der bescheidenen und
übernutzten Substanz von Mutter und Schwester in einer
Ökonomie, die eine der verschämten Armut geworden war.
Er war ausgezogen, nach München, nach Berlin, um das
Größte zu leisten, mit dem mißtrauischen Segen seiner Mutter und dem Glückwunsch und Geld arrivierter Altersgenossen. Nun konnte er vom Ertrag seiner Kunst nicht einmal
diejenigen ernähren, die sich dafür geopfert hatten. Er hatte
sich, wie sein grüner Heinrich, das Leben nicht verdient. Was
in der Dramaturgie des Romans heißen mußte: er hatte nicht
zu leben verdient.
In München hatte er am Ende Stangen für fremde Fahnen gemalt: diese Karikatur väterlichen Handwerks war in der
fremden Monarchie vielleicht ein humoristischer Fall. In der
Republik, dem Vater-Land, war sie unerträglich. Von Gna-

den erfolgreicher Jahrgänger zu leben, blieb eine fortgesetzte Kränkung des Gewissens und des Selbstwertes. Dies um so mehr, als er sich über den Opportunismus der wohlwollenden Gewalthaber keine Illusionen machte.

Dennoch: sie waren gerechtfertigt, denn sie hatten das Ihrige zu erwerben gewußt. In die von ihnen freigemachte Stelle einzutreten, blieb der traurigen Weisheit letzter Schluß. Um sie vor seinem Gewissen zu ertragen, mußte der erhöhte Staatsdiener das Mißverständnis seiner Erhebung verschwinden lassen, indem er gewissermaßen selbst verschwand – und für lange Zeit auch den Dichter verschwinden ließ – im Dienst. Er leistete dem Staat eine verschwiegene Buße für die verfehlte Jugend. Diesen Dienst durfte er nicht Escher und seiner Koterie, noch weniger ihren demokratischen Nachfolge-»Tyrannen« schulden, sondern der Republik unmittelbar, als Platzhalter ihres dünner gewordenen Ideals. Die Wette, die er dabei mit sich selbst einging – sie liegt der Todesverpflichtung im ersten Bettagsmandat zugrunde –, war radikal, aber sie mußte unbemerkt bleiben.

Friedrich Locher hatte ganz anders gewettet: wie benütze ich die Glaubwürdigkeitslücken des Systems – in dem Keller eine Nische bezogen hatte – zu seiner Sprengung? Kann ich es durch ein besseres ersetzen, in dem der schlichte Bürger sein Recht findet und seine Würde? Er traute sich zu und hielt sich bereit, in diesem neuen System die leitende Stelle einzunehmen. Aber er wollte seinen Selbstwert nicht davon abhängig machen und noch weniger seine Integrität dafür aufs Spiel setzen – oder was er darunter verstand. Denn er war nicht gewohnt, sie von seinem gerechten Geltungstrieb zu unterscheiden. Er hielt sich mehr als eine Rolle offen, die so oder so Genugtuung versprach – notfalls auch diejenige des einzigen Gerechten, der zwar sein Haupt verhüllt, aber um keinen Preis den Mund hält. Das war seine Version der Göttin Justitia. In der Hand aber hielt sie keine Waage, sondern bereits das Richtschwert.

106 Das Festhalten am Ideal der klassischen Republik hätte Locher und Keller verbinden können; nichts hat sie gründlicher auseinandergebracht. Für Locher war die Republik Zürich etwas wie der fortgesetzte Verrat an einem Modell der Gerechtigkeit, dem er genußvoll jede einzelne Sünde vorzählte. In diesem Sinn nährte er sich von Abfall und wurde als Hyäne gefürchtet. Gottfried Keller fehlte, bei seinem Gericht über den Staat, der Rückhalt des Selbstgerechten. Er behandelte sein Verhältnis zur Republik im Zeichen *gemeinsamer* Schuldigkeit. Das Vaterland dankte ihm dafür, indem es die Differenz, die darin versteckt war, zu eigenen Gunsten vernachlässigte. Es wollte nur noch die Gemeinsamkeit gelten lassen und erhob den Staatsschreiber zu seiner Legende. Mit dieser Ehre tat es ihm mehr Gewalt, als es zu bemerken für gut fand.

Dabei ist der »Martin Salander« (wie schon »Das verlorene Lachen«) ein böseres, ein radikaler empörtes Buch, als Locher je hätte schreiben können. Aber es ist kein Pamphlet. Die Frageform, die darin steckt, wendet sich gegen den Autor zuerst. Wo er eine Peinlichkeit nicht mittragen kann, macht er seine eigene Kunst – oder ihren vermeintlichen Mangel – dafür verantwortlich: *Es ist nicht schön. Es ist nicht schön. Es ist zu wenig Poesie darin.* Auch in diesem Geständnis beliebt die Nachwelt immer noch die Gnade des Dichters zu finden – während Locher, der Pamphletist, nur Ungnade walten ließ und Ungnade dafür erntete.

Daß die Geschichte der Schweiz 1891, zum sechshundertsten Bundesjubiläum, ins Reich der Legende geliftet wurde, entsprach dem Bedürfnis des Kleinstaates, eine Nationalgeschichte wie die Großen vorzuweisen. Es entsprach nicht minder dem Bedürfnis, von der jüngsten Geschichte lieber nicht mehr zu reden. Denn es war eine Geschichte der Parteiungen, Trennungen und Zwiste gewesen. Um sie zu integrieren und sich der Einigkeit rühmen zu können, bedurfte es einer älteren Fabel.

Nachdem das Rezept des Verzichts auf einen Teil der eigenen Geschichte sich offensichtlich bewährte, blieb es auch im 20. Jahrhundert in Kraft. Die beiden Weltkriege, besonders der zweite, aber auch die frische Wunde des Generalstreiks 1918 ließen die Legende bäuerlich-sittlicher Einigkeit, vor aller Trennung der Sprachen, Konfessionen und Klassen, für den Zusammenhalt unentbehrlich erscheinen.

Hitler befestigte die Legende; mit der Einbunkerung der Schweiz verschwanden auch die frischen Leichen im Keller, und das Gold, mit dem man sich von ihm freigekauft hatte, geriet mitsamt den eigenen Widersprüchen außer Sicht. Die Schweiz formierte sich selbst zur Krypta für das schreckliche Geheimnis des Selbstverrats, des möglich gewordenen, des wirklich gewesenen. Damit die verfluchten Tatsachen verschlossen blieben, mußte das Gebäude, das auf ihnen errichtet wurde, den Benützern heilig sein.

Diese Einigkeitsarchitektur warf ihren Schatten auch auf die weitere Vergangenheit zurück und ließ ganze Strecken davon unsichtbar werden – gerade die, in denen die Schweiz in europäische Konflikte verwickelt gewesen war, noch mehr: an ihnen teilgenommen hatte. Die europäische Plastik der Schweiz schwand im dürftigen Licht des rückwärts angewandten Neutralitätsprinzips. Es konstruierte, für den Schulgebrauch, eine Schweizergeschichte unter Ausschluß der andern, so weit sie nicht als schlichte Feindbilder zu gebrauchen waren.

Diese Optik hatte den Sinn, die Spuren eigener Uneinigkeit zu retuschieren; als machten sie uns Schande; als wären nicht sie der eigentliche Stoff der Geschichte; als beeinträchtigten sie das Verdienst der Nation, statt es zu beleuchten. Man hat uns in der Schule eine einfältige Schweiz überliefert, das heißt eine ängstliche, enge, arm an Geschichten. War es ein Wunder, daß sie kein Rezept fand, als die Geschichte der andern sie einholte?

Mit dem Sonderbundskrieg ließ sich das Nationalgedächtnis

die Jahrhunderte nach dem Rückzug von Marignano (1515) weitgehend entfallen. Untertanenverhältnisse, Religions- und Bauernkriege, Bürgeraufstände, Söldnerzüge, aber auch: die heroischen Idyllen, die europäischen Glorien des 18. Jahrhunderts gehören nicht zum Kanon der Populärgeschichte. Vom 19. Jahrhundert hat das mittlere Schulwissen fast nur noch literarische Zeugen bewahrt – die Keller-, bzw. Gotthelf-Legenden, wobei nur dunkel bewußt bleibt, daß das Jahrhundert noch andere Gegensätze kannte als die zwischen Zürchern und Bernern.

Merkwürdig: für das Zeitalter der industriellen Revolution dürfen bei uns nur noch die Dichter Dienst tun, als hätte das 19. Jahrhundert keine andere Sorge gehabt, als der Schweiz eine eigene Klassik nachzuliefern. Dabei ist selbst Seldwyla ein genau situierbarer Ort und verliert auch als literarische Leistung seine Pointe, wenn man sie ohne sozialgeschichtlichen Kontext liest.

107 Daß das 19. Jahrhundert im großen Ganzen zu den vergessenen Geschichten gehört, ist in Europa ein einzigartiger Fall, denn es enthält ja die reale – nicht legendäre – Gründungs- und Bewährungsperiode der Schweiz. Sie ist eine spät Gekommene im europäischen Konzert, und je älter das 19. Jahrhundert wurde, desto mehr begann sie sich ihrer Jugend und ihrer Kleinheit zu schämen. Da ist es wohl begreiflich, daß sie, anstatt das Piccolo zu blasen, lieber die große Trommel tiefer Vergangenheit rührte. Nun zeigt ja die Basler Fastnacht, daß das eine keine geringere Kunst verlangt als das andere, und daß nur beide zusammen, Geschichte und Mythos, die Musik machen.

Die vom Bundesrat eingesetzte Historikerkommission hat mehr aufzuklären als ein paar dunkle Jahre. Sie braucht keine endgültige Wahrheit zu suchen (das wäre nur ein Mythos mehr). Aber sie kann an ihrem heiklen Probestück unseren Umgang mit Geschichte verdeutlichen und seine Formen verbessern. Sie kann vorführen, daß Geschichte ein Boden ist, den man der Legende immer neu abzugewinnen hat. Auch die Vergangenheit steht nicht fest, denn sie ist nie zu Ende vergangen, nie abschließend erzählt. Aber sie ist ein Stoff, an dem man besser erzählen lernt, auch für Bedürfnisse der Zukunft.

Daß das 19. Jahrhundert in unserem Schulpensum dunkler aussieht als das Mittelalter, bietet also die Chance, unsere Beleuchtungsanlagen zu modernisieren. In dieser Gedächtnislücke gibt es Analogien zur Gegenwart zu entdecken und überraschenden Verwandtschaften zu begegnen. Escher braucht so wenig ein Denkmal zu bleiben wie Keller eine Seldwyla-Legende.

Da soll auch Friedrich Locher eine Chance erhalten. Ich möchte ihn aus dem Schatten des Escher-Denkmals herausgezogen haben, damit er ein aktuelles Licht darauf werfe: der Koloß lebt. Er könnte wieder lebendige Gegenspieler brauchen.

Ein Buch sei eine Axt, die das gefrorene Meer in uns spaltet, so Kafka. Kellers (oder Gotthelfs) Bücher haben von dieser lebensrettenden Unart viel bewahrt. Sie wissen sich artiger Lektüre immer wieder zu erwehren.

Locher dagegen, der die Axt ganz unbildlich an die Wurzeln der Geld-Herrschaft gelegt hat, ist vergessen. Wer seine Waffe, sein Werkzeug aus den Ruinen der Vorgegenwart wieder ausgräbt, tut es nicht aus antiquarischem Interesse. Dem System ist nicht mehr Lochers Krieg zu erklären. Aber der Stahl, etwas nachgeschliffen, taugt immer noch zur Reflexion: das System ist noch da. Keine Waffe kommt ihm bei, aber vielleicht der Spiegel. Es liebt Analysen. Aber es ist Erkennbarkeit nicht gewohnt.

108 Von Kellers literarischen Produkten sind das »Verlorene Lachen« und »Martin Salander« die am unmittelbarsten politischen. In beiden wird der Held zuerst im demokratischen Lager angesiedelt und mit der Unschuld guten Willens und bester Absichten ausgestattet. In beiden tritt die dunkle Seele dieses Lagers in Gestalt eines Verführers und unsauberen Geistes an ihn heran. In Martin Salander ist es der vampirische Filou Wohlwend, der den redlich irrenden Geschäftsmann wie ein Schatten verfolgt.

Im »Verlorenen Lachen« zeigt sich der intime Verfolger nicht als Person. Jukundus, der reine Tor, fällt auf eine vom Himmel gefallene – oder der Hölle entstiegene? – Präsenz herein, welche sich von der Unzufriedenheit des Volkes nährt, ohne ein Gesicht anzunehmen. Die »dämonisch seltsame Bewegung« scheint reinem Mutwillen entsprungen: zugleich ist sie von alt-seldwylerischer Gemütlichkeit denkbar weit entfernt. Denn sie barg *mehr Schrecken und Verfolgungsqualen in sich (...) als manche blutige Revolution, obgleich nicht ein Haar gekrümmt wurde und kein einziger Backenstreich fiel.* Der Agent dieser Heimsuchung tritt als Infinitiv auf. *Es entstand zuerst ein Ausspotten einiger nicht bedeutenden Personen, an irgendeinem Punkte, dann ein Verhöhnen einiger anderer, die schon mehr Bedeutung hatten, wegen halb lächerlichen, halb unzukömmlichen, immerhin entstellten Eigenschaften. Eine spott- und verfolgungslustige Laune verbreitete sich immer mehr, es bildeten sich Anführer und Virtuosen im Hohn und der Entstellung aus, und bald verwandelte sich der lustige Spott in grimmige Verleumdung, welche umherraste, die Häuser ihrer Opfer bezeichnete und das persönliche Leben auf das Straßenpflaster hinausschleifte.* Das ist – im Zeitraffer – die anonymisierte, aber exakte Zusammenfassung einer Wirksamkeit, die real von einer einzigen Person ausging: Friedrich Locher. Es scheint, der Novellist dürfe das Medusenhaupt keines geraden Blickes würdigen, wenn er der Versteinerung entgehen soll. Darum schildert er sie ungegenständlich und subjektlos, eine böse Wolke, die umgeht und sucht, wen sie verschlinge. Einen kurzen Augenblick taucht darin ein verwischtes Selbstporträt auf: *Mancher dankte nur Gott, daß er bis jetzt verschont geblieben, wenn er bedachte, daß diese oder jene menschliche Schwäche, die ihn vielleicht schon angewandelt, dem Unheil einen Angriffspunkt bieten könnte, und er hielt sich mäuschenstille.* Die Situation gleicht einer älteren aus Kellers »Traumbuch«, wo sich der Träumer mit zwei kleinen Mädchen vor einer ebenfalls nicht faßbaren Verfolgung auf dem Dachboden versteckt.

Eine Legende dazu liefert Kellers beschwörende Bitte an François Wille, ihn doch Locher nicht zu verraten (S. 40f.). »Das verlorene Lachen« läßt sich als Exorzismus lesen und ist Kellers Gegenstück zu Gotthelfs »Schwarzer Spinne«. Auch der religiöse Hintergrund fehlt nicht: denn Jukundus muß ja, wie vom Satansdienst in Lochers Küche, so von einem falschen – da wohlfeilen – Gottesglauben erlöst werden.

Allerdings verbirgt sich in Kellers Universum, das sich aller außerweltlichen Frömmigkeit entschlagen wollte, das verbotene Obere und Untere Personal hinter einem Schleier der Zweideutigkeiten und unterliegt sogar dem Verdacht der Verwechslung. Auch der böse Geist der Republik kommt auf diese Weise zu seiner Weihe. Kellers gewaltsamer Anlauf zu einer komischen Beleuchtung der Plagen verrät einen Hintergrund von biblischem Ernst: der Würgengel in Mose 1,12 schlug die Erstgeburt der Ägypter, verschonte aber die Israeliten, wenn sie ihre Türpfosten mit dem Blut des Lammes gezeichnet hatten.

Auch in der eigenen Gottesstadt sieht der Dichter Methode am Werk, *weil die merkwürdige Bewegung bei aller scheinbaren Maßlosigkeit ein gewisses Gesetz der Ökonomie innehielt und keine Opfer verlangte, die ihr nicht gerade im Wege standen.*

109 Die »Ökonomie«, Gericht, Schicksal und Willkür zugleich: hier meldet sich ein Lebensthema Kellers. Die sakrale Sprache, in der es behandelt sein will, kommt in »Die öffentlichen Verleumder« offen zum Vorschein. Da gibt sich der Verleumder als *Diabolos*, als Fratze des Erlösers zu erkennen, der seine schwarze Messe mit dem Volk zelebriert. Dafür muß er im höllischen Feuer brennen.

In Kellers Prosa ist die eigentümliche Wehrlosigkeit, ja Komplizität der Opfer mit ihrem Verführer bemerkenswert. Da kann sogar die Stimme der Vernunft als eigentliche Verführung erscheinen. Etwa, wenn sie Jukundus in Gestalt »einiger kluger Seldwyler« zuraunt, *die Verleumder und Ehrenfeinde seien bereits nicht mehr Mode, man halte sich jetzt an das rein Politische und Staatsmäßige, und er solle sich nicht bloßstellen.*

Dagegen hält Jukundus an seinem ehrlichen Gefühl fest: *Er glaubte den Armen und Verstoßenen und nicht jenen Warnern.* Das aber will sagen: Jukundus hält zu Lochers Partei, auch ohne den Segen des Dichters.

Als ob dieser sich von seiner Verpflichtung gegen »die Armen und Verstoßenen« hätte lossagen können! Er erkennt in ihnen zu viel von sich selbst, und in Locher zu viel, was ihn vertritt – und verrät. Wie gegen Locher, hat Keller nur noch mit sich selbst gekämpft. Es ist der Kampf gegen den eigenen Schatten, und mit dem Engel, der sich darin verbirgt.

Locher, der Verworfene, hat Keller sogar bei der Wüstenreise vertreten, welche dieser – als Escher-Stipendiat – dreißig Jahre früher, zwecks Sammlung orientalischer Motive, hätte unternehmen sollen. Daraus ist nichts geworden außer der wunderbaren Phantasie »Pankraz der Schmoller«.

Locher dagegen hat das »afrikanische Felsental« leibhaftig betreten und in seiner Schrift »Nach den Oasen von Laghuat« davon berichtet. Natürlich zwang ihn ein Advokatengeschäft dazu; ebenso natürlich benützte er die Gelegenheit, um zugleich eine ganze Philosophie des Kolonialwesens in den Sand zu setzen. Und natürlich ging es nicht ohne die selbstverfaßte Ankündigung ab: *Aus diesem mit der bekannten Schärfe des geistreichen Verfassers der »Freiherren von Regensberg« geschriebenen interessanten Buche, welches die Mängel und Gebrechen der französischen Verwaltung in Algerien so zu sagen mit dem Seciermesser bloslegt, citierte Napoleon III bei Gelegenheit einer dort gehaltenen Rede wörtlich volle 16 Zeilen.*

Courage und *Name dropping*, Angeberei und Verdienst waren bei Locher nie zu trennen. Gottfried Keller muß diesen Ton schon in der Industrieschule von Herzen verabscheut haben. Dennoch ging er ihm zeitlebens nach – und nahe leider auch. Denn der Mann war ein Pirat im Dienste der gemeinsamen Republik. Er diente ihr nicht nur, er hat für sie gekämpft bis zum Närrischen, als wäre sie sein Ding allein.

Darin lag seine Frechheit, die Keller körperlich empfunden haben muß. Jedenfalls war er gerade das anonyme Gespenst nicht, zu dem ihn Kellers Zorn am liebsten verflüchtigt hätte.

PROZESSBRÜDER

> *Wenn ich genöthiget wäre, als Novellen-*
> *schriftsteller meinen Lebensunterhalt zu*
> *suchen, so hätte ich nicht nöthig Bäder und*
> *Residenzen zu besuchen, um passende Su-*
> *jets aufzufinden. Unsere kriminellen Ober-*
> *richter würden mir zeitlebens ausreichen-*
> *den Stoff liefern.*

110 Diese Schrift kehrt an den Punkt zurück, an dem sie am liebsten verweilt: Kellers Bettagsmandat von 1862, in dem der frisch gewählte Staatsschreiber der Republik die Ernte seines Gewissens vorlegt (ganzer Text vgl. Anhang A, S. 311). Sie liest sich wie ein Entwurf idealer Eidgenossenschaft. In unserer Sprache könnten seine Artikel wie folgt zusammengefaßt werden:

1. »Gott der Allmächtige«, der Patron der Schweizer Bundesverfassung, ist – mögen die in diesem Namen Vereinigten an ihn glauben oder nicht – kein Alibi für Selbstgratulation, kein Anlaß zur Selbstzufriedenheit. Verfallen sie ihr, so sollen sie diesen Garanten kennenlernen: er tilgt sie aus der Geschichte, und sie haben es nicht besser verdient.

2. Der Staat hat keine höhere Verpflichtung als die Bildung seiner Jugend und die gerechte Zuteilung von Lebenschancen.

3. Der Gesetzgeber muß sich dahin entwickeln, wahre, langfristige Bedürfnisse der Gesellschaft recht zu erkennen und wirksam zu schützen. Die heutige Gesetzgebung ist von dieser Reife weit entfernt.

Gottfried Keller (1819-1890)

4. Immerhin hat sie mit der bürgerlichen Gleichstellung der
Juden einen guten Anfang gemacht. Bürgerrechte sind Rechte
von Minderheiten.

5. So erfreulich der Aufschwung der Konjunktur, so erschreckend ihr sozialer Preis. Die Selbstmordrate ist der
wahre Index für die Lage einer Nation.

6. Das Beispiel der Vereinigten Staaten – »der kranken
Schwester über dem Meere« – zeigt an, wohin »die in Geiz
verwandelte Bitte um das tägliche Brot« führt: zum Bürgerkrieg »unter dem Vorwande ökonomischer Notwendigkeit«.
So wird der innere Zusammenhalt eines Volkes verspielt.

7. Die Schweiz erfreut sich heute der Freiheit und Unabhängigkeit. Wie aber steht es um ihre Solidarität mit Völkern, die
noch immer dafür kämpfen müssen ?

»Wie war da der Bettler stolz auf dich«, heißt es in Kellers
Lied »an das Vaterland«. Hier nennt der Staatsschreiber die
Bedingungen, zu denen er ihm mit diesem Stolz dienen kann.
Doch sein Regierungsrat fand es nicht klug, sie sich zu eigen
oder gar publik zu machen.
Vor dem heutigen Diskurs des Kleinmuts und der Sachzwänge nimmt sich dieses Dienstzeugnis auf Gegenseitigkeit, das ein großer Schriftsteller seiner Republik ausgestellt
hat, wie eine Fremdsprache aus. Die Botschaft hören wir
wohl, aber wir haben sie zu oft nur noch als Rhetorik gehört.
Zum Glauben, daß sie unverändert an uns gerichtet sei, fehlt
uns der Glaube an uns selbst.

111 Das ungedruckte Bettagsmandat versammelt die großen Lebens-Leitmotive des Dichters: vom erzwungenen Schul-Abgang bis zu seinem Atheismusstreit mit sich selbst.

Wie tief aber gerade der Juden-Artikel aus seiner persönlichsten Heilsgeschichte geschöpft ist und in die Tiefe seiner Vergänglichkeits-Pietät – der *andern* Vaterlandsliebe – hinabzündet, läßt sich an einem seiner schönsten Vormärz-Gedichte belegen: »Poetentod«. Auch der Rückzug aus dem Fortschritt der Verblendung kennt seine Beresina-Lieder. Und dieses liest sich wie ein Gegenstück zu jenem Abschiedssegen, den der Dichter von »O mein Heimatland« seiner Republik aus dem Grab persönlicher Wünsche nachgesprochen hat:

Und was den Herd bescheid'nen Schmuckes kränzte,
Was ich an alter Weisheit um ihn fand,
In Weihgefäßen auf Gesimsen glänzte,
Streut in den Wind, gebt in der Juden Hand!

Daß meines Sinnes unbekannter Erbe
Mit find'ger Hand, vielleicht im Schülerkleid,
Auf off'nem Markte ahnungsvoll erwerbe
Die Heilkraft wider der Vernachtung Leid.

Hier wird der »off'ne Markt«, wie in heutigen Tagen, gemahnt an eine keineswegs verjährte »Altlast«, geöffnet für eine nachgetragene Schuld. Während sich das Gold in den Tresoren der Republik sammelte, wurde ihr eigner »bescheid'ner Schmuck«, die »Weihgefäße« der Vergangenheit, in alle Winde zerstreut. Jetzt liegt er als fremdgewordener Schatz auf dem Trödeltisch. Um ihn zu besitzen, werden wir ihn wieder erwerben müssen, und als günstiger Kauf ist er nicht mehr zu haben.

Und doch bleibt der Glanz verwirtschafteter und vertrödelter Würde, der durch dieses Vermächtnis scheint, der einzige, der uns aus »der Vernachtung Leid« heimzünden kann. Dafür muß der »unbekannte Erbe« mit Kellers Erbschaft wieder bekannt werden und darf sich nicht zu gut sein, das »Schülerkleid« anzuziehen. Die Schule dazu ist unsere eigene Geschichte. Sie könnte, recht gelesen, die »Bescheidenheit« des Schmuckes wiederherstellen, die sein wahres Glanzstück ist.

In der Verheißung des Dichters an seine Nachwelt teilt das Gedicht den Juden eine Schlüsselstelle zu; gerade wie das Bettagsmandat im Vertrag des Vaterlandes mit seinem Oberen Leitenden. Es sieht so aus, als ob nur noch das erste und älteste Volk Gottes für die Geltung Seines Namens, ja für die Gewißheit Seiner Existenz gutstehen könnte, die andere Völker nicht mehr für sich in Anspruch nehmen dürfen, wenn sie ihre zeitliche, also auch befristete Mission erfüllen – ohne dabei das Beten ganz entbehren zu können.

Der von Euch erwählte Große Rat, liebe Mitbürger, hat, mit einigen wenigen Paragraphen, das seit Jahrtausenden geächtete Volk der Juden für unseren Kanton der alten Schranken entbunden, und wir haben keine Stimmen vernommen, die sich aus Eurer Mitte dagegen erhoben hätten. Ihr habt Euch dadurch selbst geehrt, und Ihr dürft mit diesem Gesetze, das ebenso sehr von der Menschenliebe wie aus Gründen der äußeren Politik endlich geboten war, am kommenden Bettage getrost vor den Gott der Liebe und der Versöhnung treten. (…) Ihr werdet eines Tages das Land bereichert haben, anstatt es zu schädigen, wie blinder Verfolgungsgeist es wähnt.

112 Der »blinde Verfolgungsgeist«, von dem hier die Rede ist, schlief offenbar noch nicht tief genug, als daß die Regierung nicht gefürchtet hätte, ihn durch diese Verlautbarung wieder zu wecken. Wie wach er auch ohnedies war und blieb, hat er in den 126 Jahren, die seither vergangen sind, reichlich bewiesen – und immer noch nicht zur Genüge. Sonst wäre 1995 in der Schweiz kein »Antirassimusgesetz« nötig geworden. Der Souverän hat es knapp angenommen, gegen das Grollen der Stammtische, die sich ein Ding nicht nehmen lassen wollten, das sie für ihre Redefreiheit hielten.

In der Tat bleibt Repression gegen Repressive eine zweischneidige Maßregel. Sie hat auch den Diskurs der Schweizer über die Frage ihrer eigenen Schuld nicht vor dem Entgleisen in die Rechthaberei bewahrt. Wer hinreichend überzeugt ist, daß er für die Täter *gestern* keinerlei Sympathie hatte, will für ihre Opfer *heute* erst recht nicht belangt werden; erst recht nicht, wenn deren Fürsprecher fünfzig Jahre später mit geradezu »jüdischen« Forderungen auf Schadenersatz auftreten. Da hat die Zumutung eines ganz neuen Geschichtsbildes gerade noch gefehlt, in dem der vermeintliche Ehrenplatz der Schweiz als Schandfleck angeschwärzt wird. Unter solchen Umständen geht die Markierung »Feind« erschreckend mühelos von »den« Deutschen und »den« Russen wieder an »die« Juden zurück. Feindbilder verhindern am zuverlässigsten die Einsicht in die eigenen Defizite.

»Der« Jude kommt uns als Sündenbock umso besser gelegen, als er auf die Sünde bereits abonniert ist, deren man heute die Schweiz bezichtigt: in Sachen Geschäftstüchtigkeit, wie Shylock, durch keine menschliche Rücksicht gehemmt zu sein. Überall, wo im eigenen Weltbild Risse aufgehen, muss »der« Jude dahinterstehen. Fühlt man sich nicht schon im Kern des christlichen Glaubens – an den Juden Jesus – gespalten? So rettet man sich auch an andern Punkten, wo man die Leistung freien Denkens unzumutbar findet, wieder in die geläufige Diffamation »des« Juden – und »des« Intellektuellen, seinem Zwilling im Geiste der »Zersetzung«.

So war es, wie Lochers Prozeßberichte beweisen, schon zu Kellers Zeiten. Und wenn er bei seinem Glückwunsch zur

Gleichstellung der Juden im Kanton Zürich »keine Stimme
vernommen« haben will, »die sich aus Eurer Mitte dagegen
erhoben hätte«, wollte er sich diesmal das Hören versagen
und verfuhr nach dem Rezept, das er schon im »Fähnlein«
probat gefunden hatte: Man müsse, *wie man schwangeren
Frauen etwa schöne Bildwerke vorhält, dem allezeit trächti-
gen Nationalgrundstock stets etwas Besseres zeigen, als er
schon ist.*
Gegen die Ausbreitung des Geldsinns verschrieb er der Republik damals eher kämpferische als künstlerische Mittel: *Es
wird eine Zeit kommen, wo in unserem Lande, wie ander-
wärts, sich große Massen Geldes zusammenhängen, ohne auf
tüchtige Weise erarbeitet und erspart worden zu sein; dann
wird es gelten, dem Teufel die Zähne zu weisen; dann wird es
sich zeigen, ob der Faden und die Farbe gut sind an unserem
Fahnentuch!*

Dazu – zur nationalen oder sozialen Richtigstellung der Geschäfte – scheint das »Fahnentuch« nicht mehr gut zu sein,
wohl aber zu ihrer frommen Bedeckung. Der »Teufel«, dem
man dafür die Zähne zeigen müßte, sitzt in der Zivilisation
selbst, die der nackten Ökonomie ihr Zentrum leergeräumt
hat. Daraus ist er mit Zähnezeigen nicht mehr zu vertreiben.
ZU REICH lautete die Umschrift der Ortsbezeichnung, welche Jugendliche vor einigen Jahren auf der Wand ihres »in-
standbesetzten« Fabrikgebäudes an der Einfahrt zum Zürcher Hauptbahnhof angebracht hatten. Mit dem Abriß des
Gebäudes ist zwar auch die Schrift an der Wand verschwunden. Dafür erscheint sie auf ganz unerwarteten Rechnungen,
die dem »Standort« seither aufgemacht werden. Da er auch
ZU REICHEN zu teuer geworden ist, suchen sie ihr Vaterland nebenan, gleich über der Grenze – und wäre es nur die
eines steuergünstigen Kantons, der sich im Namen des Kon-
kurrenzvorteils nicht geniert, für die Probleme der nahen
Stadt Ausland zu markieren. Bahamas-Föderalismus.

Im selben Jahr des Herrn 1997, als ein vielbewunderter Fi-
nanzkünstler, um eine ersparte Jahressteuer reicher, dem
Zürcher Fiskus ins freundnachbarliche Schwyz entkam,
stimmten die Bürger dieses Kantons in tiefem Ernst darüber
ab, ob ihr Kreuzlein im Wappen das gewisse *Styling* zum
Logo vertragen könne. Ja doch, »Faden und Farbe« am Fahnentuch ließen sich die kleine Auffrischung gefallen. Sie lieferten damit den Beweis, wie es Seldwyla immer noch mühelos schafft, sich selbst zugleich untreu zu werden und treu zu
bleiben.

113 *Alte Vorwürfe, die in den Sechzigerjahren Trumpf
gewesen, wurden wieder aufgenommen, und wie
damals stellte sich auch jetzt wieder der Pamphletist Dr.
Friedrich Locher in die erste Reihe der Angreifer...* So Emil
Ermatinger, der am längsten maßgeblich gewesene Keller-
Biograph. Locher verleumdet also wieder. In den Sechzigerjahren hätte es ein freisinniger System-Herr sein müssen;
jetzt legt das Datum einen Volksmann nahe. Der Demokrat
Schnurrenberger soll es diesmal sein, Verwalter der kantonalen Irrenanstalt, der (so Ermatinger) *von 1876 bis 1882 von
der ärztlichen Leitung stets aufs neue der Veruntreuung
und Kompetenzüberschreitungen beschuldigt worden sei, bis
1882 durch zweiwöchige Schwurgerichtsverhandlungen das
Geflecht von Verleumdungen und Verdächtigung zerrissen
und Schnurrenberger freigesprochen wurde.*
Das klingt nach verfolgter und schließlich doch noch geret-
teter Unschuld. Diejenige Schnurrenbergers scheint der Biograph schon durch die Person seines »Verleumders« für so
gut wie erwiesen zu halten. Daß Locher offenbar die politische Seite gewechselt hat, ist bei einem Opportunisten seines
Schlages ja kein Wunder! Zum Glück gibt es noch Richter im
Staate Zürich.

Der Krieg in und um die neue Irrenanstalt Burghölzli, die ein Vorzeigestück demokratischer Reformpolitik war, ist kaum mehr auf seine Meriten zu überprüfen. Für das *Mobbing*, das die medizinische und die administrative Partei des Hauses gegeneinander veranstalten, ist »Kompetenzkonflikt« nur die matteste Umschreibung. »Matto regiert« in der kleinen Welt, die sich die Behandlung ihrer – mit allem Grund »unglücklich« genannten – Gefangenen zum edlen Ziel gesetzt hat.

Aber die Gefangenschaft der Pflegebeauftragten in ihrer eigenen Fehde läßt sie als die eigentlichen Kranken des Irrenhauses erscheinen, und die erklärten Irren als ihre doppelten Opfer. Denn: beiden Kriegslagern ausgeliefert, müssen sie sich als *Corpora delicti*, als lebende und hilflose Beweisstücke für den bösen Willen der jeweils anderen Seite hin- und herschieben lassen. Namenloser Geiz, abgründige Inkompetenz, tolle Verschwendung, unverschämte Bestechlichkeit, alle Formen krimineller Energie lassen sich an jeder Schaufel Kohle festmachen, die der Anstalt entweder vorenthalten oder überflüssigerweise geliefert wird. Daß die isolierten Kranken rechtlich tot und von zivilen Normen freigesprochen sind, dispensiert auch ihre Versorger von deren Einhaltung.

Privilegiertes Fachwissen gegen gesunden Menschenverstand; medizinischer Aufwand gegen gebotene Sparsamkeit; Menschlichkeit gegen Disziplin: solche Konflikte lassen sich in jedem Institut vom Zaun brechen, und jedes wird zum Irrenhaus, wenn seine Verantwortlichen erst entschlossen sind, nicht mehr gemeinsame Sache zu machen. Ist die defekte Struktur aber auch noch politisch hoch geladen, so gerät der Hauskrieg zur Staatsaktion.

Der Verwalter Schnurrenberger, von den Potentaten der demokratischen Partei ins »Burghölzli« abgeschoben, betrachtet sich umso mehr als Stimme der Demokratie. Mit seiner Entlassung hat die ärztliche Leitung das Volk beleidigt. Daraus macht ein Lokalblatt, »Der Weinländer«, 1878 einen veröffentlichten Skandal – und Auflage, indem es in einer ständigen Rubrik monatelang von den Untaten des Chefarztes Hitzig zu berichten weiß. Er soll seiner gehaltenen Stellung nicht mehr froh werden, Deutscher, der er ist – das sagt in der deutschfeindlichen Stimmung nach 1871 schon fast alles. Was Wunder, daß er »die republikanische Organisation« der Anstalt mit Füßen getreten und ein monarchisches Regiment installiert haben muß. Er hält kerngesunde Schweizer in Haft, wie den Küfer und Schützenkönig Staub, den seine Freunde glücklich aus dem Kerker befreit haben. Auch hat er den Selbstmord eines kranken Arztes, Dr. Josephsohn, auf dem Gewissen.

Professor Hitzig klagt gegen die Verleumder; Locher tritt ihm mit einem Pamphlet zur Seite und im Schwurgerichtsprozess als Zeuge zu seinen Gunsten auf. Aber Hitzig, zermürbt, wartet seine Rehabilitation nicht ab. Er nimmt Ende 78 einen Ruf nach Halle an und kehrt Zürich den Rücken.

Unter den Freunden, die ihm ihre Teilnahme und Scham öffentlich bekunden, ist auch der seit zwei Jahren pensionierte Gottfried Keller. Er gibt eine Ehrenerklärung für eben diesen Hitzig ab, der »das Geflecht von Verleumdungen und Verdächtigungen« (Ermatinger) gesponnen haben soll und entschuldigt bei ihm sich öffentlich für seine Republik. *Selbstsucht, Roheit und anmaßende Unwissenheit eröffneten in Umkehrung aller Verhältnisse, in gewissenloser Feindseligkeit einen Krieg gegen Sie, in welchem Sie mit den pflichttreuen, aber machtlosen Gehilfen lange Zeit allein standen.* Und dann ist die Rede von einem *Getümmel der wildesten Verleumdung und Verlogenheit, wie es noch nie beim Werke und im Hause der Humanität gesehen worden* (...).

Locher konnte diesmal nicht gemeint sein.

114 Der Burghölzli-Skandal war nur ein Vorspiel. Der Gesetzgebungseifer der demokratischen Regierung hielt nicht nur »die stimmberechtigte Bevölkerung unaufhörlich auf den Beinen«, so Keller; die erweiterten Volksrechte wurden auch kräftig zur Verhinderung von Reformen eingesetzt. Und die neuen Männer, die das Escher-System abgelöst hatten, benützten ihr Regierungsmonopol dafür, ein eigenes System zu errichten, mit dem das Regiment glückspielartige Züge annahm und das den Staat in ein wirtschaftliches Abenteuer nach dem andern stürzte. Industrie war alles, und die Entdeckung, daß sie auch ohne Fleiß möglich sei, begünstigte eine im Volk bisher unbekannte Spielleidenschaft. Die Stunde der *Shareholder*-Verheißung hatte geschlagen für alle, die sich dafür wach genug glaubten, und die pfiffige Spekulation ersetzte auch bei politischen Pöstchenjägern die altmodisch gewordene Rechtschaffenheit. Wenn die Selbsttäuschung zur Geschäftsgrundlage gehörte: wer achtete noch viel darauf, daß er dafür auch andere täuschen mußte!

So verluderte der Staat, in dem keiner mehr der Dumme sein wollte, im Galopp, in dem man den Takt des Fortschritts zu vernehmen glaubte. Es kam darauf an, mit ihm Schritt und dabei Augen und Taschen offenzuhalten. Dabei durfte sich niemand genieren, wie ein Narr auszusehen, oder Furcht verraten, sich zu übernehmen. Denn an der flotten Miene zum bösen Spiel konnte der eigene Kredit hängen.

So brachte sich Winterthur um den seinen, die demokratische Hauptstadt, die Metropole spielen wollte, indem sie ein eigenes »Nationalbahn«-Projekt mit dem Hauptzweck, die feindliche Stadt Zürich zu umfahren, aus dem Boden stampfte, und dann mit seinem gesamten Haushalt darin versank. Die Stadt sollte noch Jahrzehnte für diese Pleite zu zahlen haben.

Viele Wechsel, die kleinere Größen auf ihre glänzende Zukunft gezogen hatten, platzten früher. Über ein Jahrzehnt sollte die Luft der Republik vom Geräusch und Geruch der springenden Blasen erfüllt sein, die ihrem erstaunlich rasch zum Sumpf gewordenen Boden entstiegen. Es war gerade, als beeile sich die demokratische Ära, als populäre Realsatire das Bild nachzustellen, das der »Pamphletär« Locher zehn Jahre zuvor noch als Schurkenstück des früheren Regimes gezeichnet hatte. Sein Befund war gewissermaßen umfassend geworden und hätte für eine zureichende Darstellung eines Balzac oder Zola (oder Gotthelf) bedurft.

115 »Excelsior« hätte der Roman zuerst heißen sollen, in dem Keller die Pflichten des Chronisten noch einmal mit denjenigen des Patrioten zu vereinbaren gedachte. Doch der Versuch, in dem er, wie in den Jugendtagen der Industrieschule, zum letzten Mal den wilden Zug der Zeit zu *ordnen* suchte, vertreibt seine Unlust nicht. Sie verzeichnet Figuren, die sich jetzt endgültig der Verklärung entziehen, zu heimlichen Schmerzensbildern. Keller spürte wohl, daß eine Kunst, die sich noch immer als Dienst am Ganzen verstand, dabei nur durchfallen konnte. Auch der vaterländische Humor blieb auf der Strecke. Es ist nur noch der Schleier der Traurigkeit, der die Schärfe des »Martin Salander« etwas zu dämpfen vermag.

»Münsterburg« entzieht sich der Beleuchtung Seldwylas, die Keller im »Verlorenen Lachen« noch einmal zu installieren versucht hatte, ohne die Dunkelstellen des Vaterlandes mit einer Liebesgeschichte aufhellen zu können. Das vollendete Grau in Grau des »Martin Salander« ist nur noch ein halber und unschlüssiger Sieg der Kunst über die Bitterkeit des Citoyen. Den Weltuntergang in Wasser und Feuer, den er seiner Schwindelgesellschaft zugedacht hatte, konnte er nicht mehr ausführen. Es hätte jenes Sodom und Gomorrha werden sollen, das er seiner Republik im ersten Bettagsmandat noch

diskreter angedroht hatte. Der Roman ist eine einzige Suche
nach den Gerechten, die es noch hätten verhindern können.
Er hat sie in der Generation der Söhne wie Arnold Salander
auszumachen geglaubt, welche die Erbschaft eines blinden,
für Verblendung anfälligen Salander-Demokratismus ausschlagen, um ihn durch nüchterne Selbsteinsicht zu ersetzen,
und durch den Mut zu sachlicher Revision der eigenen Geschichte.
Die nächsten Jahrzehnte sind diesem Therapievorschlag
nicht gefolgt. Schon für den Roman war damit kein Staat
mehr zu machen. Eben darum bleibt die Aufgabe gestellt,
und sie ist aktueller als je. Denn heute beherrschen die Wohl-
wends den patriotischen Diskurs so sehr, daß sie bei der Beschwörung, »die Schweiz muß sich besser verkaufen«, nicht
einmal mehr merken, was sie sagen.

116 Hätte es Keller je über sich gebracht, dem Widersacher Gerechtigkeit widerfahren zu lassen: der
Burghölzli-Handel hätte die Gelegenheit dazu geboten.
Denn Locher hatte, in der Tat, »in der ersten Reihe der Angreifer« für die Rehabilitation des Chefarztes Hitzig gekämpft. Ganz in Kellers Sinn war er angetreten wider das
primitive Vorurteil, das den deutschen Professor als »dütsche
Siech«, »Pickelhubenchaib«, »Sauhund«, »Millionenchaib,
den der Tüfel holen soll« verschrie. So tönte es aus dem Lager des Volksmannes Schnurrenberger, und der Mundgeruch
dazu ist bekannt.

Locher kann den »deutschen Gelehrten« nur bedauern,
*»welcher sich mit der Schweiz, seinem Adoptiv-Vaterland,
identifiziert, seine Wissenschaft für dessen Wohl verwendet,
wohltätige Verbesserungen und Neuerungen einführt, Miß-
bräuche und Krebsschäden bekämpfen und abstellen will,*

(...) all überall stößt er auf Vorurtheil und Interesse, macht sich Feinde, wird verlästert, verketzert, angegriffen. Die Regierung, die ihn berufen, vermag ihn nicht zu schützen, ja er muß froh sein, wenn die Angriffe nicht von dieser ausgehen. Die wenigen Freunde lassen ihn erschreckt im Stich, bald steht er isoliert, und dies ist in einer Republik das Schlimmste.

Viele Briefe Kellers an deutsche Partner, etwa Theodor Storm, stimmen exakt zu Lochers Klagen über seine engeren Landsleute. Und doch hat Keller in ebendieser Zeit »Die öffentlichen Verleumder« verfaßt – als wäre er der Abgrenzung gegenüber dem notorischen Grenzverletzer nun gerade besonders bedürftig; als hätte dieser neue Verleumdungsfall der Republik immer nur das Urbild des Verleumders wieder auffrischen dürfen. Der reale Locher konnte ihn nicht tiefer kränken, als indem er jetzt an seine Seite trat. Und es machte ihn auch nicht gewinnender, daß er später seinen eigenen Prozeß gegen Schnurrenberger verlor.

Gerade die Ehre der »Irrenanstalt« durfte Keller dem Erzfeind nicht überlassen. Er beanspruchte eigene Rechte an dieser Unterwelt der bürgerlichen Gesellschaft, die ihr zugleich den Spiegel vorhält. In diesem las Keller auch das Gesicht eigener Schuldigkeit. Der erste ernsthafte Künstler, bei dem er in die Schule gehen durfte, der unglückliche Rudolf Meyer (das Vorbild »Römers« im »Grünen Heinrich«), hatte im Irrenhaus geendet, nachdem er zuvor an der Redlichkeit seines Schülers irre geworden war. Später mußte Keller als Staatsschreiber selbst dazu behilflich sein, einen verunglückten Dichter-Bruder im »Burghölzli« zu versorgen. Heinrich Leuthold (1827-1879) war ein ans Künstlerleben verlorener Sohn des Zürcher Oberlandes, den seine formstrenge Poesie in München so wenig ernährte wie Gottfried Keller seine Malerei. Keller hatte ihn allen Ernstes als Redaktor eines neu zu gründenden liberalen Kampfblattes gegen den demokratischen Winterthurer »Landboten« empfohlen. Nach dem

Schwinden aller bürgerlichen Aussichten für diese stolze
Seele wurde auch ihr Verfall unübersehbar. Am Ende mußte
Keller dankbar sein, daß der Tod die Würde des Kranken
wiederherstellte: »Leuthold sah in seinem Sarge ruhig und
kolossal aus wie ein gefallener Häuptling.«
Was Wunder, daß das Irrenhaus Keller auch literarisch beschäftigte: als verdunkelte Schatzkammer, in der das moder-
nisierte Seldwyla seine deplazierten Geister hütete. Nirgends
verrät eine Gesellschaft ihre unausgesprochenen Maximen
plastischer als in der Verwaltung ihrer Ränder und in der Behandlung derer, die für sie die Sprache des Wahnsinns sprechen. Die Konstruktion seelischer Krankheit offenbart das
Formgesetz der Macht.
Keller dachte daran, den Streit ums »Burghölzli« für eine
schwarze Verwechslungskomödie zu verwenden. Ein nur
zum Schein Verrückter sollte sich in die Irrenanstalt ein-
schleichen, um den Wahnsinn ihrer Verwalter aufzudecken.
Von dem Plan ist nur eine Skizze erhalten, die ahnen läßt,
warum der Dichter vor der Ausführung zurückschreckte.
Statt dessen hat er die Reportage einer Weihnachtsfeier im
»Burghölzli« verfaßt, in der die Patienten nur noch durch
ihre Gelehrigkeit auffallen und damit ihren Betreuern Ehre
machen dürfen.
Vergleichbares Zartgefühl wird man Lochers Prozeßbericht-
erstattungen, gesammelt in zwei Pamphleten aus den Jahren
1878/79, nicht nachsagen. Hier macht er Zeugen, die gegen
die ärztliche Leitung auftreten, zu leibhaftigen Irrenhauswit-
zen, wie den »Schützenkönig Staub«, an dem er die Krankheit des »gesunden Volksempfindens« vorführen kann:

*Wenn die Republik Könige einsperrt, so thut sie nur ihre
Schuldigkeit, unsere Nachbarrepublik ist noch viel konse-
quenter zu Werke gegangen und hat ihnen sogar die Köpfe
abgeschlagen. Anders, ganz anders verhält sich die Sache,
wenn die Republik es wagt, an einen Küfer und Schützen*

*oder gar an einen Schützenkönig Hand zu legen. (...) Staub
selbst konnte nicht einvernommen werden, er befindet sich
auf einer Art Flucht, durchzieht die Bezirke und hält Schüt-
zenreden gegen die Regierung, welche sich großer Theil-
nahme und unverhohlener Anerkennung erfreuen. Vom
Fressen und Saufen ist darin nicht die Rede, wohl aber von
Freiheit und Vaterland, Tapferkeit, Wilhelm Tell und Winkelried. Organ und Diktion lassen wenig zu wünschen übrig
und erinnern an die gediegensten Muster der eidgenössischen
Schützenbühne. (...) Es sind dieß Erscheinungen, welche nur
bei uns vorkommen können.*

117 Aber nicht genug damit, daß Hitzig Deutscher und
Professor war – der »Weinländer«, bei seinem Ruf-
mord federführend, hatte auch noch »einen hergelaufenen
schmutzigen Juden« ausgemacht, »welchem ein ehrlicher
Schweizerbürger zum Opfer gefallen« sei. So Lochers robu-
stes Referat der Tatsachen, welche das Hetzblatt in den Köpfen herstellte, wobei auch das Bild des *verkleideten* Böse-
wichts nicht fehlen durfte: *Um besser Karriere zu machen,
hätte der Jude seinen Namen verändert (...), um diesen hab-
süchtigen Juden aber auch noch dem Abscheu der Weiber und
Kinder preiszugeben, wird erzählt, wie er Leichen schände,
arme Tierchen langsam zu Tode quäle, Affen das Gehirn aus-
schöpfe etc.*
Das Spiel auf der unverdeckten Klaviatur des Antisemitismus wird in diesem Prozeß freilich von beiden Seiten getrieben. Auch diejenige des »ehrlichen Schweizerbürgers«
Schnurrenberger hat ihr Judenopfer, den gemütskranken
Arzt Dr. Josephson, den die wissenschaftliche Kälte des
Chefarzts in den Selbstmord getrieben haben soll. Das Vor-
urteil hetzt in der Arena dieses Irrenhausprozesses seine
Sündenböcke aufeinander, und Locher leistet seinen Beitrag

zur Finsternis, wenn er seinen Mandanten mit einem sozialen Ariernachweis ausstattet. Wie kann ein Mann »ein schmutziger Jude« sein, dessen Vater ihm in Berlin als hochgestellter Ehrenmann begegnet ist? War Baurat Hitzig, Goethes Freund, etwa nicht Präsident der königlich-preußischen Akademie und Schöpfer eines »neuen Polytechnicums, in welches man ca. zehn Stück wie das unsrige hineinstellen könnte«?

Nachdem Locher die Gelegenheit, Escher, den Gründer »unseres« Polytechnikums, an seinen Platz zu stellen, keinesfalls versäumen durfte, kehrt er auf den Pfad Lessingscher Tugend zurück. *In unseren Augen würde sich nicht das Mindeste an der Sache ändern, wenn Professor Hitzig heute noch Itzig hieße und Israelit wäre. Wir wissen nicht, von wem die Redaktoren und Kommentatoren des Herrn Schnurrenberger abstammen, ob von Juden, Türken oder Heiden, von Christus können sie nicht abstammen, denn dieser hat ja keine Kinder besessen.*

Der letzte Zungenschlag mag einer zuviel und der journalistischen Sitten dieses höhnischen Aufklärers nur zu würdig sein. Und doch hat er recht, sich an Christen zu ärgern, die sich auf Christus berufen, wenn sie sein Volk verlästern und verfolgen.

Die »Judenfrage« wurde damals auch in der Eidgenossenschaft – als letztem Land Westeuropas – zugunsten der bürgerlichen Gleichstellung entschieden. Auch diesmal bedurfte es, wie schon in der Helvetik, der Nachhilfe der Franzosen. Wollte man mit diesen einen Staatsvertrag, so durfte man die »eigenen« Juden aus Paritätsgründen nicht länger disqualifizieren. Mit einem Jahrzehnt Verspätung folgte die Eidgenossenschaft dem Beispiel des Kantons Zürich nach.

118 Burghölzli-Prozeß 1878:
Unter den Rosen, mit denen Keller den verleumde-
ten Chefarzt Hitzig aus Zürich verabschiedet hat, verbergen
sich bittere Stacheln.

*Wohl kann man sagen, die unheimliche Erscheinung zeuge
von einer teilweisen Erkrankung des öffentlichen Geistes.
(...) Gekrönt wurde das Gebäude der Verleumdung durch
den heuchlerischen Mißbrauch, der mit dem Namen unserer
altehrwürdigen Staatsform getrieben wurde; aber gerade dieser Mißbrauch ist es, der das hellste Licht auf Sie geworfen
hat: denn indem Sie im Kampfe für Recht und Pflicht mutvoll
und unermüdlich ausharrten, haben Sie sich als ein wirklicher
Republikaner in der Republik erwiesen und sich um die letztere verdient gemacht gegenüber Jenen, welche sie in einem
ihrer teuersten Güter heute schädigen wollen und bereits ge-
schädigt haben.*

»Teilweise«, doch wörtlich genug, nimmt der Sprecher damit
die hochgemute Prophetie seines Bettagsmandats 1862 zurück: »Ihr werdet eines Tages das Land bereichert haben,
anstatt es zu schädigen, wie blinder Verfolgungsgeist es
wähnt.« Dieser hat nun doch seinen Teilsieg über die Zivilisation: Kellers Beschwörung an die Mitbürger ist die Sorge
anzumerken, daß es nur ja kein ganzer werde. Sie haben die
Vertreibung eines der Ihren nicht verhindern können. Ob er
Deutscher, Schweizer, Christ oder Jude ist, fällt außer Betracht, wie für Locher, so für Keller.

119 *Gebt in der Juden Hand –*
Der Dichter, der hier Ehrenzeichen und Schmuck-
stücke seines Lebenswerks in alle Winde zerstreut, hat als
Finder und Sammler dafür ausgerechnet jenes Volk vorge-

merkt, das mit der Zerstreuung ganz eigene Erfahrungen machen mußte. Die Erfahrung, die andere mit ihm machten: daß
es in der Zerstreuung nicht verschwunden ist. Die Juden sind
eine merkwürdige Treuhänderschaft für »all' mein Gut und
Hab«, das der Dichter von »O mein Heimatland« zuvor diesem allein zugedacht hatte – einem Gemeinwesen, das, auf
seine Art, ebenfalls der Zerstreuung zu widerstehen wußte
und die Berechtigung seiner Existenz in Raum und Zeit bis
heute nur auf seinen »Willen« gründen kann.

Den Willen wozu? In Kellers jüngeren Jahren war es derjenige, ein »Modell« zu sein; eine Einheit zu bilden, die ihre
durchaus pragmatische Idee aus der größtmöglichen Freiheit
ihrer Glieder – Kantone, Gemeinde, Individuen – bezog, also
aus der staatlichen Garantie ihrer inneren Verschiedenheit.
Im 19. Jahrhundert wurde aus der alten defensiv geprägten
Interessengemeinschaft heterogener Klein- und Kleinststaa-
ten ein politischer Versuch mit Beweiskraft über die nationalen Grenzen, ja über die Grenzen des Nationalen hinaus;
eine in der Ära des expansionistischen Nationalismus durchaus »gegenläufiges« (K. Schmid) Modell, in dem ein konser-
vativer Eigensinn und ein taktvoller Liberalismus – bei Strafe
staatlicher Auflösung – Wege finden mußten, sich zusam-
menzuraufen. Der neue Bundesstaat war mit der Konsolidierung der eigenen Existenz, bei der ihm alte Gewohnheiten
zugleich behilflich und hinderlich waren, zu beschäftigt, um
Energien auf eine Expansion zu verschwenden, die ihn sofort
in bundeswidrige Widersprüche verwickelt hätte.

Zugleich war ihren tragenden Köpfen bewußt, daß das so erreichte Nationalprodukt auf rein pragmatischer Ebene nicht
zu halten, nicht einmal zusammenzuhalten war. Um mit
Überzeugung Schweizer zu sein, mußte man sehr viel *mehr*
sein wollen und auch sehr viel *weniger* sein dürfen. Man
mußte hinlänglich mit Andern verbunden sein, um das Eigene mit ebensoviel Gelassenheit wie Liebe zu würdigen.
Die Schweiz war verloren, wenn sie größer sein wollte, als sie

zu sein brauchte. Aber sie verkümmerte auch, wenn sie sich auf ihre Kleinheit etwas zugute tat.

Die Schweiz ist, mit einem Wort, ein Staat für reife Leute; reifere, als real existierende Bürgerinnen und Bürger irgendwo auf der Welt zu sein pflegen. Darum muß sie ein Gemeinwesen sein, das Unreife akkommodieren, gelten und sogar leben lassen kann. Denn was in einer idealen Gesellschaft »unreif« heißen mag, ist für die Lebendigkeit einer realen nicht zu entbehren. In dieser Unreife liegen ihre Keime zur Entwicklung.

»*Suiza no existe*« – und eben dies ist die (hoffen wir) unerschöpfliche Grundlage für eine reale Existenz, die eine Bürgerschaft ja wahrlich nicht nur *wollen* kann, die sie auch empfinden möchte. Und dies tut sie am lebhaftesten, wenn sie – ohne Empfindlichkeit und Gegenbehauptung – wahrnimmt, was ihr zur Existenz, die andere Nationen konstituiert, alles fehlen *darf*. Und daß sie es ohne Verkniffenheit entbehren kann, weil die eigentlichen Errungenschaften, Erfahrungen und »Herausforderungen« der Zivilisation davon nicht berührt sind; zum Erstaunen und Lachen unberührt. Das gilt nicht nur für die ernst zu nehmenden Fragen des persönlichen und privaten Daseins. Es gilt auch für diejenigen des sozialen Verhaltens, und nicht weniger: des politischen Zusammenlebens. Es ist durchaus ohne die Fiktion größtmöglicher Einheit, erst recht ohne nationalmannschaftliche Eitelkeit auszukommen, wenn ein Staat an Beweiskraft nichts einbüßen will – ganz im Gegenteil.

Die Schweiz als real existierendes Gemeinwesen repräsentiert so etwas wie eine Utopie des Anti-Utopischen – was ein recht anspruchsvolles Maß ist, unter dem sie denn auch gebührend, und nicht gleich zu ihrem Schaden, zurückbleibt. Aber es kommt entschieden darauf an, auch für dieses Identitäts-Defizit zivilisierte Formen zu entwickeln – sie brauchen nicht einmal mittelmäßig zu sein. Die Schweiz, die es nicht gibt, wird genug finden, was ihr zum Erreichen des zivilen Optimums immer noch fehlt; und so lange wird ihr auch die politische und die staatliche Beschäftigung nicht ausgehen.

Eben damit befindet sie sich aber im Einvernehmen mit den Zivilisationsteilnehmern anderer Länder; nur daß sich die Schweiz für das Wichtigste, das für einen erträglichen Alltag immer noch zu tun, zu erforschen, ja zu erträumen bleibt, die großen Worte besser spart, um nicht unbeträchtlicher oder lächerlicher auszusehen, als sie sein müßte. Im übrigen hat sie das Lachen immer noch weniger zu fürchten als die Angeberei mit sich selbst. In solchen Versuchungen steht ihr wohl an, sich daran zu erinnern, daß sie (noch) nicht existiert: mit diesem Eingeständnis tun sich »natürliche« Nationen, von Macht oder Masse verführt, schwerer. Eine typische Nation wie Frankreich kann ihre Grenzen immer noch mit denjenigen der Zivilisation verwechseln. Das darf der Schweiz nicht passieren. Versucht sie es doch – und sie hat es freilich lange genug getan –, widerlegt sie sich selbst. In ihren Grenzen ist die Schweiz nicht ansehnlich; es ist kein Erfolgserlebnis, sondern eine ernsthafte Unterbrechung ihres wahren Berufs, wenn sie Landesgrenzen behaupten und verteidigen muß. Da sie aus lauter inneren Grenzen besteht, könnte es ihre Spezialität sein, mit Grenzen sorgsamer, kunstgerechter umzugehen. Von dieser Wertarbeit hat sie sich zu lange abbringen lassen und darf sich nicht wundern, wenn sie sie neu entdecken – um nicht zu sagen: neu erfinden – muß.

Der dunkle Stern

Vielleicht wird man auch u n s entschuldigen, daß wir den dunklen Pfad durch die politischen Schatten vermittelst einiger Schwärmer und bengalischer Flammen erleuchtet haben.

120 Keller wurde im Alter immer entschiedener Föderalist, Anhänger eines frei gewählten, eben darum verpflichtenden Bündnisses Verschiedener – Anderssprachiger, Andersgläubiger, Andersdenkender –, deren Gemeinschaft im Respekt vor ihrer Verschiedenheit begründet ist. Die Schweiz, die er meinte, bot einen staatlichen Rahmen für das Lebensrecht des Andern. Der Dichter leistete, auch als Schreiber seines Staates Zürich, gern oder ungern eben darum seinen Beitrag zur »Willensnation«, weil er selbst ein Anderer war. Er hielt es für seine eidgenössische Bürgerpflicht, dem Gemeinwesen mit diesem Anderssein zu dienen.

Aber es gab für ihn auch eine Grenze dieses Dienstes, und damit auch eine der Eidgenossenschaft. Diese Grenze hat er in seinem Bettagsmandat mit dem ihm eigenen Freisinn bezeichnet. Mit allem Menschenwerk, auch dem schönsten, teilt die Schweiz das Schicksal der Vergänglichkeit. Sie kann ihren Beruf verfehlen, sie kann ihn auch verraten; dann muß sie nicht sein. Eine Schweiz um jeden Preis kennt Keller nicht. Gerade weil ihr Sinn nur auf dem Boden der Tatsachen zu finden ist, kann sie kein Selbstzweck sein, denn für ihre Tatsachen trägt sie die Verantwortung; diese aber wird an Grundsätzen gemessen, die vor und über jedem Staat sind. Zum Heimatland wird er dadurch, daß sie ihm, im Entscheidungsfall, wichtiger sind als die Staatsraison, und nur dafür kann man ihn lieben.

Kellers Verbundenheit mit seinem Vaterland beruht auf dem
Geheimnis des Todes, in den ihm der leibliche Vater zu früh
vorausgegangen ist. Das Vaterland soll länger, es soll lange leben, aber ewig lebt es nicht; so wenig wie jede andere Erscheinung menschlicher Geschichte. Eines ist diesem frommen
Atheisten von Gott geblieben: daß vor Ihm die Jahrhunderte
sind wie Ein Tag; nur noch als paradoxer Garant würdigen
Vorübergehens ist sein Gott keine Metapher. Aus dieser
Klausel aber folgt nicht der Minderwert, sondern, ganz im
Gegenteil, das Gewicht, die Verbindlichkeit jedes Augen-
blicks. Er verdient, in vollem Ernst, als Fest gefeiert zu werden. Kellers Patriot ist einer, der das Ende des Vaterlandes
nicht weniger als das eigene ins Auge fassen kann. In dieser
Bereitschaft liegt die letzte Freiheit für beide.

121 Die Vollmacht – und Demut – dieser für schlichtere
Patrioten undenkbaren, für Republikverwalter an-
stößigen Freiheit hat Keller immer wieder kühn, ja scheinbar
frivol reden lassen, wie in jenem Trinkspruch 1872, in dem er
die nationale Existenz der Schweiz aufs Spiel zu setzen
schien. Sein Publikum faßte es nicht, daß dieser frömmste
der Staatsdiener apokalyptisch sprach und der Republik in
seiner Sprache zugleich das Beste wünschte: ein immer neues
Schöpfungswunder.
Denn die Jugendseite der geprüften Altersweisheit blieb ja
immer diese: daß ein Vaterland, das vergehen kann, zugleich
eines ist, das noch nicht begonnen hat. Auch die Schöpfungs-
frühlinge der politischen Natur, das Gründungsfest der Republik kehrt immer wieder. Es ist nicht an die eigene historische Veranstaltung gebunden, sonst müßte die Verzweiflung
über ihr Versagen, wie es der »Salander« dokumentiert, in
der Tat, unbegrenzt sein. Der Patriot nach Kellers Sinn kann
sich das Vaterland nur darum so tief zu eigen machen, weil er

weiß, daß er daran nichts zu eigen hat. Die tiefe Lebenskunst auch des politischen Keller besteht in der Gleichzeitigkeit, ja Gleichförmigkeit zweier gleich elementarer Reflexe. Es gilt, den vollen Preis der Gegenwart, auch auf eigene Kosten, zu zahlen; und es gilt – mit Rilkes Wort – »allem Abschied voran« zu sein, »als wäre er hinter / dir, wie der Winter, der eben geht«.

Aber das Kunst- und Liebeswerk dieses resignativen Optimismus ist labil. Es ist, wie jede innerweltliche Frömmigkeit, ein empfindlicher Balanceakt, den jeder schrille Ruf aus dem Publikum stören kann. Im Anspruch, eben so sich *terre à terre*, im Einvernehmen mit einem fundamentalen Realismus, einem zureichenden Begriff der menschlichen Art zu bewegen, steckt eine Kühnheit, die nicht jeder beim Namen nennen darf; denn woher sollten der Leichtsinn, die Dummheit, die Verleumdung den rechten Namen dafür wissen?

Auch im Dichter selbst war der Widerspruch darin dem persönlichen Glücksverlangen, der bürgerlichen Bequemlichkeit abgerungen. Aber die Übereinstimmung mit dem Gesetz schöpferischer Verwandlung war ihm ein größeres, ein unverzichtbares Gebot der Wahrhaftigkeit; und sein Bürgermut bestand eben darin, diesem Gebot auch die Legitimität seiner Republik nachzuordnen. Die Rangfolge zu würdigen, ist nicht jedermanns Sache, zumal sie Keller selbst überaus diskret und mit zunehmender Allergie gegen jegliches Pathos behandelt. Es gehört auch bei den Empfängern der Botschaft Selbstüberwindung dazu, in der Zurücknahme des Teuersten einen Liebesbeweis für dieses zu erkennen, und in der Zuerkennung der Todesfähigkeit den Lebenswunsch, den Dichtersegen für einen Staat.

Aber wie sollte man leugnen, daß dieser Segen, angefochten und anfechtbar, wie er in einer durchaus nicht zum Schwärmen aufgelegten Seele blieb, auch zum Fluch, zur Abbruchleistung ausschlagen konnte? Im Kern ist Kellers Vaterlands-

liebe so wenig gemütlich wie seine Menschenbehandlung, im
Literarischen wie im Persönlichen. Er war keineswegs nur
der »Schutzgeist« seines Vaterlandes, zu dem ihn Conrad
Ferdinand Meyer in seinem feierlich-beflissenen Nachruf erhebt; gerade dieser Kollege hatte Kellers Verdruß gegen über-
flüssige Stilisierung besonders zu fühlen bekommen.

Und doch beruht die Glaubwürdigkeit von Kellers Vaterlandsliebe bis heute – und heute erst recht – darauf, daß er
bereit wurde, sie von dem ihm teuersten Flecken Erde, und
von Blut und Boden überhaupt zu lösen. Darin blieb er ein
48er. Sein »irdisch Vaterland« hatte er für entscheidende
Jahre seines Lebens fliehen müssen. Und auch wenn die
Gründe dafür nicht im engeren Sinn politisch waren wie für
seine deutschen Freunde und Gesinnungsgenossen, ent-
nahm er dem Verkehr mit ihnen doch das Maß dafür, wie die
Republik beschaffen sein müsse, in der man sich als Bürger
zuhause fühlen durfte. Es war sein Stolz, daß sich die junge
Schweiz, unter allen Ländern Europas, an diesem Maß messen ließ. Und daß sie ihm so wenig wie jedes andere Menschenwerk genügte, beirrte ihn nicht, so lange die Verpflichtung zur Freiheit der Selbstüberwindung in ihr lebendig
blieb. Doch wenn sie dieses Maß, die Seele der Republik,
verlor, wenn sie es mutwillig verspielte oder schnöde verkaufte, dann war der Bund dieses Eidgenossen mit seinem
Land gelöst. Denn es hatte den Vertrag auf Wert und Gegen-
wert selbst gekündigt.

Dann mußte die Seele bereit sein zu wandern, an einen Ort,
wo das Fest des Gemeinsinns immer noch gefeiert oder ganz
neu begründet wird.

122 So ist das Zwergenfräulein, die letzte ihrer segenbringenden Sippschaft, aus der Wurzelheimat fortgewandert – in jenem Märchen, das Marie Salander ihren Kindern erzählt, damit sie den Hunger vergäßen. Die Wirtsfrau hat ihr eigenes Abendbrot einem unverhofften Gast geopfert; die Wirtschaft ernährt sich selbst nicht mehr. Zum Glück ist die Rettung nicht mehr weit, in Gestalt des aus Übersee zurückkehrenden Hausvaters, der leider eben erfahren mußte, daß sein Reichtum schon wieder verflogen ist; stehenden Fußes kehrt er wieder auf die Plantage zurück – gewiß nicht als Kaffeebohnenpflücker oder Zuckerrohrschneider, sondern als Herr im Kontor, der mit gelüftetem Kragen schwarze Zahlen schreibt. So lassen sich die Verluste in ein paar Jährchen wieder einbringen. Martin kehrt zum zweiten Mal zu seiner Familie, in seine Republik zurück und ist von jetzt an dabei, wenn sowohl die eine wie die andere ihr Glück verspielt – nicht ohne sein herzhaftes und verblendetes Zutun.

Der Spekulant als Ehrenmann; der Ehrenmann als Spekulant. So waren die Verhältnisse, gegen die Feind Locher seit zwanzig Jahren angeschrieben hatte, ebenfalls nicht, ohne sein redlich Teil zu ihrer Zerrüttung beizutragen. Für Kellers trüben Blick war die Republik eine Provinz der Fortuna geworden. Ihr Untergang im großen Geschäft, den er ihr in seinem Roman auch physisch androhte, war moralisch längst eingetreten. Zur Erforschung der Gründe setzte auch er schon, unter Vorsitz des Sohnes Arnold, eine Art Historiker-Kommission ein, die im Roman mit ihrer Aufgabe so wenig fertig wurde wie der Dichter mit dem Roman.

Arnold! So hieß auch der Melchthal-Sohn, der in Schillers Tell die unschuldige (Ver-)Blendung des Vaters gerächt und bei der Gründung der Eidgenossenschaft mitgeschworen hatte. Eine solche wäre für den Dichter wieder fällig gewesen. Aber statt zum Rütlischwur kam es zum Offenbarungseid: *C'est chez nous comme partout.* Das wollte sich ein Ve-

teran des Aufbruchs von 1848 in den Achtzigerjahren seines
Jahrhunderts lange nicht bieten lassen – so wenig wie 100
Jahre später ein Alt-68er das Verschwinden der Utopie im
allgemeinen Unernst der Konsumgesellschaft.

Für Jacqueline Fendt und Pipilotti Rist
C'est chez nous comme partout – noch trostloser als dieser
Satz mochte seine Umkehrbarkeit einem in die Ohren geklungen haben, der einmal mit der politischen Avantgarde
marschiert war. Daß sie in nur 100 Jahren zum verbissenen
Nachzug, Nachvollzug werden könnte – »Eurolex« genannt –, hätte er sich als alter Mann nicht träumen lassen.
Auch noch zu meinen Lebzeiten war der Verdacht, die
Schweiz könnte ein Land wie ein anderes geworden sein, für
die meisten Mitbürger ehrenrührig. Schließlich war es das
unsere und mußte sich schon als solches einzigartig bewährt
haben! Diese einsame Verklärung des Sonderfalls schützte
noch lange vor der Einsicht, daß es größeres Unglück gibt als
dasjenige, ein gewöhnliches Land zu sein.
»Drei Ellen gute Bannerseide« – mit diesem flotten Kantus
beginnt das »Verlorene Lachen«, bevor es der Novelle ab-
handenkommt und der Dichter feststellen muß, daß »das
Banner zerrissen« sei und »ein Volk in Blödigkeit«. So sieht
er es in seinem bitterbösen Gedicht, und als Verantwortlichen bezeichnet er noch einmal eine Person, die freilich
schon der Titel (»Die öffentlichen Verleumder«) in einen
Plural auflöst. Später begegnet er als Kollektiv, als »Lumpen-
zeug«, aus dem bald darauf das Personal des »Salander« geschnitten wird.
Wenn schon »Verleumder«, dann war Keller der radikalere
als Locher. Was ihn vom »Pamphletär« unterschied, war das
schwere Herz, mit dem er die Hoffnung auf seine Republik
fahren ließ.
Wohin mochte sie gefahren sein? Ja, wenn man wüßte, zu
welchem unbekannten Volk das letzte Zwergenweiblein aus-

gewandert ist! Wo mögen sie heute noch gefeiert werden, die verlorenen Feste von Kellers Republik?

Eine Spur findet man doch – nur muß man damit die eidgenössische, ja die irdische Topographie verlassen und gerät in einen verzauberten Raum. Es ist derjenige des »Tanzlegendchens«, in dem die kleine Musa, nachdem ihr die Erde zum Tanzen zu schwer geworden ist, wenigstens im Himmel für ihr Märtyrium entschädigt zu werden hofft. Wo, wenn nicht bei Gott und seinen Heerscharen, würde sie in alle Ewigkeit tanzen können?

Ach, die himmlischen Herrschaften sind auf eine so göttliche Zumutung nicht vorbereitet. Sie zeigen sich zwar erschüttert von der kleinen Tänzerin, aber beherbergen können sie sie nicht. In ihrer jenseitigen Welt ist mit Musas Passion nichts anzufangen. Dazu hätte sogar ein anderer Himmel gehört.

Das »Tanzlegendchen« ist die traurigste Geschichte, die Keller geschrieben hat, und für mich: die schönste. Nur wissen wir jetzt erst recht nicht, wo die kleine Tänzerin unterkommen soll; wo der Ort liegt, an dem sie tanzen kann, und nichts als tanzen. Wir können nur hoffen, daß wenigstens sie das neue Volk des letzten Zwergenfräuleins gefunden hat, das sein altes Zuhause noch säuberlich aufräumte, bevor es Marie Salanders Märchen verließ. Zurück aber bleiben, neben geputzten Pokalen, Bestecken und Geschirren, die Zwergenritter und verlassenen Schutzgöttlein in ihrem ewigen Schlaf. Wer rührt noch daran?

123 Die Nachrufe im April 1911 attestieren Locher »unverwüstlichen Optimismus« und geloben, ihn in Ehren zu halten – das tut sogar ein »Eingesandt« in der feindlichen »Neuen Zürcher Zeitung«. Die Stimme des Zürcher Freisinns und damit des Escherschen »Systems« fühlte

sich allerdings verpflichtet, dem obligaten Totenlob eine
Anm. d. Red. nachzuschieben. Darin wird es herabgestimmt
zur *unverwüstlichen optimistischen Leichtfertigkeit seines
Temperamentes.*

Dem alten Gegner widerfährt die Ehre gerechter Unversöhnlichkeit: *Der jungen Generation war der alte »Pamphlet-Lo-
cher« kaum mehr der Sage nach bekannt, vor dem Tod den
Toten gleich. – Es ist nicht unsere Absicht, am Grabe des
Neunzigjährigen die Diskussion über seinen Charakter und
die Natur, die Ursachen und Folgen seiner verhältnismäßig
kurzen politischen Wirksamkeit zu eröffnen. Die Urteile
könnten nicht alle so mild ausfallen wie die voranstehende
pietätvolle Erinnerung eines persönlich Befreundeten. Viele
würden es schwer verstehen, daß ein Mann, der in seinen
Schriften gegenüber wirklichen oder aus der eigenen Phantasie geschaffenen Gegnern weder Schonung noch Achtung
kannte und niemals ein Bedenken trug, die Schleier zu zerrei-
ßen, mit denen der gesellschaftliche Ehrbegriff und die sozial-
ethische Notwendigkeit das Privatleben umgaben, nach seinem Tode des Privilegiums einer von ihm nie anerkannten
Pietät genießen sollte. – Für uns und in diesem Augenblick genüge die Erinnerung, daß Locher für seine Irrtümer und Lei-
denschaften gebüßt hat.*

Unversöhnlichkeit:
Auch Max Frisch hat sich zu ihr durchgerungen. Ein Probe-
stück lieferte er gegen den durchaus »verehrten Karl
Schmid«. Er nahm von dem Unrecht, das dieser von ihm er-
litten zu haben glaubte, nichts zurück, auch nicht gegenüber
Schmids Witwe.
Dabei ging es um »Größe«, *besoin de grandeur.* Karl Schmid
hatte sie, sehr einfühlsam, als psychologisches Problem der
Schriftsteller im Kleinstaat dargestellt (auch Jakob Schaff-
ners). In seiner Dankrede zum Großen Schillerpreis (»Die
Schweiz als Heimat?«) fand Frisch massivere Gründe für das

Unbehagen des Schriftstellers an der Schweiz: ihre Flücht-lingspolitik (nicht nur die gestrige), ihre Bankgeschäfte, (nicht nur mit den Nazis). Darauf hat er Karl Schmid, der im Publikum saß, angesprochen, persönlich, namentlich. Das tat man nicht.

Der Fall liegt heute vor einer höheren Instanz. Und wir wissen aus Frischs Biographie noch besser, wie sehr die Schweiz, die er in Schmid getroffen hatte, auch seine eigene gewesen war.

124 In einem frühen »Herbst«-Gedicht rätselt der junge Dichter über die Kräfte, die ihn leiten. Es muß mehr als *eine* Kraft sein. Also: zwei? oder: eine, und die ihr polar entgegengesetzte?

> *Ob als Sterne meines Strebens*
> *Haß und Liebe vor mir gehn?*

Dies wurde über zwei Gräber gesprochen: das der Jugendgeliebten Henriette Keller (der »Anna« des Grünen Heinrich) und – vermutlich – des verunglückten Todfeindes und Schuldeneintreibers »Meierlein«. Dessen Sturz vom Dach befreite den grünen Heinrich von der Sorge, »wie das denn nun das ganze Leben hindurch in der so engen Stadt gehen sollte?« Aber der dunkle der beiden Leitsterne war damit nicht erloschen. Er ging Keller in einer anderen Gestalt wieder auf. Es war mit dem »schönsten Stern«, den er Gott über »mein irdisch Vaterland« zu leuchten bat, allein nicht getan – dieser Lebens- und Todeswunsch war nicht erfüllbar, nicht einmal, wenn der Dichter Gott eigens dafür wieder in seine Rechte einsetzte. Denn die Schweiz war, wie jede irdische Schöpfung, selbst ein hell-dunkles Land und mußte es um des ganzen Lebens willen bleiben. Da half das frömmste Wünschen

nicht. Und das wahrhaftige Dichten lernte sich den Wunsch
versagen und schöpfte aus der »stillen Grundtrauer«, die er
in ihm zurückließ.
Aber auch der dunkle, der eingeschwärzte Stern könnte ihm
einmal ganz anders eingeleuchtet haben.

> *An's Fenster schlägt ein unerschöpfter Regen,*
> *Her rauscht die Mitternacht auf feuchten Schwingen,*
> *Und mit dem Dunkel muß das Lämplein ringen –*
> *Wie bin ich müd', ich will zu Bett' mich legen.*
>
> *Was sinn' ich noch zu meinem Abendsegen? –*
> *In meinem Ohre summt ein leises Klingen*
> *Und wiederhallet ein verscholl'nes Singen:*
> *Mein denket Einer auf entfernten Wegen.*
>
> *Bist du's, o Freund? Auch ich gedenke dein!*
> *Sei mir gegrüßt im unsichtbaren Raume*
> *Nach Jahren voll Vergessenheit und Leiden!*
>
> *Bei uns'rer Jugend bleichem Sternenschein*
> *Seh'n wir uns flüchtig fragend an im Traume,*
> *Um wieder lang, auf immer wohl zu scheiden.*

Dieses Sonett sollte einmal den Zyklus »Vier Jugend-
freunde« beschließen, den Keller für seinen ersten, 1846
in Heidelberg erschienenen Gedichtband vorgesehen hatte.
Es fiel, aus unbekannten Gründen, der Redaktion seines
gestrengen Förderers August Follén zum Opfer, worauf
es Keller mehrere Jahrzehnte in der Schublade ruhen ließ –
bevor er es, bald ein Siebziger, für die definitive Sammlung
seiner Gedichte (1888) wieder zu Ehren zog.
Daß es sich noch immer auf das »Meierlein« beziehe, weist
der Herausgeber Fränkel von der Hand. Und in der Tat
macht die letzte Zeile deutlich: es redet von keinem Toten. –

Bei der Strenge des alten Keller gegen seine Jugendlyrik hält es schwer, den verspäteten Nachtrag dieses Trauer- und Trennungsgedichts als Zufall zu betrachten. Das Gefühl für diese spezielle Trennung kann nicht verjährt gewesen sein. Wer hat es lebendig erhalten?

Bist du's, o Freund? Auch ich gedenke dein! Ich wage mir zu dieser Verbindung – und Scheidung – ein Gesicht zu denken: Dessen, mit dem der Gottfried, der Industrieschüler, auf dem Heimweg »Maulaffen feilhielt« und dafür von der Mutter im Haus gestraft wurde; dessen, der vergebens auf das Zurückkommen des Freundes wartete und dem die Tür danach verschlossen blieb – »auf immer wohl«.

In diesem Gedicht sehe ich Keller zurückkommen, nicht mehr auf die Freundschaft, aber auf den Freund. Vielleicht hat es der Andere gelesen. Locher war ein Leser.

125 Der Vater Hans Rudolf Keller: seinem einzigen Sohn hat er die Schönheit der Kartoffelstaude gezeigt; den Andern hat er bei sich an der Drehbank sitzen lassen. Als der junge Vater tot war, trug der einzige Sohn seine grünen Kleider aus; der Andere trug, aus feinerem Zeug, das schwarze Kleid des Advokaten und darunter die rohe Haut. Durch beides waren sie geschieden. Ein verfluchter Kerl. Aber dieses Gedicht sinnt sich einen »Abendsegen« für ihn aus.

Es gibt noch viel, was die Verbundenen trennt; viel, was die Getrennten verbindet. August Follén etwa, der Wahlkaiser der deutschen Burschenschaften, im Schweizer Exil. Er war, auch Poet, der tyrannische Pate von Kellers Gedichten. Später benötigte Follén selbst einen Beistand, diesmal für Rechtshändel, und wählte sich gleich den richtigen: Friedrich Locher. Dieser berichtet darüber in einer rechten Seldwyler-geschichte, angesiedelt irgendwo zwischen »Die mißbrauch-

ten Liebesbriefe« und »Ein Schmied seines Glücks«. Sie ist
im Anhang B abgedruckt.

Am stärksten aber leuchtet die Verbindung im Herzen der
Finsternis: dort, wo beide Männer, ohne einander zu beach-
ten, Rücken an Rücken für die Rechte jüdischer Mitbürger
kämpfen.

An dieser Stelle orientiert sich diese Schrift. Ich glaube, es ist
heute die Mitte unserer Republik.

Kellers Stern leuchtet noch immer; man wird ihn in diesem
Jubiläumsjahr der Schweiz vielleicht gedankenvoller betrachten, wenn man – neben den vielen noch sicht- und les-
baren Konstellationen – eine verschwundene kennengelernt
hat, ohne deren Verdunkelung der Glanz des Einen Sterns
für mich nicht wäre, was er ist: die Signatur eines ganzen
Universums. Nur als solche zündet sie irdischen Vaterlän-
dern heim.

Locher, der Zürcher, starb im Pariser Exil, der letzten
Adresse, die er mit andern Flüchtlingen seines und unseres
Jahrhunderts teilt: mit Georg Forster, Heinrich Heine, Lud-
wig Börne, Ödon von Horvath, Joseph Roth.

Kellers letzte Schriftzeichen hat sein Besucher C. F. Meyer
als »Ich dulde, ich schulde« entziffert.

Heute trägt Kellers Sterbehaus am Zürcher Zeltweg die An-
schrift eines Arztes mit griechischem Namen.

So ist das: wir gehen zu ihnen, sie kommen zu uns.

JA ODER NEIN

Nichts erniedrigt die Seele des Menschen so
sehr als Furcht, und unsere Republik ist
durch das Gegenteil gegründet worden.

126 Am 9. September 1997 war auf der Leserbriefseite der NZZ ein Eingesandt aus Oberrieden ZH zu lesen, zur Volksinitiative »Jugend ohne Drogen«:

Mit Bedauern nehme ich zur Kenntnis, daß die Katholische
und die Reformierte Kirche des Kantons Zürich ein »klares
Nein« zur Initiative »Jugend ohne Drogen« empfehlen. Das
bedeutet, daß sich die beiden Landeskirchen für eine Jugend
mit Drogen stark machen. Dazu kann ich nur sagen: Vater,
vergib ihnen, denn sie wissen nicht, was sie tun.

Einfältiges Denken mag der Vater ja vergeben – für zweifältiges hat er seinen Sohn nicht sterben lassen, der hier als (Auf-) Trumpfbube herhalten muß für einen digitalen Reflex, die fromm-dumm-stolze Absage an jedes ernsthafte Denken. »Das Tier ist kein Maulesel, also muß es ein Maulwurf sein.«
Auf der gegenüberliegenden Zeitungsseite steht ein Inserat, auf dem der Partei-Nachwuchs Herrn B. s zu einer »Session« einlädt; Thema:

»Jugend ohne Drogen: Ja.
Weil es keinen kontrollierten Umgang
mit Drogen gibt!«

Versteht sich, mit einem Auto kann man zweierlei tun: still-
stehen oder in eine Mauer fahren. Wer sich gegen den Satz
gewendet hat, Auschwitz liege schließlich nicht in der
Schweiz, der muß gesagt haben: Auschwitz liegt in der
Schweiz.

127 Der binäre Code ist eine insulare Sprache, die, wie
die japanische, zwischen Drinnen und Draußen so
elementar unterscheidet wie zwischen Land und Wasser. Jeder der beiden Welten entspricht ein eigenes Verhaltensmu-
ster. Drinnen (*uchi*) gelten minutiös geregelte Verhältnisse,
Gebote der Reinlichkeit, der gegenseitigen Verpflichtung.
Draußen (*sōtō*) ist, wo man auf die Durchsetzung dieser
Gebote und Regeln verzichten muß, also besser gar nicht
daran denkt, sie anzuwenden. *Draußen* ist fremde Welt voller
Ungeheuer, Terra incognita; *hic sunt leones. Dort*hin führt
man den eigenen Schmutz ab; *dort* bleibt einem, wird man
dahin verschlagen, nicht immer erspart, schmutzig zu werden
und sich selbst schmutzig zu verhalten. *Drinnen* versteht man
sich so zuverlässig, daß man darüber gar nicht reden muß.
Draußen würde das Reden doch nichts nützen, darum
bemüht man sich gar nicht erst darum. *Dort* befindet man
sich in einer Not, die kein Gebot kennen darf. Was man
draußen tun oder lassen muß, hat mit der Welt zu Hause
nichts zu tun. *Hier* kultiviert man das Land, die Dinge, die
Sitten, die Beziehungen so, daß der geringste Verstoß sofort
dingfest zu machen ist. Dabei gilt es als das Beste, gar nicht
erst aufzufallen. Damit verrät man sich nicht. Je weiter man
nach *draußen* kommt, desto dünner wird die Verpflichtung
zur eigenen Kultur; desto sinnloser die Kommunikation. In
dieser Fremde schweigen die Regeln und Maßstäbe: also gibt
es dort auch keinen rechten Begriff mehr für etwas wie »Verrat« oder »Verbrechen«.

Draußen und Drinnen: das sind grobe Raster, die sich aber in jede Grössenordnung reproduzieren lassen; hinauf bis zum Kreuzzug, hinunter bis zum Silicon-Chip, dem Baustein digitaler Systeme. Sie dienen der Modellierung der Welt aufgrund bestimmter Annahmen; davon wird sie fungibel, handhabbar. Jetzt kann dem System begegnen, was will: es wird damit fertig. Nur das Dritte darf ihm nicht begegnen, das bleibt ausgeschlossen.

Der Kalte Krieg war die Globalisierung dieses Systems der Zweifalt. Die Blöcke standen sich als Reiche des Guten und Bösen mit jeweils umkehrbaren Vorzeichen gegenüber. Es war die Fortsetzung der Insularität als weltweite Zwangsvorstellung, ausgestattet mit der Gewalt und dem Recht zur Zwangsvollstreckung, ein System des ausgeschlossenen Dritten. Neutralität war grundsätzlich verpönt. Sie hatte entweder ohnmächtig zu bleiben (wie die »Dritte Welt«) oder eine Fiktion, die durchsichtig bleiben mußte, jedenfalls für die »richtige« Seite. Eine solche Konstruktion war die Schweizer Neutralität. Nach außen eine Lizenz für das Geschäft nach beiden Seiten, von der nur der vorsichtigste Gebrauch erlaubt war, besaß sie nach innen – »Gesinnungsneutralität, nein!« – keinerlei Geltung.

Die »Fichierung« der eigenen Bürger beruhte auf dem System des ausgeschlossenen Dritten. Wer – wie Max Frisch – mit tschechischen Dissidenten Kontakt hielt, kam auf die schwarze Liste: Tscheche blieb Tscheche, auch wenn er Havel hieß, und gehörte zum Ostblock.

128 Wenn die Schweizer Neutralität für die Aliierten im Zweiten Weltkrieg anrüchig gewesen war: im Kalten Krieg reinigte sie sich vom Verdacht mangelnder Gesinnungstreue. Die rückwirkende Ehrenrettung verlangte ihr diesmal keinerlei Opfer ab. Im Gegenteil: die Teilnahmebedingungen der Schweiz am materiellen Stoffaustausch der geteilten Welt verbesserten sich ungeahnt.

Dafür drosselte man, anders als Neutrale wie Schweden oder Österreich, die ideelle Teilnahme an ihr. Was ihr an Phantasie nicht mehr zufloß, konnte für die Herstellung innerer Feinde verwendet werden.

Der sauberste Kriegsgewinn war derjenige an innerer Stabilität. Einigkeit, sonst ein teures Gut im Haushalt der Schweiz, ließ sich diesmal gegen den Kommunismus mit einfachsten Mitteln herstellen. Daß die entsprechende Ersparnis das Land teuer zu stehen kommen würde, lag nur für ein paar Intellektuelle auf der Hand. Für die Wortführer des Staates war es nicht feststellbar.

Davon einmal abgesehen, daß die Teilung der Welt schmerzhaft (und bedrohlich) war: der offiziellen Schweiz war sie lange recht. Bewegungen innerhalb der Blöcke selbst, die auf etwas Drittes hindeuteten, nahm sie nicht ernst. Dafür glaubte sie sich nicht rüsten zu müssen. Ihre Rüstung, militärisch so glaubwürdig wie möglich, galt dem Ernstfall von gestern. Dass die Geschichte nichts anderes zu tun haben würde, als die Perspektive dieses Ernstfalls in die Zukunft zu verlängern, gehörte zu den Axiomen nationaler Existenz. Dafür mußte auch der Ernstfall der Vergangenheit diskussionslos bleiben.

Wundert man sich noch, warum es nichts half, daß die meisten der Tatsachen, die heute in der Schweiz das Unterste nach oben kehren, längst bekannt waren? Sie waren publiziert, aber öffentlich wurden sie davon noch nicht. Sie blieben einem spezialisierten Diskurs der Fachhistoriker vorbehalten, wo sie – das Wort »Fach« sagt es schon – kein Risiko für Dammbrüche in der Öffentlichkeit darstellen. In ihrem Raum blieben sie gewissermassen im Zustand des Gerüchts, das die Hauptlesart nicht beirren durfte. Wer sie dort hineintrug, verstieß, im günstigen Fall, wider das Verhältnismässigkeitsprinzip. Im Normalfall wurde er als Störenfried, als

Feind der Einigkeit behandelt. Er brachte keine Nachricht,
die der Stabilität des Systems dienen konnte. Also mußte sie
dem Land abträglich sein.

Die Gleichung Identität = Stabilität gehörte ebenfalls zu den
Axiomen des Systems. Es galt jenseits und außerhalb aller
nicht-nationaler Kontexte und war an seiner Falsifikation
nicht interessiert. Daß die vermeintlichen Stärken des Systems seine ernsthaftesten Schwächen waren, darüber be-
lehrten es die Tatsachen des Kalten Krieges nicht.

So hatte das System in aller Stille und Selbstgenügsamkeit
aufgehört, lernfähig, das heißt im vollen Sinn intelligent zu
sein. Es hatte Intelligenz durch *Intelligence* ersetzt, das heißt:
Nachrichten über den Feind. Die Information, daß sich
Freund und Feind geändert hatten, blieb jahrelang unbear-
beitet, und als sie endlich durchschlug, lähmte sie das System
nicht nur: sie machte es obsolet.

129 Zwischen dem Ende des Ostblocks und dem Auftritt D'Amatos stand in der Schweiz eine Weile der
Verstand, aber auch die Zensur still, während die Dinge sich
bewegten.

Es war eine merkwürdige Zeit. Die Abschaffung der Armee,
noch vor kurzem das Tabu schlechterdings, synonym für
den Größten Möglichen Landesverrat, wurde keineswegs
»grossmehrheitlich abgelehnt« bzw. »bachab geschickt«. Die
wehrpflichtigen Jahrgänge hatten sie sogar angenommen. Bei
der Alpenschutzinitiative gegen die drohende Invasion der
40-Tönner setzte sich das Volk gegen die erdrückende Mehrheit seiner Vertreter, Parteien und Verbände ins Grüne ab
und brach damit eine tolldreiste Lanze gegen den Automatis-
mus allmächtiger Sachzwänge. Die Don Quixote die Stange
hielten, waren eine bisher unbekannte Koalition von Leuten,
die von Europa nichts wissen, und solchen, die ihm etwas
vormachen wollten.

Ohne Schlüssigkeit war, 1992, die Ablehnung eines Beitritts
zum Europäischen Wirtschaftsraum. Auch gegen diesen vereinigten sich Stimmen, die »Europa« überhaupt abschworen,
mit solchen, denen das rein wirtschaftliche Bündnis nicht genügte. Am Ende stand nur fest: wir waren nirgends dabei, dafür gründlich gespalten in Deutsch und Welsch, in Stadt und
Land, in Jung und Alt, in Geschulte und Ungeschulte. Dafür hatten sich einige ungebräuchliche Partnerschaften gebildet, etwa zwischen Freisinnigen und Sozialdemokraten, aber
auch zwischen traditionellen Wählern der alten Linken und
der neuen Rechten: erleichtert dadurch, daß jedem für sich
die Orientierung verloren gegangen war, und darum schwerlich belastbar oder dauerhaft. Der Willensnation war ein
Stück Wille abhanden gekommen, und sie war davon nicht
unwohnlicher geworden.

Wie bei flacher Druckverteilung breitete sich in der Atmo-
sphäre eine ganz neue Diesigkeit aus. Die Systeme, große
und kleine, auch das schweizerische, gerieten ins Schwimmen, nicht zum Nachteil der sozialen Bräuche. Alte Feinde
begegneten sich, auf Verdacht, freundlicher. Seit der Sozialismus verendet war, verlor sich sogar die Lust, seine Hinter-
bliebenen zu verfolgen.

Man fing an, um böse Nachreden verlegen zu sein. Der Tri-
umph des freien Marktes war durch rezessive Symptome ge-
dämpft, aber auch schon durch ein schleichendes Mißtrauen
in das Vertrauenswürdige seiner unbeschränkten Wirksamkeit. Die arbeitende Bevölkerung, der die Arbeit ausging,
hatte keinen Adressaten für ihre Sorge mehr, denn der Staat,
selbst arm geworden, wurde auch noch in Hungerkuren
geschickt und mußte in *New Public Management*-Kursen
nachsitzen. Mit viel weniger Personal hatte alles viel effizien-
ter zu gehen. Wer etwas nötig hatte, wurde sogar mit seiner
Not auf den Markt geschickt, um sie dort besser verkaufen
zu lernen.

Aus der Nation sollte ein Dienstleister werden. Wer jetzt

auch Landsleute vor allem als Kunden betrachten mußte, hatte seine Ansprache zu verfeinern. Was gestern wie eine heilige Überzeugung ausgesehen hatte, konnte heute ein hinderliches Vorurteil sein. Die Notwendigkeit, zu jedem gewinnverheissenden Spiel gute Miene zu machen, erzeugte eine etwas angestrengte Heiterkeit. Wenn die zu Unternehmern in eigener Sache umgeschulte Bevölkerung einerseits lernen mußte, stärker aufzutreten und größer zu reden, wurde sie insgesamt doch kleinlauter dabei. Hängt deine Sicherheit in einer unsichern Welt nur noch von dir allein ab, so mußt du dir fast jede Kundschaft gefallen lassen. Dabei lernst du, daß mit Entweder/oder nicht weiterzukommen ist. Ein ungewohnter Wertepluralismus schleicht sich über das Portemonnaie ins Gehirn. Wenn etwas Drittes oder gar Viertes heute *etwas bringt* – und wäre es gestern noch so undenkbar gewesen –, darf es nicht mehr ganz ausgeschlossen werden.

Das kundenfreundliche Lüftchen begann auch den Permafrost der eigenen Vergangenheit aufzutauen. Die Denkmale des Kalten Kriegs sahen auf einmal wie Altlasten aus. Auch da brachen die Blöcke auseinander, die Barrieren verflüssigten sich, diesen Stoff mußte man sich neu erarbeiten. Was Sage war, was Heldengeschichte, ließ sich nicht mehr sauber trennen. Man konnte jetzt fast ungestraft an beiden viel Unsauberes feststellen, ohne so leicht der Nestbeschmutzung geziehen zu werden. Denn auch das Nest befand sich in aufgelöstem Zustand.

Dieses Schwanken der Gravitationsverhältnisse fördert die Phantasie. Der Schriftsteller kennt es vor seiner Arbeit und muß ihm Sorge tragen, denn es ist nützlich für die Inspiration. Hier tauchen die Gedanken in die Nährlösung der Vieldeutigkeit, von der sie das Beste bewahren müssen, um das Produkt der Arbeit zu verbessern.

Dazu gehört die Befähigung des Autors, seine Überzeugungen, guten Meinungen und Absichten zu verraten, in mehr

als einem Sinn. Was wären seine Phantasien für den Leser
wert, wenn sie zuvor nicht den Autor selbst überrascht hätten? Jedenfalls *leben* würden sie dann nicht. Sie würden im
besten Fall – und für die Literatur schlimmsten – etwas *illustrieren*.

Nicht jede Stunde ist gut dafür, daß sich aus der Trübung der
Elemente etwas Neues bilde. Was hatten wir in den Siebzigerjahren, als vom damaligen Justizminister Furgler bestellte
Kommission, über dem Entwurf einer neuen Bundesverfassung »gehirnt«, ohne sie (um im Sprachgebrauch unsres Prä-
sidenten zu bleiben), dem Volk wirklich »beliebt machen« zu
können! Sehr beliebt ist die Übung noch immer nicht, die der
jetzige Justizminister Koller bescheiden als »Nachschrei-
bung« deklariert hat. Dennoch scheint der Brocken leichter
zu verflüssigen – vielleicht nur, weil das Gefühl verbreitet ist,
es komme darauf jetzt auch nicht mehr an.

Das Volk weiß ja, und darf es beinahe wissen, daß die vom
Parlament in diesen Jahren verrichtete Gesetzgebungsarbeit
längst weitergeschritten ist. Sie steht im Zeichen des »Nach-
vollzugs«, nämlich europäischer Tatsachen. Im föderalisti-
schen Sprachgebrauch ist das kein angesehenes Wort. Es läßt
(bei aller schönen Rede von »Subsidiarität«) auf Unterord-
nung schließen.

Heute beginnt das rote Tuch Europa in vielen Augen schon
fast Rosenfarbe anzunehmen, auch wenn die EU selbst immer weniger wie das Gelobte Land aussieht, und vielleicht
eben deshalb. Das Tuch schreckt nicht mehr, es läßt sich damit, bei Strafe der Lächerlichkeit, kein Stierkampf auf Tod
und Leben mehr inszenieren.

Der »Augenblick der Wahrheit« hat längst stattgefunden.
Die Tatsachen verlangen sachliche Taten, und die Etiketten
dafür werden des Schwindels müde.

130 *Gut* (wie jeder Sportler nach verlorenem Spiel dem Interviewer zu sagen pflegt): die Stunde der Werte-dämmerung wurde in der Schweiz, wie in jedem vergleich-baren Land postindustrieller Verhältnisse, auch die Stunde des Populismus. Und wenn er zur politischen Macht werden kann, verdankt er dies, auch in der Schweiz, dem Zusammen-wirken zweier Faktoren: der sozialen Enteignung traditio-neller Gesellschaftsschichten, und der Mediatisierung der Öffentlichkeit, schlichter: Fernsehen genannt.

Beide begünstigen die Redigitalisierung der Weltbilder. Die neuen Zivilisationsarmen rufen nach Schuldigen für ihre un-verdiente Not. Die Medien bieten ihnen dafür eine Unterhal-tung an, die nach dieser Erwartung modelliert ist. Auch wenn sie materiell an den Tatsachen nichts ändern kann, so hat sie ihnen doch eine Ersatzrealität zu bieten, die sich im-mer mehr an die Stelle der unbefriedigenden Originalver-hältnisse setzt und ihre eigene Produktivität mit heimatlos gewordener Energie nährt. Je bunter es die Konkurrenten in der medialen Produktion treiben müssen, um auf Quote zu kommen, desto stärker muß ihre Repräsentation der Wirk-lichkeit auf Schwarz/Weiß reduziert sein. Und je besser sie wahrgenommen werden will, desto mehr läßt sie den An-spruch auf Repräsentation überhaupt fahren und professio-nalisiert dafür die Präsentation.

Die einzige Referenz, die sie dabei nicht entbehren kann, ist das Private. Um genau zu sein: das überlaufene, das veröf-fentlichte, also aufgehobene Private; die Indiskretion, die melodramatisch aufgemotzte Wahrnehmung der ehemaligen Intimsphäre. Am Bildschirm das geile Beichtkind, im Fau-teuil der rechtmäßige, zum Urteil aufgerufene Voyeur.

Die Selbsterfahrungs-, Psycho- und Therapieszenen haben für eine hinreichende Ausdifferenzierung des privates Codes gesorgt, daß die Präsentation der »Wirklichkeit« – will sagen: einem komplexeren Bild ihrer Wahrnehmung – näher sein darf als in »politisch« etikettierten Gefäßen. Mit der zunehmenden Entfernung politischer Eigenerfahrung aus dem gesellschaftlichen Alltag nimmt der Reduktionsbedarf im Medium zu. Wenigstens hier will der Konsument Schwarz und Weiß unterscheiden, beziehungsweise Schwarz und Weiß zuschreiben können.

Das wirksamste Medium dafür ist die agonale Gegenüberstellung, die zirzensische Konfrontation der Gladiatoren, die zudem den Vorzug hat, zugleich Ausgewogenheit und Wettbewerb zu simulieren. Der Bessere wird sich eben durchsetzen. Besser ist, wer sich die Eigengesetzlichkeit des Mediums, die Grundregeln seines Verkaufs, wirkungsvoller zunutze macht. Um »echt«, »glaubwürdig« zu sein, muß er seiner *Personality* eine Reihe jener Eigenschaften zuführen, die seiner Kundschaft aus der Sparte *People* geläufig sind. Er muß immer so aussehen, als handle er selbst so, wie er redet. Damit erwirbt er sich das Recht, auch auf das Privatleben seiner Gegenspieler zu zielen, seine Sexgewohnheiten, sein Finanzgebaren zu denunzieren.

Je mehr die *Show* den öffentlichen Diskurs ersetzt, desto mehr kann sich der »Polit«-Akteur auf die Demontage seines Gegners beschränken. Nur darf auch der Hinweis nicht fehlen, daß es um der Sache willen geschieht. Diese Sache anders als mit rhetorischen Leerformeln zu entwickeln, erläßt das Medium seinen Protagonisten gern. Bei Sachlichkeit droht Langeweile. Das Setzen von Duftmarken, die ein bereits bekanntes Revier bezeichnen, genügt durchaus.

Der Populist wird populär, indem er die Bedürfnisse des Mediums zu bedienen versteht: auch er muß das Schwarz-Weiß seiner Botschaft bunt genug treiben können, daß ihre Empfänger den Eindruck haben: Der nimmt kein Blatt vor den Mund. Der sagt, was ist.

Er muß die Regeln medialen Verkaufs, die in Jakarta so gut wie in Huntsville, Texas, gelten, so ins Lokale zu wenden wissen, daß sich der Zuschauer und Leser in Hundwil persönlich angesprochen fühlt: das ist mein Mann, seine Sache ist die unsere. Die Verhältnisse sind wieder klar. Jetzt weiß ich, von welcher Seite die Verdunklung droht (von Juden, Ausländern, Europäern, Intellektuellen). Gespürt habe ich es ja schon immer, aber endlich kommt einer, der auch wagt, es zu sagen. Der ist meine Stimme, der hat meine Stimme. Der hat recht, ich bin richtig.

131 Wer den medialen Populismus unvermittelt am eigenen Leib zu spüren bekommt, ist nicht zur Nachsicht mit ihm aufgelegt und kann in Versuchung kommen, die direkte Demokratie mit in Kauf zu geben. »Man soll die Stimmen wägen und nicht zählen«, »Was ist die Mehrheit? Mehrheit ist der Unsinn,/ Verstand ist stets bei wen'gen nur gewesen« – starke Worte aus derselben Feder, die den »Wilhelm Tell« verfaßt hat. Sie waren auf ein Staatswesen gemünzt, das zu Schillers Zeit nicht mehr existierte, Polen; nicht zuletzt, weil die gebotene Einstimmigkeit des Sejm für die Entschlußfähigkeit des Regiments verheerend war.
Wenn Polen nicht untergegangen, immer wieder hergestellt worden ist: keinem Feldherrn und König, keiner Regierung ist es zu danken, nur der Unzerstörbarkeit seiner Wurzeln. Kein Staat hat ein Volk, das Rousseaus Traumziel einer *Volonté générale* genügte; die Schweiz am wenigsten, die nicht einmal im üblichen Sinn »ein Volk« ist.
Aber da auch kein Staat das Recht hat, seine Trägerschaft von der Bestimmung über ihr eigenes Schicksal auszuschließen: muß die Mühsal, die jede Regierung mit ihrem Volk hat, zumutbar bleiben. Das unwissendste Volk ist ehrwürdiger als jeder, der es an seiner Stelle wissen will. Auch wenn das gesunde Volksempfinden furchtbar sein kann: man muß ihm immer noch, immer wieder den *Bonsens* zutrauen, jedem zu kündigen, der es als sein Monopol reklamiert.
Gewiß: das Mehrheitsprinzip als quantifizierter Wert mag ein

Unsinn sein. Gewiß, die Logik der Einschaltquote ergibt
keine Grundlage für Politik. Die Sonntagsfrage ersetzt den
Wahltag nicht, so wenig wie die Demoskopie die Demokratie. Aber so lang die Differenz zwischen der einen und der andern von den Bürgerinnen und Bürgern empfunden und für
Überraschungen genützt werden kann, soll niemand das
Recht haben, angeblich zum Besten des Volkes seine Stelle
einzunehmen, in Lebensfragen: auch sein gewählter Abgeordneter nicht. Da ist der von Politik am elementarsten Betroffene gefragt: und er muß gefragt bleiben. Seine geheim ab-
gegebene, nur dem eigenen Gutdünken verpflichtete Stimme
bleibt als Grundlage des Staates unersetzlich. Sonst ist es
nicht mehr sein Staat. Sie mag in der Zählung, als einzelne,
verschwinden. Aber ihre Substanz verliert sich in der größten
scheinbaren Verdünnung nicht: in der Homöopathie wird
diese geradezu als »Potenzierung« der Heilkraft verstanden.
Das Votum der Basis bleibt ein Botenstoff an alle staatlichen
Organe, den sie nur zum Nachteil des gemeinen Wohls igno-
riert. Was dieses sei, sagt kein Vormund, kein Expertengre-
mium, keine PR-Agentur. Es steht allein in jener Botschaft.
Und wenn sie Unglück bringen sollte, so wird es die nächste
Botschaft des Volkes feststellen und korrigieren: denn es äußert sich zu seiner Sache. – Was diese Botschaft kann, wenn
die Dinge reif sind, hat sie in der ehemaligen DDR gezeigt.
Sie zu kassieren, konnte sich die Staatsgewalt nicht mehr herausnehmen, weder mit Zuckerbrot noch mit Peitsche. Es war
die Konstitutive, die diesen Staat kassierte: es entzog ihm
sich selbst, und damit die Legitimation.
Niemand kann, in meinem Land, für das Volk in die Europäische Union eintreten, bevor es eines Tages selbst zu verstehen gibt: wir sind schon da.
Dieses Volk allein wird die Schweiz von gestern aufheben
können, wenn es, vielleicht in aller Stille, aufgestanden ist für
eine andere, und, gelassener als 1992, wahrnimmt: es ist ein
Teil von ihr.

132 Herr B. schreitet zur Besetzung des Landes. In Altrüti bei Gossau hat er die geographische Mitte des Kantons Zürich ausgemacht.

Hier wurde 1895 der Dichter Albin Zollinger geboren; gestorben ist er 1941, während der Grenzbesetzung, und in mancher Hinsicht an ihr: an der »vergrasten Provinz«, die sich im Zeichen Geistiger Landesverteidigung zur Festung umrüstete und zur »Anbauschlacht« schritt. In seinem letzten Roman läßt Zollinger sein Alter Ego, den Lehrer Byland, als ungefordertes Kriegsopfer sterben: beim Entschärfen eines Blindgängers. Max Frisch (der Zollinger auch literarisch viel verdankt) ist dem Verehrten kurz vor dessen Tod am Pfannenstiel begegnet, jenem »Grat von schlichtem Verlauf«, zu dem es beide immer wieder hinzog. Zollinger hatte den Pfannenstiel in einem Roman gleichen Titels zu einer Art Kyffhäuser eidgenössischer Dissidenten stilisiert, eines Vereins ohne Statuten, den er die »Pfannenstieler« nannte. Viel später wollte Frisch hier nochmals bauen: ein *Phalanstère* für eine freie Theatertruppe, und am Rande einen Arbeitsplatz für den Schriftsteller.

Meilen ist lange als Wohnort Herrn B.s bekannt gewesen. Auch Bertolt Brecht hat nach dem Krieg in Feldmeilen Station gemacht, als er, aus Amerika zurückgekehrt, ein Theater und eine Niederlassung suchte. Beides fand er nicht in der Schweiz.

Einer seiner Regieassistenten für die »Antigone«-Inszenierung in Chur war später Griechischlehrer an meinem Gymnasium geworden und eines Tages spurlos verschwunden. Viele Jahre später stieß ein Bekannter in Kreta auf den Totgesagten.

Er war nicht Stiller. Aber er muß die Schweiz schon lange vor Herrn B. ausreichend besetzt gefunden haben.

133 Wenn man den Pfannenstiel etwas streckt, so wohnt man in Zollikon immer noch an seinem Fuß. Dort habe auch ich vor einem halben Jahrhundert, wie Herrn B. s Volk am Ehrentag seiner Partei, das »Beresina-Lied« aus tiefster Seele mitgesungen. Nicht am 1. August, wenn auf der Allmend das Feuer loderte – am Nationalfeiertag hätte das Lied zu schwermütig geklungen, dann war »Rufst du mein Vaterland« angesagt. *Unser Leben gleicht der Reise eines Wandrers in der Nacht*: das Lied schwebte lieber über dem Lagerfeuer der Pfadfinder, wenn es am Erlöschen war und die Feierlichkeit stiller werden mußte. Dann sang man *Kein schöner Land in dieser Zeit* – oder eben das Lied vom Fluß mit dem traurigen Namen. Es war ja auch keine Vergnügungsreise, welche die zum Dienst Napoleons kommandierten Schweizerregimente in die eisige Tiefe des russischen Winters geführt hatte, wo sie an der Beresina den Rückzug der *Grande Armée*, oder was von ihr übrig war, decken mußten.

Mutig, mutig, liebe Brüder… der ersehnte Sonnenaufgang in der Heimat war noch nicht derjenige des Sönneleins auf der Werbung der Volkspartei. Ich hatte das Beresina-Lied immer als heimliche Nationalhymne betrachtet, seit sich, nach dem schieren Bombast von *Rufst du, mein Vaterland*, nichts wollte finden lassen, was Deutsch und Welsch, Reformiert, Katholisch und Gottlos etwa gleich schmerzlos über die Zunge gegangen wäre. Amiels *Roulez tambours*, die einzige martialische Lebensäusserung des eminenten Selbstquälers, klang eher wie eine Fortsetzung des deutsch-französischen Kriegs von 70/71. Auch was die Appenzeller an ihrer inzwischen abgeschafften Landsgemeinde in den Mund zu nehmen wagten, war den meisten Schweizern etwas zu groß: *Alles Leben strö-ö-ömt aus dir* – mit dem grandiosen, gleichsam am Hosenträger schnellenden Betonungszwang der folgenden Reimzeile: *Deiner Hände Werk sind WIR.*

Wettbewerbe, die in Abständen zur Findung einer Nationalhymne ausgeschrieben wurde, förderten viel gut Gemeintes zutage, nur nichts, was den Stilen und Seelentönen aller Landesteile gleichermaßen hätte genügen können. So landete man verschämt wieder beim alten »Schweizerpsalm«, der wenigstens eine reformierte Musik und einen katholischen Text zu bieten hatte, wobei dieses *Trittst im Morgenrot daher* hinlänglich verblasen war, um seine Sänger wenigstens in Ratlosigkeit zu vereinigen. Es hatte sogar meinen frommen Vater zur Blasphemie hingerissen, diesem Herrn einen »Morgenrock« zu verpassen; denn ein windelweicher Pantheismus war ihm, aus entgegengesetzten Gründen, ebenso zuwider wie dem gewissenhaften Atheisten Gottfried Keller.

Ja, wäre nur Kellers *O mein Heimatland! O mein Vaterland!* für die Erhebung der nationalen Seele brauchbar gewesen! Aber was war mit dem armen Tropf, der da *arm doch froh fremdes Land durchstrich* in einer Nationalhymne anzufangen? Mußte es schon ein himmeltrauriges Heimwehlied sein, dann ließ sich zu dem der Beresina-Söldner immerhin marschieren, wenn auch mit besonders schwerem Schritt.

Der Sonnenaufgang wäre dafür allerdings die falsche Richtung gewesen, nämlich diejenige nach Sibirien: der Fluchtweg in die Heimat führte westwärts und war noch tausende von Kilometern weit.

Es ist das Lied einer geschlagenen Truppe; reichlich defätistisch für einen nationalen Aufbruch. Freilich geht es zuerst einmal darum, enttäuschte und erkältete Gefühle abzuholen und ihnen die Schweiz des Herrn B. als rettenden Horizont zu zeigen.

134 Nun ist die Gegend, die Herr B. für seine Zwecke verwenden möchte, allerdings schon eine Kulturlandschaft. Auch in meinem Wohnort ist seine Partei zwar die stärkste – nach seiner Rede im Berner Kursaal bemerkte

ich es auch am Einfrieren der Grüße –, aber selbst Männedorf
trägt Spuren urbaner Besiedelung: etwa durch Hans Henny
Jahnn, dem mein Halbbruder Walter hier eine Bleibe außerhalb Nazi-Deutschlands verschaffte. Er selbst wollte sich, da
es mit einer akademischen Zukunft nichts zu werden schien,
in der Nähe als schreibender Bauer niederlassen. Der Pachtvertrag lag schon auf dem Tisch, als er doch noch einen Ruf
nach Basel erhielt. Einen nach Zürich hatte er sich durch eine
schnöde Bemerkung über die Rolle des Feldpredigers verbaut, »die wir nur noch als vollkommene Prostitution des
Geistlichen kennen.«

Aber noch früher war unser Vater hier vorbeigekommen.
Wenn er von Oetwil aus die Sekundarschule Männedorf besuchte, muß ihn der Weg dicht an meiner Haustür vorbeige-
führt haben. Dafür ging er damals wohl eine Stunde über den
Berg. Denn die Trambahn Meilen-Wetzikon, die inzwischen
längst wieder aufgelassen ist, gab es in Vaters Jugend noch
nicht. Ohnehin hätte er das Fahrgeld dafür nicht gehabt.
Und war zu Fuß auch schneller.

Bevor Männedorf beinahe eine »Goldküsten«-Gemeinde
werden konnte, war es jenes »Jerusalem am Pfannenstiel«, in
dem Betsy Meier den Verlust ihres Bruders Conrad (an eine
schlichte Millionärstochter) verschmerzt hatte. Als reformierte Nonne wandte sie sich und ihr Vermögen der »Zeller-
schen Stiftung« zu, deren frommer Komplex die übrigen
Stätten der Männedörfler Frömmigkeit überragt und dessen
Glöcklein im Exzess der Geläute tapfer mithält. Hier hatte
mich mein Vater schon als kleinen Jungen herumgeführt, als
er ein paar uralte Männer besuchte, einst seine Kollegen am
frommen Seminar, wo die Landbuben nach der Sekundarschule Stadtluft geatmet hatten, mit dem nötigen christlichen
Vorbehalt.

Dabei dürfte er an meinem heutigen Arbeitsplatz, der Semper-Sternwarte vorbeigegangen sein. Nur stand sie 1890
noch in einem offenen Rebberg, die kleine, etwas hochbeinig

geratene Renaissancevilla mit der grünspanen Kuppel, von der man zu seiner Zeit noch einen klaren Himmel über der Stadt beobachten könnte. Vielleicht hätte der Bauernbub, wenn er, mit Ehrfurcht, dort hinaufblickte, gerne einmal die Sterne, die sein Herr alle gezählt hatte, aus astronomischer Nähe betrachtet.

Der Mann, der dir dabei das Auge geführt hätte, wäre Professor Rudolf Wolf gewesen, ein bärtiger Gott der Wissenschaft, Gottfried Keller, von der Größe abgesehen, verblüffend ähnlich, der hier ebenfalls mit Mutter und Schwester hauste. Sonst standen die beiden Männer einander nicht nahe, und wenn dich der Gelehrte beim Sterngucken zwischen seine Knie hätte treten lassen, hättest du vielleicht gespürt, warum. Junger Mann, so sieht die Welt aus, vor der dich dein Herr Seminardirektor gewarnt hat!

Das Gebäude erinnert mich daran, wie jung es war, als du, ein noch jüngerer Mann, daran vorbeigegangen bist. Du hättest auch noch dem alten Staatsschreiber begegnen können, obwohl er in seinen letzten Jahren nicht mehr gut zu Fuß war. »Das Fassel rollt heran«, hat er seiner letzten Liebe Marie Exner nach Österreich telegraphiert, während Friedrich Locher, der alte Streithahn, immer noch beschwingt stolzieren konnte. Der hätte uns etwas vormachen können, Vater, sieh dir seinen Kopf an: ein unerschrockener Mann.

Spurensicherungen zur Erinnerung, daß dieses Land schon ein Land war, bevor es Herr B. mit seinem Volk besetzte. Hier lebten einmal Zollingers »Pfannenstieler«, und hier sollen sie nicht aussterben.

135 Die Schweiz im mehrfachen Jubiläumsjahr 1998 beginnt wieder jener ländlichen Hochburg untüchtigen Eigensinns zu gleichen, die Gottfried Keller als »Seldwyla« gezeichnet hat: ein *Rottenborough*, das der Flurbereinigung durch die Geschichte immer dürftiger widersteht. Das Heil Seldwylas ist schon bei Keller nie aus diesem selbst gekommen; so schielt es, wie eine verblühte Braut, kaum noch verstohlen nach dem Glücksritter, der es von seinem Gemäuer erlösen und vor dem Gröbsten bewahren kann. Selbstherrlich nur noch zum Schein, ist es längst bereit, einem besseren Fürsprecher beim Glück seinen Stolz billig zu verkaufen und – wenn's weiter nichts ist! – auch seine Seele.

In diesem Paradies der falschen Vögel und schlechten Spekulanten sieht ein unbeugsamer Narr schon fast wie ein starker Charakter aus. Als solchen porträtiert DAS MAGAZIN (16/98) des Zürcher »Tages-Anzeiger« den Landpfarrer Gerhard B. im schaffhausischen Hallau, der sich einen theologisch begründeten, darum wahrhaft diabolischen Jux daraus macht, Gutmenschen zu verladen und seine Kirche von ihnen zu räumen. »Wenn der Mensch das Lachen kennenlernt, verliert er die Angst. Wenn er die Angst verliert, hat er keinen Anlaß mehr zum Glauben. Wenn er zum Glauben keinen Anlaß mehr hat, wird die Kirche überflüssig.« Über seinem Schreibpult hat er die »Grundsätze der Gefechtsführung« aufgehängt, deren erster da lautet: VERNICHTUNG DES GEGNERS. Und so kann Pfarrer Gerhard B. denn Tränen lachen über jeden, dem er dermaßen nahegetreten ist, daß ihn der Schlag traf – ganz und gar unbildlich. »Abtreten« sagt sein ebenfalls in den militärischen Jargon vernarrter, mordslustiger Gott dazu, als dessen Spießgesell er die Welt unsicher macht; und dazu gehört in seinem verschreckten Sprengel nicht viel. So sind dem Genuß, sich darin als Urviech zu benehmen, kaum Grenzen gesetzt. Wo er kann, beißt er die Hand, die ihn füttert, und das lohnt sie ihm noch mit 170 Mille Jahresgehalt. Eine solche Kirche soll er ernst nehmen?

»Wie ein abgeschossener Kampfflieger« ist er auf sein 2100-Seelen-Dorf niedergestoßen und »entsicherte die Kanonen«

ungesäumt Richtung Obrigkeit, die nicht einmal Manns genug gewesen war, ihm das Wählbarkeitszeugnis zu entziehen. Seither hat der Mann, »der ein Leben lang Soldat gewesen war« und für den »das Militärische ja das Schönste ist, was es gibt«, seinen Krieg, den ihm keiner mehr nimmt. »Träted uus us dem Chaib, us dere Chile.« Da die Frommen tot umfallen, wenn er brüllt, darf er seine Stimme, wie Elias, für diejenige des lebendigen Gottes halten. Das Titelbild zeigt ihn, wie er sich unter der Brille eine Träne aus dem zugedrückten Auge wischt, während ihm das Huronengelächter den Mund aufreißt und eine Batterie starker Zähne entblößt. So lustig kann das werden, wenn der Herr das Laue ausspeit aus seinem Mund! Doch scharfgeschnitten wie Schützengräben zwingen die Mundwinkel den Ausbruch nieder und ziehen ihn ins Verächtliche. Der Mann verbeißt viel und hat nicht gut lachen. Die Freude an seinem Schaden wiegt schwer. Ein Lachen in Anführungszeichen, wie er sie für sein Schimpfwort »Kirche« verwendet.

Mir scheint, ich sei seiner Art schon begegnet, in Gestalt des Kommandanten einer meiner militärischen Schulen. Dieser kahlköpfige Puck sonnte sich ingrimmig in der Disziplin, welcher er uns mutmaßliche Weichlinge unterwarf. Wenn er uns keuchen hörte, wollte er wissen: »Ist euch jetzt wohler?« Es war eine Art Selbstgespräch, bei dem seine Stimme plötzlich leise und gepreßt werden konnte. Am liebsten hetzte er uns zum Kleiderwechsel ins Kantonnement hinauf und auf den Exerzierplatz zurück, wo er uns mit der Stoppuhr in der Hand erwartete, bis der letzte »Gut!« schrie. »*Ich* sage gut!«, bellte er, und natürlich war er weit davon entfernt. Einen nach dem andern ins Auge fassend, schritt er unsere in Achtungstellung erstarrte Reihe ab, in der jedesmal zuverlässig ein Knopf offen geblieben war, und wenn er uns ausreichend »genossen« hatte, kam es vor, daß er ihn eigenhändig schloß. Ich spüre es noch mit Aberwillen, das sachte tastende Nesteln seiner Finger an meinem Hals. Aber jetzt war ihm

wohl, sein kerniges Lächeln zeigte es an. Wir hatten ausreichend bewiesen, daß wir uns nicht einmal ordentlich anzie-
hen konnten; jetzt waren wir ihm nackt genug und mochten
»verfügen«. Das Totemtier des kleinen Obristen war »der innere Schweinehund«, dem man »es« – was immer – zeigen
mußte. Jedenfalls wollte er Mannszucht an uns erleben und
aus lauter matten Würstchen echte Frontschweine ziehen. Er
wurde für seinen Humor nicht nur gefürchtet, sondern von
manchen auch geliebt, denn es gefiel ihm, seine barbarische
Disziplin unverhofft außer Kraft zu setzen und uns in eine
Art von abenteuerlichem Vertrauen zu ziehen. Ein Kollege,
der auf Sonntagswache gewesen war, berichtete danach: der
Oberst habe ihm gestanden, er wisse nicht, wo seine Frau ab-
geblieben sei. Er sei zu alt für sie. Danach habe er geweint. Im
Gefecht, äußerte er in einer sogenannten »Theorie«, komme
es darauf an, daß »der Mann ausgeschissen« sei. Einem aus-
geschissenem Unterleib könne ein Treffer weniger anhaben.
Außen aber müsse man dreckig werden können. Das ver-
lange er gerade von seinen Offizieren. »Im Dreck müssen sie
die ersten sein.«
Pfarrer Gerhard B. ist der ältere Bruder des Volkstribuns
Christoph B., dem er »die Bandagen um die lottrigen Knie
legt«, »wenn er in seinem Schloß hockt« und »vor Angst fast
stirbt«, weil ihm seine Rede für den jährlichen Großauftritt
im Schützenhaus noch nicht stark genug scheint. Der kämpferische Stamm der B. tut sich nicht erst seit heute schwer mit
der Eroberung der Schweiz. Dem Großvater Eduard B.
wurde seine kostbarste Mitgift, das deutsche Kulturerbe, für
das er als Diaspora-Pfarrer im zweisprachigen Wallis unermüdlich geworben hatte, von Hitler verhagelt. Sein Sohn
Wolfram, mit elf Kindern ein Patriarch wie der biblische Jakob, wurde nach 33 Jahren unnachsichtigen Gottesdienstes
von seiner Pfarrgemeinde Laufen abgewählt.
Im Sohn Gerhard, Theologe nun erst recht, nimmt die geistliche Geduld mit den Philistern ein Ende. Damit die Schweiz

den Namen eines gelobten Landes verdiene, muß ihr das Schwert gebracht werden. Dafür ist Bruder Christoph ganz der Rechte: und so macht sich der brüderliche Feldprediger Gerhard zum Verkündiger des Erwählten und schlüpft in jede Rolle, die für die VERNICHTUNG DES GEGNERS gefordert sein mag. Nicht umsonst gilt er »weit herum als Meister der Lagebeurteilung«.

Und so legt er dem Ersten Politiker der Sippe nicht nur die Bandagen an. Er ist auch sein Johannes der Täufer, nicht würdig, ihm die Schuhriemen zu lösen. Er ist sein Seelsorger, Beichtvater, Wasserträger und Coach am Ring: *Catch as catch can!* Er schwingt die Geißel Gottes über ihm; er legt ihm die Hürden hoch und schärft sie, damit er noch höher springe. Und wenn er sich dabei verletzt, pflegt er ihn und schweigt darüber. Die B.s haben lange genug eingesteckt, jetzt teilen sie aus. »Selig sind die Sanftmütigen, denn sie werden das Land besitzen«? Pustekuchen. Wer das Land hier besitzen will, muß ihm die Sanftmut austreiben. Und selig ist, wer dabei nicht nur sich selbst totlacht, sondern zuvor noch ein paar andere, denn nur wer zuletzt lacht, lacht am besten.

Mit ist noch ein anderer Bruder bekannt, Andreas B., der als Intellektueller eine gewisse Neigung erkennen läßt, den familiären Machtwillen distanzierter zu betrachten. Er ist Historiker; lebte er im Byzanz des 6. Jahrhunderts und hieße Prokop, so hätte er über die Taten seines kaiserlichen Herrn zweimal Buch geführt: einmal in einer Lob-, einmal in einer Schmähschrift. In seinem Porträt des Bruders Christoph hat er seine doppelte Zunge so geschickt zusammengeführt, daß dem Gefeierten das Kränzlein gepaßt haben wird, auch wenn er das Gewundene daran kaum übersehen konnte.

Ich wünsche Herrn B. eine stärkere Enttarnung: möge er doch, als deklarierte Neue Rechte der Schweiz, zur Wahl stehen. Statt über die Ohnmacht der andern nur zu spotten, und mit der Macht nur zu drohen oder zu spielen, soll er Gelegenheit haben, sie zu üben und dafür zu haften. Dann bekäme man es, statt mit einem Klabautermann der Demokratie, mit einer leibhaftigen Größe zu tun, die sich zur Verantwortung ziehen und im Ernst wählen, bei unverrichteten Dingen aber auch entschieden abwählen läßt. Er möge aus dem Zwielicht treten, das er verbreitet, und seine Sache bei vollem Licht führen. Es wird gründlicher für seine Entzauberung sorgen, als seine halbherzigen und halbschlächtigen Gegner es können – nur wird es dann kein Vollamt mehr sein, sie dafür geringzuschätzen. Möge er selbst schätzbar werden. Hat Herr B. das Zeug, die Reaktion ehrlicher zu machen? Vielleicht bekäme die politische Schweiz dann erst die Chance, sie ehrlich zu überwinden und unzweideutig hinter sich zu lassen.

136 »Unsere Banken«, deren Rechnung das Land so lange mit schöner Blindheit gegengezeichnet hat, beginnen die letzte Rücksicht auf Tante Helvetia und ihren Milch- und Käseladen beiseite zu setzen. Sie verhandeln mit dem *World Jewish Congress* nur noch in eigener Sache: sie brauchen einen *Deal*, subito, um im globalen Geschäft zu bleiben. Wenn man dafür auf die Gebets- und Gerechtigkeitsmühlen des Kleinstaates warten wollte, und auf die wahrhaft historische Zeit, die sich die Bergier-Kommission für ihre Gewissensforschung zu lassen gedenkt! Wen mag die Wahrheit über die Schweiz in fünf Jahren noch interessieren? – Wollen die Banken denn gar nicht wissen, welch unfreundliches Präjudiz sie mit ihrem vaterlandslosen Alleingang schaffen, bei dem sie unsere paar Prinzipien gleich mit übers Knie brechen? Unsere Geschäftsbanken *dealen* jetzt also, und was tun danach unsere Versicherungen? Was wird aus unseren Wirtschaftsunternehmen? Nur Geduld – die kommen auch noch zur Kasse, eins nach dem andern. Ist es nicht großartig, wie unsere Banken bei der Flucht nach vorn wieder die Ersten sind? In der Höhle der Löwen tolldreist ihr

Hasenpanier entrollen? Sie positionieren sich zum Domino-
spiel – wenn die Steine schon fallen müssen, fällt man als Erster ein bißchen weniger hart, nämlich auf die Schnauze des
nächsten, statt auf die eigene. *First come, first served*, liebe
Freunde! Die Banken lernen aus ihren Fehlern – ihr Krisen-
Management ist nun am längsten das dümmste gewesen, mögen jetzt ruhig einmal andere die Dummen sein. Sie werden
es euch danken, liebe wahrhaft führende Banken!

Aber was, bitte sehr, ist mit der Nationalbank? Wie soll die,
als zur Solidarität verknurrtes Staatsorgan, *dealen* und *whee-
len* wir ihr? Tja. – Eigentlich nicht euer Problem, nicht wahr?
Ihr, die viel gelobten, aber auch viel gescholtenen Marktfüh-
rer, habt selbstverständlich nichts gegen euren angestammten
Standort, auch wenn ihr ihm ein wenig entwachsen seid.
Nur, wenn schon Staat, muß er schon in eurer Liga spielen,
damit ein rechter Segen ins Geschäft kommt, darum habt ihr
die US-Regierung ausdrücklich einbezogen. Herr Eizenstat,
der Patron und Vertrauensmann, hat eine Vermittlung zu
bieten, die ins Gewicht fällt, und was eigentlich soll die
Schweizer Regierung daran hindern, ihr bescheidenes dran-
zuhängen und dem guten Beispiel zu folgen? Staatsrechtliche
Skrupel? die nationale Würde? Tja – wieviel sich einer von
diesem schönen Luxus leisten kann, muß er selbst wissen,
nicht wahr? Die offizielle Schweiz ist ja frei, sich mitsamt ihrer Notenbank ebenfalls in die Reihe zu stellen – dafür muß
sie nur ein Ding zeigen, das sie inzwischen auch von ihrer
eigenen Kundschaft fordert: Flexibilität.

Ja, »die Schweiz« ist gerade dabei, die bitterste Lektion der
letzten Jahre zu lernen: der Kleinstaat ist nicht der große
Hund, der mit dem prächtigen Schweif seiner Banken wedelt.
Die Wedelverhältnisse haben sich umgekehrt: im Konfliktfall
tut der nationale Schwanz gut daran, sich einzuziehen. Hel-
vetiens Kunden erleben zum erstenmal, was Globalisierung
realpolitisch bedeutet. Sie findet mit oder ohne Segen des Vaterlandes statt, und auf seinem Buckel, wenn es so unklug ist,

einen Buckel zu machen: den kann es dann gleich selbst hin-
unterrutschen. Man kann eben, mit Verlaub, nicht beides haben: das weltweite Bankgeschäft, und einen landeseigenen
Horizont dafür. *Jetzt* ist Zahltag für den Holocaust, jetzt
oder nie gibt es Rabatt auf das Sündengeld, und wer zu spät
kommt, den bestraft das Leben. Die Vereinigten Großban-
ken, die ihr Schweizer Logo immer diskreter tragen, packen
den günstigen Moment der Schadensbegrenzung – von den
Problemen, die der Kleinstaat damit hat, können sie sich
nichts kaufen.

Der Landesregierung, den übrigen staatlichen und privaten
Unternehmen aber bleibt die Faust im Sack, bevor sie diesen
ebenfalls aufmachen müssen, und gewiß nicht zu knapp,
nachdem unsere Banken glücklich übergelaufen sind, ins
Trockene gewissermaßen. So teuer kann Globalisierung
werden, und sie gilt auch im Holocaust-Business: der Staat
müßte noch eine Macht sein, um dabei mitzureden. Die
Schweiz, ohne ihre Banken, ist keine – da ist auch der Einspruch, den unsere einheimische Judenschaft gegen die Geschäftstüchtigkeit ihres globalen Zweckverbands erhoben
hat, zwar sympathisch, aber kein Trost; an den allgemeinen
Geschäftsbedingungen ändert er nichts. Das Vaterland, der
Sozialstaat, das Gerechtigkeitsgefühl beweisen nur noch ihre
Insolvenz. Global sind ganz andere Kräfte am Zug, wir ziehen mit oder bleiben auf der Strecke. »Wir«? Auch dieser
Plural der 1. Person ist vom Staats- auf den Unternehmens-
verband übergegangen. Er ist das Überich der Shareholder
und ihres Values. Politik darf sie nichts mehr kosten.

So werden klassische Trennlinien der Geschichte – die nationalen Grenzen – obsolet. Was übrigens keineswegs bedeutet,
daß sich auch ihre Besetzung durch verwundete Gefühle erledigt hätte, ganz im Gegenteil. Der totalitäre Globalismus
gibt gerade dem idiotischen Nationalismus nicht ungern
Raum, denn auch dieser funktioniert nach der Maxime der
Rücksichtslosigkeit, und er behindert das Große Geld kei-

neswegs: jedenfalls, solange es vom Standortneid der Nationalen profitiert und allzeit in eine günstigere Weltgegend
umziehen kann. Da funktioniert der Nationalstolz geradezu
wie eine Quartierpolizei, die zum Rechten sieht und sich dabei selbst immer mehr nach rechts bewegt; selbstgerechter,
teilnahms- und gnadenloser wird. Eine Stelle beim Ord-
nungsdienst ist genau die Erfolgschance, die das globale Kapital seinen Zukurzgekommenen gerne übrig läßt; so wütet
der Wettbewerb auch unter den Betrogenen. Bemerkt man
überhaupt noch, wie verwahrlost, wie brutal die Ordnung
wirkt, die sich unter diesen Bedingungen durchsetzt? Wie
häßlich der *Shareholder Value* auch seine Nicht-Teilnehmer
macht – bis zum Wahrnehmungsverbot seiner Häßlichkeit?
Da sich die Medien vom Wettbewerb um die nötige Glanz-
kaschierung nicht lumpen lassen dürfen – welche Trägerschaft bleibt noch übrig, die Trostlosigkeit dieser Errungenschaft zu melden, ohne Furcht, sich als Spielverderber lästig
zu machen bei allen, die unterzugehen glauben, wenn sie
nicht mitspielen? Die sich schon durch die Anmeldung vom
Unglück selbst disqualifizieren, aus dem Rennen der Ratten
auf das sinkende Schiff genommen werden, wo die Musik
spielt – bis zum Gehtnichtmehr, das jedenfalls du noch ein
bißchen eher erleben mußt als ich, ich, ich?

137 Wieviel List der Vernunft mag sich in der Schweizer Krise verstecken, deren Beteiligte wir sind? Ist,
bei so viel konfus gewordener List, überhaupt noch etwas
wie höhere Vernunft am Werk; und wie vernünftig ist es
überhaupt, immer noch das Instrumentarium eines Hegel-
schen Weltgeistes zu bemühen, diesen listigen Platzhalter
eines lieben Gottes? Wieviel Spaß verspräche er sich davon,
in unsereinem zu Bewußtsein zu kommen? Oder sucht er
sein Heil in der Bewußtlosigkeit – unsere Medien produzie-

ren ja genug davon –, weil auch er seinen Tod lieber *light* hat?

Gesetzt aber den Fall, »der große Baumeister« (Keller) führe unter seinen Projekten die Schweiz noch immer, wie könnte er sie von einem überlebten Modelldasein erlösen?

Vielleicht so, daß der Glassturz sich in Luft auflöst; daß die Fronten, welche die heilige Einfalt gegen innere und äußere Feinde aufgeworfen hat, weil nicht mehr besetzbar, stillschweigend obsolet werden. Denn in der jüngeren Generation läßt sich das Personal für diese Réduit-Fron immer weniger rekrutieren. Am Ende ist es sogar gleichgültig, welche Partei sich eine Entwicklung, die ohnehin eintritt, an die Fahnen heftet. Denn die Mobilität der Bevölkerung, die innere und die äußere, wird auch diese Fähnchen im Stich lassen. Die Zivilgesellschaft, von Staatlichkeit immer weiter entfernt, vernimmt und vermißt den Ruf zu den Fahnen der Nation nicht mehr.

Aber sie dankt das, was einmal Politik hieß, nicht ganz ab. Sie läuft nur ihren großen Maschinen davon. Dafür organisiert sie lokale Kraftwerke der Gemeinschaft. Statt des sozialen Netzes, das der alte Staat verkommen ließ, beginnt sie viele kleine zu knüpfen oder auch zu häkeln, in einer bis dahin unbekannten Form vielfältiger Heim-Arbeit. Sie erfindet – unter Wahrung emanzipatorischer Errungenschaften – die Großfamilie wieder und erdet sich mit ihr.

Allerdings: dieser Demobilisierung des gestrigen Fortschritts muß wohl seine Expansion über alle zuträglichen Grenzen hinaus vorausgegangen sein. Die Kleingruppen wären das Resultat eines Prozesses, in dem die Weltgesellschaft die Globalisierung zu deren eigener Zähmung benützt hat. Sie hat an Groß-Organisation nur so viel bestehen lassen, wie dafür benötigt wird, global zu überleben, dieses Minimum aber mit den nötigen Mitteln zur differenzierten Produktion ausgestattet.

Kultur soll dann vor allem heißen: einvernehmliche und

taktvolle Nutzung der kostbarsten und unersetzlichsten Ressourcen des Lebens: Raum und Zeit. Die Gesellschaften sollen daran gemessen werden, wie viel sie aus wie wenig zu machen verstehen. Nachdem die Evolution einer einzigen Art alle Grenzen gesprengt hat, die sie mit sich selbst verträglich machen, gilt es, das Artefakt der drohenden Monokultur gewissermaßen zu renaturalisieren, indem man ihm zugleich Nischen eines *andern* Lebens abgewinnt und die Zwischenräume für neue Begrünung, die Erholung der Artenvielfalt, derjenigen des Lebens wie des Denkens, freigibt. Wenn die physische Mobilität dadurch eingeschränkt wird, mag sie durch elektronische Netzwerke ausgeglichen werden, aber auch durch intensivere Entdeckungen in der Welt des Zuhandenen.

Auch in dieser Hinsicht soll der Raubbau, die Brandrodung der Mitwelt überholt sein. Was die Gemeinschaft produziert, entscheidet sie in viel höherem Maße selbst, und dabei sind die Formen dieser Entscheidungsfindung ihr kostbarstes Produkt. Es würden der Güter nicht so viele sein müssen wie heute. Aber der Wettbewerb um das bessere Gut würde sich auf die Intensität seines Gebrauchs verlagern. Indem Zeit und Raum von *junk* und *trash* entlastet werden, würde aus der quantitativen Reduktion ein qualitativer Mehrwert. Die bisher ungenützte Triebkraft Gelassenheit sorgte für eine heute noch unvorstellbare Multiplikation der Lebensmöglichkeiten und der Erweiterung und Vertiefung der Lebensgrundlagen.

Heilige Vielfalt. Verbotene Einfalt? Unbelehrbare Utopie?

138 Ich weiß so wenig wie jeder andere, wohin die Zivilisation sich bewegen mag. Ich weiß nur, daß die Hochrechnung der Parameter der Gegenwart die am wenigsten realistische Lesart der Zukunft ist. Das Ende des

Sowjetblocks – dieses Ende *not with a bang but with a whim-per* – hat selbst die Geheimdienste überrascht, von Futurolo-gen zu schweigen. Kaum etwas pflegt binnen kurzer Frist so historisch auszusehen wie die Prophetien der Zukunft. Die *Science Fiction* Jules Vernes hat mit Brehms Tierleben soviel gemeinsam: es sind Selbstporträts ihrer Epoche, zur Kennt-lichkeit entstellte Sittenbilder des 19. Jahrhunderts.

Unsere avancierte Naturwissenschaft verdächtigt inzwischen auch die sogenannten Naturgesetze einer eigenen Geschicht-lichkeit. Selbst Heliumatome haben seit dem Urknall dazuge-lernt. Die Geschichte der Kultur und ihres Trägers, des kol-lektiven Bewußtseins, zeigt eine Fähigkeit zu Wendungen an, von denen niemand tiefer überrascht werden kann als ihre Teilnehmer. Verfasserschaft unbekannt: es seien denn verbor-gene Spielregeln der Selbstorganisation, die wir jeder Art, die überleben will, zu unterstellen Hoffnung haben.

Die Praxis spielt nach diesen Regeln hoffentlich zuverlässi-ger als das Denken. Wir selbst vermögen die Differenz zwi-schen Wissen und Handeln mit jeder Rio-Konferenz weni-ger zu schließen. Sind wir nicht darauf angewiesen, daß wenigstens in der Unvernunft eine Agentur waltet, die besser weiß, was sie tut, als die verzweifelnde, aus Verzweiflung im-mer weiter mogelnde Vernunft sich träumen läßt?

Da die materielle Organisation des Lebendigen den Kon-strukten unseres Bewußtseins (um dessen Selbstüberschät-zung unbekümmert) noch immer um Größenordnungen überlegen ist – was ist ein Supercomputer gegen ein Blatt im Rinnstein! –, dürfen wir, ohne Zynismus, vielleicht unsern kollektiven Fehlleistungen immer noch etwas eher trauen als ihrer apokalyptischen Interpretation; einschließlich derjeni-gen, daß es »Fehlleistungen« sind.

Es mag die Aufklärung kränken: aber in der Blindheit unse-rer Art könnte ein Prinzip beschlossen sein, dem man die Korrektur unserer Exzesse an instrumentalisierter Vernunft anheimstellen kann, wenn nicht getrost, so doch gelassen.

Auch unsere Lebensgeschichten geben erst hinterher etwas wie Planmäßigkeit zu erkennen. So lange einem die wirklich entscheidenden Wendungen noch bevorstehen, ist es noch immer anders gekommen als gedacht. Und selbst hinterher zeugt es von wenig Vorstellungskraft, wenn man glauben möchte, das andere hätte anders nicht eintreten können als eben so. Unsere Geschichten verlangen nach einem Sinn; das Leben führt uns auf Schritt und Tritt vor, daß es sich mit viel weniger begnügt, um viel Erstaunlicheres als »Sinngebung« zu leisten.

Sollte es sich beim Eintreten der gemeinsamen Zukunft so anders verhalten? Schon in überblickbaren Zeiträumen weiß eine Generation die Prioritäten der nächsten nicht mehr zu fassen. Sie überschätzt sich zuverlässig in der Annahme, daß sie ihr viel, wenigstens das Dringendste, weitergeben müsse. Gerade das Dringendste wohl am wenigsten (wie wenig wissen schon bei jedem Todesfall die Kinder mit dem Mobiliar der Eltern anzufangen!). Es wird gewiß etwas an kultureller Erfahrung übertragen – aber was, weiß der Erblasser so wenig im voraus, wie es die Erben selbst zu sagen wüßten.

Wird es so etwas wie die Schweiz morgen noch geben? Wir können es hoffen oder fürchten: beeinflussen aber sehr viel weniger als wir glauben. Die Wahrscheinlichkeit, daß sie mit einem Eklat verschwindet, dürfte gering sein: das wäre eine von Meinrad Lienerts Sagen und Heldengeschichten. Da sie »Geschichte« nicht erst werden muß, sondern schon ist, könnte einfach etwas mit ihr *geschehen*, was ihre Bewohner weder vermuten noch verhindern können: eine Verwandlung, wie diejenige aller historischen Gebilde, zur Unkenntlichkeit für die, die sie selbst erleben; zur Kenntlichkeit derer, die sie hinter sich haben. Und wir dürfen es ihnen überlassen (da wir es ja ohnehin müssen) wieviel »Schweiz«, wie wir sie heute zu kennen glauben, dabei übrig bleibt oder auch sichtbar wird: als das Neue, das längst schon da war, vor unsern Augen; nur, sie sehen es nicht.

139 28. September 1997, ein Abstimmungssonntag aus dem Bilderbuch der Schweizer Volksherrschaft. Eine Initiative, ein Referendum.

Die Initiative, für die 100 000 Unterschriften verlangt werden, galt einer »Jugend ohne Drogen«. Wer wünschte sich die nicht! Das Referendum anderseits (50 000 Unterschriften) wandte sich gegen die von den Räten bereits beschlossene Kürzung des Arbeitslosengeldes, zum Zweck der Deckung einer Lücke im Bundeshaushalt. Auch die Armen sollten würdig bleiben, ihren Beitrag zu einer so guten Sache zu leisten.

Die Annahme einer Initiative ist wunderselten in der CH-Demokratie, allein darum schon, weil sie durch ein Ja zu bezeugen ist. Damit kommen ihr zum vornherein die notorischen Neinsager abhanden, die angeblich zehn Prozent des Stimmvolks betragen. Einer Initiative aber, die sich »Jugend ohne Drogen« nennt, mußte man Chancen geben. Sie hatte freilich ein anderes Axiom der Schweizer Innenpolitik gegen sich.

Keller illustriert es in seinem »Martin Salander«: der Titelheld verzichtet auf eine Wahl ins Zürcher Kantonsparlament, in das er ganz gerne gewollt hätte und wohl auch gewählt worden wäre. Doch in seinen Augen waren es nicht die richtigen Leute, die seine Kandidatur portierten (er hat Pech: später werden sie seine Schwiegersöhne). In der direkten Demokratie hat man einige Übung darin, eine Vorlage nie ohne die Gesichter der Vorlegenden zu betrachten. Bei »Jugend ohne Drogen« war es eine Koalition von Saubermännern, die sich um den Kern eines sektenförmigen Stoßtrupps gebildet hatte, einer Art pädagogischer *Scientology*. Das rechte Spektrum komplettierte sich durch die ehemalige Auto-Partei und – ernster zu nehmen – durch große Teile der Volkspartei des Herrn B.

Wäre doch gelacht, wenn sich in unserm sauberen Volk keine Mehrheit gegen die Sucht finden sollte, für Härte gegen die Süchtigen: gegen das windelweiche Methadon-Programm, gegen den Defätismus einer staatlich kontrollierten Heroin-Abgabe! Kurzum gegen alles, womit unsere Drogenpolitik (ein Wort, gebildet aus zweimal Verzweiflung) international ins Gerede gekommen war, für einmal in ein respektvolles. Das gesunde Volksempfinden wird es hoffentlich besser wissen!

Es wußte es nicht besser, und es wollte von Stimmungsmache in einer so verzweifelten Sache nichts wissen. Es hat – vielleicht zur eigenen Überraschung – nicht nur *überwiegend* Nein gesagt. Es hat die furchtbaren Vereinfacher der Tatsachen, die Verleumder des Allernötigsten, förmlich abgeschmettert, Kanton für Kanton. Nicht einmal der ländlichste ist auf den moralisch parfümierten Schwindel hereingefallen. Zu viele Schweizer wissen inzwischen aus nächster Nähe zu gut, was Drogen an- und ausrichten und wie sie sich in einer süchtigen Gesellschaft wohl oder übel Respekt verschaffen. Die digitale Antwort auf ein Problem – Gesundheit ja, Drogen nein – ist furchtbar.

Im andern Fall dagegen hätte der Stimmbürger, nach Meinung der Landesregierung und der ganzen bürgerlichen Parteienfront, getrost Ja sagen dürfen. Seit der öffentliche Haushalt »schlanker« werden muß – um jeden Preis, auch denjenigen eines allmählich unerschwinglichen Sozialstaates –, erwarten die Verantwortlichen, daß auch Arbeitslose den Gürtel ein wenig enger schnallen, ihr Anspruchsdenken reduzieren. Ein stellvertretender Herr des Bundesamtes für Industrie, Gewerbe und Arbeit hatte sich sogar die Bemerkung entschlüpfen lassen, daß die Arbeitslosigkeit für die Hälfte der Betroffenen eigentlich ein Luxus sei, den sie sich mit ein wenig mehr Disziplin ganz gut abgewöhnen könnten. Schmerzhaft war die Einbuße ja wohl nicht: eine Tasse Kaffee weniger am Tag. Da würden ehrliche Arbeitslose gewiß keine Einwände haben. Oder sich wenigstens kein kostspieliges Referendum leisten.

Irrtum: ein Komitee von Arbeitslosen aus dem jurassischen

Grenzland, einst Kerngebiet des libertären Sozialismus, kratzte die notwendigen 50 000 Stimmen zusammen. Sozialdemokraten und Gewerkschaften konnten nicht anders, als ihre Nein-Parole nachzuliefern. An ihre Chance glaubte man nicht: noch schien das Sparen zu populär. Noch war es für die meisten nicht das eigene Fleisch, in das man sich damit schnitt.

Aber siehe da: das Stimmvolk hat eben das Symbolische daran wahrgenommen und Nein gestimmt – mit hauchdünner Mehrheit. Zusammengebracht hat sie eine gewaltige Mehrheit der lateinischen Kantone gegen eine dürftige Ja-Mehrheit fast aller deutschsprachigen Kantone (die beiden Basel ausgenommen, und Solothurn). Für einmal hat das Volk der Mieter nicht wie Hausbesitzer gestimmt, die arbeitende Bevölkerung nicht im Sinne derer, die ihr inzwischen sogar die Arbeit schenken, mit der sie nur das Steigen der Aktienkurse behindern. Nur noch ein Schnittchen ins eigene Netz! Nur mit der Nagelschere, das spürt ihr gar nicht! Sie spürten es doch und sagten: Nein.

Auf einmal gab es inmitten des Standortes Schweiz wieder einen Standpunkt, der an eine fast verblichene Solidarität erinnerte. Was niemand erwartet hatte, trat ein: der Souverän unterschrieb den Einspruch aus La Chaux-de-Fonds, und den Anspruch auf den Luxus einer Tasse Kaffee.

Max Frisch ist in seinen letzten Lebensjahren kaum noch zur Urne gegangen, mit der aparten Begründung: ein einziges Mal vor seinem Tod wolle er doch zur Mehrheit gehören! Ich gehörte an diesem 28. September gleich zweimal zur Mehrheit. Das Land hat gegen seine Reaktionäre eine Reaktion gezeigt.

Der Ausstieg aus der Droge Patriotismus soll einem wieder schwergemacht werden.

140

Vaters »Stürmische Fahrt«, sein Roman aus dem Sonderbundskrieg:

Auch der Sohn fand einmal eine Luzerner Liebesgeschichte nachzuspielen, die ihm sein Vater ahnungslos vor-geschrieben hatte. Er folgte dabei sogar ein Stück weit seinem Drehbuch. Die Fortsetzung scheiterte unter anderem an einem Traktätchen (*Mais il n'est pas catholique!*), das wir in einem Walliser Kirchlein aufgelegt fanden.

Es war ein pfiffiges Schriftchen: eine gut katholische Tochter hatte einen jungen Mann gefunden, an dem alles recht war, nur seine Konfession nicht. Das vertraute sie dem Pfarrer an, der sie gefirmt und lieb hatte, und er freute sich an ihrem Glück. Die Versicherung lag vor, daß der Bräutigam weder gegen eine katholische Trauung noch gegen eine katholische Erziehung der Kinder das Geringste einwenden würde.

Das glaubte der Herr Pfarrer gern. Er dachte gar nicht daran, der jungen Frau eine so edle Liebe auszureden. Erst weit hinten im Text konnte er eine tiefe Sorge nicht mehr ganz unterdrücken. – Wie, wenn es Gott dem Herrn gefallen sollte, die kath. Ehefrau eher zu sich zu rufen als den ref. Mann, und dieser mit einem Häufchen kath. Kinder allein zurückblieb? – Der Herr Pfarrer zweifelte wirklich nicht am besten Willen, ihnen weiterhin eine kath. Erziehung angedeihen zu lassen. Aber wie sollte er seinen Vorsatz ausführen können, da er ja seinerseits ein gläubiger ref. Christ war? Und mit welchen Gefühlen würde sie im Himmel auf diese herzzerreißende Gewissensnot hinuntersehen? –

Das reichte. Die kath. Tochter sah ein, daß sie sich ihren ref. Bräutigam, um seiner möglichen Witwernot vorzubeugen, besser schon heute als morgen aus dem Herzen reiße. Der geistliche Herr sah es mit wohlwollender Erschütterung. Und siehe, bald, wenn auch nicht im Handumdrehen, belohnte sie Gott mit der Bekanntschaft eines ebenso hochwertigen, diesmal aber kath. jungen Mannes. Der Beichtvater konnte die Trauung mit ungetrübter Seele vollziehen, und danach die füreinander Bestimmten eine glückliche Ehe.

Inzwischen ist die verhinderte Braut von einst fast so wenig eine gehorsame Tochter ihrer Kirche geblieben, wie ich ein bekennender Sohn der meinen geworden bin. Dennoch liegt eine Art Gnade auf den vier Jahrzehnten, die wir seither in verschiedenen Welten der Schweiz verlebt haben. Über alle Entfernung hat die kleine Walliser Kirche, in der die Jugendliebe ihrem aufgelegten Todesurteil begegnete, nicht ganz zu leuchten aufgehört. Längst Mutter eigener Kinder, hat sie meine Mutter für ihre Familie entdeckt und eine Nähe zu ihr gefunden, die mir nie gegeben war.

Da mag es, in Gottes Namen! auch seine Richtigkeit haben, daß sie, durch eine normale Verknüpfung von Umständen, dem Mann heute freundschaftlich verbunden ist, der mich öffentlich als Landesverräter brandmarkt. So haben nicht alle guten Geister die Gegend verlassen, die ich selbst verlassen mußte und einmal für die meinige hielt.

Eine solche Novelle mit dem Lavendelduft alter Schränke, in denen ungebrauchtes Linnen liegt, mag keine »unerhörte sich ereignete Begebenheit« (Goethe) sein. Dennoch mußte sie einem zustoßen, dem es nicht eingefallen wäre, sie zu erfinden.

Mein Vater hat in der »Stürmischen Fahrt« mit ebensowenig Glück daran gearbeitet. Er hätte Gottfried Keller sein müssen, um diesen Stoff mit jenem Hauch von Anmut auszustatten, der nur noch selten von einer Schweiz in die andere hinüber weht.

GOLDFUCHS

Ich s t e h e lieber, und wenn ich müde bin, mache ich es wie andere ehrliche Leute, die keinen Sessel haben, und setze mich auf den Boden.

141 Die Leidensgeschichte des grünen Heinrich in München ist nicht nur die Geschichte einer mißglückten Berufswahl. Die Frage nach seiner Begabung ist sekundär. Selbst wenn seine Motive besser gewählt, meisterlich gemalt wären: das stärkste Motiv würde ihnen immer noch fehlen. Und an der Leinwand hängt es nicht, es steckt im Kopf des Künstlers. Heinrich weiß zwar, daß er seine Haut zu Markte trägt, aber er verhält sich nicht danach. Das macht sein kluger Freund Erikson besser: dessen Kunst ist auf einen Blick am kleinen Bildformat zu erkennen. Es stellt her, worauf es ankommt: *product identity.* Heinrich aber, der Kunst wie einen Gottesdienst betreibt, malt sich unverkäuflicher mit jedem Bild. Da kann er lange ein Maler sein: er wird keiner, weil er den Markt nicht versteht. Aus seinem Fleiß wird keine Industrie. Der 1834 von der Zürcher »Industrieschule« Weggewiesene fällt acht Jahre später in der »Kunststadt« München zum zweiten Mal durch.

Am Ende holt ihn der Markt ein, um seiner gleich dreimal zu spotten: er wird, um sich über Wasser zu halten, zum Maler von Fahnenstangen für eine bayerische Fürstenhochzeit. Eine seiner großen Leinwände, die er – Slapstick pur – wie ein Segel durch die Stadt zum Trödler geschleppt hat, findet, in vermarktbare Stücke geschnitten, am Ende zwar einen Liebhaber: doch wird sein Gnadenlohn für Heinrich nicht annehmbar sein.

Das Urteil der Ökonomie hat ihn bereits zuvor mit dem
Spott eines Konkurrenten getroffen, der ihn bei einer verzweifelten Strichelei ertappt hat. Jetzt brauche er deren Prinzip ja nur noch bis zur abstrakten Buchhaltung zu treiben,
Strichbündeln, denen man auf Wirtshaus- oder Jasstafeln begegnen kann: dann sei der Schritt in die wahrhaft moderne
Kunst getan! Damit ist die »zweckfreie« Kunst als Illusion
entlarvt. Heinrich ist bankrott und hat seine Zeit versäumt.
Es bleibt ihm nur noch die schamvolle Heimkehr ins Vater-
und Mutterland.

Zuvor beschert ihm der schwarze Hunger noch einen bunten
Traum. Aus dem Hufgetrappel draußen auf der Gasse macht
der Halbschlaf einen »Goldfuchs«. Der verspielte Lebens-
schatz verwandelt sich in ein Fabelpferd und spricht zu ihm,
während es ihn durch alle Lüfte trägt; am Ende in die surreal
verfremdete Vaterstadt.

Hier ist der Boden, auf dem sich das Rätsel seiner Existenz
lösen muß. Hat der Staat, die bürgerliche Heimat, der un-
durchsichtigen Ökonomie klare Verhältnisse entgegenzusetzen?

Reiter und Pferd nähern sich dem geträumten Zürich über
eine wundersame Brücke, die als Vexierbild zum Gegenstand
ihres ausführlichen Disputs wird. Denn sie hat zugleich die
Form eines Palastes, so daß nicht auszumachen ist, ob sie vor
allem ihrem Zweck – dem Übergang von einem Ufer zum
andern – dienen soll oder einen eigenen Zweck erfüllt. Zuvor
war das die Gewissensfrage an die Kunst. Jetzt wird sie dem
Vaterland gestellt. Nutzbarkeit oder Autonomie?

142 Der Goldfuchs hat der Traumarchitektur einen
großartigen Namen gegeben: sie bedeute »die Identität der Nation«, wobei er offenläßt, ob damit die Leute auf
der Brücke gemeint sind oder die Brücke selbst. Auch ihr

Freskenschmuck wiederholt die Zweideutigkeit. Die gemalten Figuren und die beweglichen Menschen können jederzeit ihre Plätze tauschen. Diese »Identität der Nation« – steht sie nun fest, oder geht sie vorüber?

Die zweite Lesart scheint für die Leute auf dieser Brücke »vorerst« keine Rolle zu spielen, denn *sie haben ihr Augenmerk darauf gerichtet, ihre Identität allerdings zu behaupten und gegen jeglichen Angriff zu verteidigen.* Gegen wen, sagt der Gaul nicht. Wohl aber kommt er auf den soliden Boden aller Wehrhaftigkeit zu sprechen: *ein gutes Frühstück im Magen,* eben dies also, was der Träumer in der Realität so schmerzlich entbehrt. Und der Traum, der sich unter glücklicheren Umständen wohl gar nicht hätte träumen lassen, führt ihn geradewegs auf den springenden Punkt zurück: das liebe Geld, auch »Nervus rerum« genannt. *Da dies aber am bequemsten durch allerlei Gemünztes zu erreichen und zu sichern ist, so betrachten sie jeden, der mit dergleichen wohlversehen, als einen gerüsteten Verteidiger und Unterstützer der Identität und sehen ihn drum an.*

Als Keller im Berlin der Fünfzigerjahre diese Zeilen schrieb, waren sie überaus durchsichtig: auf die neuen »Bundesbarone« um Alfred Escher, die sich die Sorgen des verunglückten Jahrgängers nicht zu machen brauchten. Im nächsten Satz des Gauls glaubt man geradezu ihre wohlmeinende Stimme zu hören: *Sei dem wie ihm wolle, ich rate dir, dein Kapital hier noch ein wenig in Umlauf zu setzen und zu vermehren!*

Wozu braucht einer zu träumen, wenn er jetzt nicht gleich in den Sack greifen und mit Gold um sich werfen kann? Und siehe da, das »Gemünzte« kennt seinen ordentlichen Weg und *wanderte von Hand zu Hand über die ganze Brücke und über dieselbe hinaus über das Land; jeder gab es emsig weiter, nachdem er es besehen und ein bißchen an seinem eigenen Golde gerieben hatte, wodurch sich dieses verdoppelte, und bald kehrten alle Goldstücke Heinrichs in Gesellschaft von drei bis vier anderen wieder zurück, und zwar so, daß die ursprüngliche Münze, auf welcher der alte Schweizer geprägt war, die übrigen anführte mit einem Gepräge aus aller Herren Länder.*

Das nennt man arbeitsloses Einkommen! Freilich läßt der Spott, mit dem dieser fabelhaften Leitwährung das Gepräge der »Identität« aufgedrückt wird, für ihre moralische Deckung nichts Gutes hoffen. Aus dem Schwert des »alten Schweizers« wird nämlich ein »Merkuriusstab«, mit dem er den übrigen Währungen »den Platz anweist«, *und es regnete von allen Seiten auf Heinrich ein.* Aber bevor der Goldsegen zur Katastrophe werden kann, läßt er dem Tier buchstäblich Flügel wachsen, *und dieses glich nun wirklich mehr einer ungeheuren beladenen Biene als einem Pferde und flog mit Heinrich lustig von der Brücke auf, welche jetzt endlich zu Ende war.*

Pegasus als Goldtransporter, zugleich als Fluchthelfer aus dem Dilemma der nationalen Identität – ein patentes Emblem grenzenloser Wunscherfüllung; und es scheint »vorerst« immer so weiterzugehen. Die goldene Einbildung gaukelt Heinrich alles vor, was er sich vom Leben ersehnt hat: die Liebe der Frauen, die Entschädigung der einsamen Mutter, den Respekt des Vaterlandes.

Das ist die Höhe – gerade recht für den tiefstmöglichen Sturz. Das Traumpferd fällt in einen Haufen von Kostbarkeiten auseinander, als sie vor dem verschlossenen Mutterhaus angelangt sind; doch dieses erweist sich als eine Scheinarchitektur, in der Heinrich ratlos herumirrt, während ihm draußen, vom toten Jugendfeind Meierlein geplündert, sein Schatz abhanden kommt. Es kommt zum zweiten schauerlichen Kampf mit dem unbefriedigten Gläubiger, und am Ende ist *von der vortrefflichen Traumeshabe (…) nichts mehr zu sehen als einige zertretene Reste auf dem kotigen Pflaster.*

Ausgeträumt. Heinrich muß froh sein, wenn ihm der *seinem*

bösen Feinde entrungene Stecken am Ende als Wanderstab dient – *auf einer unabsehbaren Landstraße dahin zurück, wo er hergekommen war.* Und das wirkliche Elend, in das er schließlich aufwacht, erscheint ihm jetzt vergleichsweise fast wie eine Gnade.

143 Als ich, ein junger Leser, diesem Goldfuchs-Traum zum ersten Mal begegnete, konnte ich wenig damit anfangen. Die »Identität der Nation« schien mir keine erhebliche Frage, also auch kein der Elaboration würdiges Thema. Der Zusammenhang, den das Gold – Schatzgold oder staatlich gemünztes – damit haben sollte, leuchtete mir auch nicht ein. Die jüngste Geschichte hat diesen Zusammenhang mit einiger Heftigkeit hergestellt und das Auge für Heinrichs Hungertraum geöffnet. Er ist von prophetischer Aktualität; man kann ihn geradezu als Schlüsseltraum für jene Zukunft des Staates lesen, die uns inzwischen eingeholt hat.

Die Schweiz erlebt die Entzauberung des Goldreichtums, der ihr – sie wollte nicht wissen, wie – zugeflogen ist. Mit der Frage nach seiner Rechtmäßigkeit stellt sich in bisher unerhörtem Maße diejenige nach der Richtigkeit, die es mit der unserer »Identität« hat. Wir selbst haben diese unbesehen hingenommen; andere, die wir für unsere Freunde hielten, tun uns diesen Gefallen nicht. Seit die bipolare Weltkonstruktion, in der wir eine gewinnbringende Nische bewohnten, zusammengefallen ist, ist es mit der windstillen Vorzugslage vorbei. Für die gezauste Nation stellt sich die Frage der »Identität der Nation« eben so, wie sie sich der grüne Heinrich hat träumen lassen: widerspruchsvoll und unverhofft »heiklig«. Ist sie *»eigentlich ein Übergang, wie es einer Brücke geziemt«*, *»nicht mehr als der geringste Brettersteg«?* Oder ist sie selbst *»ein Ziel, wie es ihr auch wieder geziemen*

*könnte, da sie so hübsch ist«, »ein prächtiges Monument«,
eine »statiöse Volkshalle«?*
Eine der beiden Lesarten wird zur Zeit als Glaubensartikel
gehandelt und in Form von Kreuzzügen und Ketzerverfol-
gungen ausgetragen: von Patrioten, die *ihr Augenmerk darauf gerichtet* (haben), *ihre Identität allerdings zu behaupten
und gegen jeglichen Angriff zu verteidigen* und sich das
»gute Frühstück« dazu als »Buurezmorge« abholen. An
diese schwer Belagerten ist die Weisheit des Goldfuchses
schon ihres Humors wegen verloren: *wisse, wer (...) den Widerspruch zu lösen versteht, ohne den scheinbaren Gegensatz
aufzuheben, der ist ein Meister hierzulande und arbeitet an
der Identität selber mit.*
Freilich gibt es an dieser dialektischen Knacknuß auch das
Füchsische zu bemerken. Das goldene Geschöpf der Phantasie ist nicht dafür geschaffen, seinem Träumer die Treue zu
halten. Es wird ihn auf den harten Boden fallen lassen, wo
(»erst kommt das Fressen, dann kommt die Moral«) die
Frage nach der Identität hinter der schnöderen zurücktreten
muß, wo der Aufgewachte ein paar Pfennige für ein Stück
Brot hernehmen soll.

144 Und doch wird sich auch in der Not mit der Ökonomie die Frage nach der zureichenden Identität
wieder stellen, und in gleicher Widersprüchlichkeit. Sie wird
immer noch eine Gewissensfrage sein für Patrioten, die, wie
Keller selbst, einen Wirtschaftsteilnehmer nicht von einem
Staatsbürger unterscheiden wollen. Nichts wäre einer soliden Identität so abträglich wie diese Neutralisierung des Gewissens.
Daß auch die Not sie nicht ausreichend entschuldigt, haben
die Schweizer in den letzten Jahren ebenfalls zu fühlen bekommen. *Die ursprüngliche Münze, auf welcher der alte*

Schweizer geprägt war, hat im Weltkrieg nicht nur sein Schwert gezeigt. Für die Augen anderer hat es wie jener »Merkuriusstab« ausgesehen, der zwar das Gold gerne hereindirigierte, aber viele derjenigen, denen es abgenommen wurde, von den Grenzen weggewiesen hat.

Von solchen Zwischenfällen haben die Verteidiger der Brücke, die für sie eine »statiöse Volkshalle« bleiben soll, nichts berichtet. Sie haben nur die eine Lesart überliefert. Aber die vaterländische Forderung am Ende von Kellers »Verlorenem Lachen« läßt sich nur mit einer zwar widerspruchsvollen, aber ganzen Geschichte erfüllen: *Wir müssen als ganze, unteilbare Leute in das Gericht, das jeden ereilt.*

Vielleicht werden wir so auch das Rätsel des Goldfuchses lösen: wo die Identität der Nation denn hinkomme, wenn ihre Einrichtungen *zugleich* für sich etwas gelten *und* zum Hinübergehen und Hintersichlassen dienen sollen.

In diesem »Zugleich« öffnet sich ein Fenster auf den Fluß der Zeit, der sich nicht nehmen läßt, bei diesem Brückengleichnis mitzureden. Und damit ist es mit seinem Stillstand vorbei. Denn keine Brücke führt *über* den Fluß der Zeit; er fließt auch in ihr. Sie ist, wenn es hochkommt, ein begehbarer, ein vorübergehend tragfähiger Teil von ihm.

Wer – als Person oder Nation – wissen muß, daß er auch im festesten Haus keine Bleibe hat, und sich doch vor dem Ende der Brücke fürchtet: für den darf hier ein anderes Bild einspringen, das des Floßes. Es ist auf einem »Fluß ohne Ufer« der angemessene Aufenthalt. Wo alle Brücken enden, ist es erst in seinem Element, das uns ebenso tragen wie verschlingen kann. Es gewinnt ihm gerade so viel Festigkeit ab, daß wir darauf eine Weile das kleine Segel unseres Bewußtseins setzen können. Dieses luftige Zeichen artikuliert einen unendlichen Horizont, die oft nicht erkennbare Trennlinie zwischen Oben und Unten.

Es setzt auch den ganzen Unterschied zwischen uns und den Fischen. Sie leben und sterben in diesem Fluß ohne Grenze;

wir aber müssen *wissen*, daß wir es tun. In der gemeinsamen
Erzählung, die wir »Geschichte« nennen, will dieser Fluß der
Dinge zur Sprache kommen.

Die Sprache Kellers handelt von diesem Fluß auch im Vaterland, und sie hat das Vaterland als wunderbare Welle auf diesem Fluß gesehen. Seine Mitbürger und Zeitgenossen haben
immer wieder darüber gestaunt – und sind auch darüber erschrocken –, wie wegwerfend dieser kleine Mann seine eigene Identität behandeln konnte; und wie wenig es diesem
großen Patrioten aber auch – vor jenem letzten Horizont –
um »die Identität der Nation« bange gewesen ist.

In seinen Dichtungen hat er sie dem großen Fluß der Dinge
ruhig anheimgestellt. Man muß Keller als Zeitgenossen
Schopenhauers lesen, dem er in der gelassenen Betrachtung
dieses Flusses benachbart ist. Freilich mit einem Unterschied, einem Widerstand von Welternst, in dem wir ebenso
den Charakter des Dichters wie des Mitbürgers Keller spüren. Bei ihm bleibt von einem abgedankten persönlichen
Gott immer noch der ernste Wille übrig, ihm nichts schuldig
zu bleiben. In den Worten des grünen Heinrich: *Das ist sehr
schön, o Gott! Ich danke dir dafür und gelobe, das Meinige
auch zu tun!*

Dieser in sich selbst widersprüchliche Gott wird lebenslang
Kellers wahrer Eidgenosse bleiben. Vor ihm erst stellt sich im
Ernst die Frage der Identität; vor ihm erübrigt sie sich in stil-
ler Heiterkeit.

145 Palast oder Brücke?
Auch die kleine Sternwarte, zehn Jahre nach Kellers
Traum von seinem Freund Gottfried Semper oberhalb des
neuen Polytechnikums im damals noch freien Gelände er-
richtet (der Staatsschreiber Keller setzte eine seiner ersten
Unterschriften unter den Pachtvertrag), ist inzwischen ein

zweideutiger Palast geworden und muß sich immer mehr als
Brücke lesen lassen. Sie ist gewissermaßen ein imaginärer
Ponte Vecchio von Escher zu Escher: vom großen Gründer
Alfred (1819-1882) zum großen Vexierbildner Maurits Cornelis (1889-1972), dem niederländischen Methodiker des
Trompe l'oeuil.

Aber eigentlich war das Haus, mein Arbeitsplatz, schon von
seiner Grundsteinlegung an der gebaute Widerspruch. Denn
der Astronom Rudolf Wolf, der es beziehen sollte, hatte zuvor ein Koordinatenkreuz mitten in den Weinberg gemessen.
Exakter als jede Kathedrale des Mittelalters mußte es auf dem
Achsenkreuz Ostwest-Nordsüd errichtet sein: instrumentale Architektur; das Haus nicht nur als Standort, sondern
bereits als Werkzeug für das Erfassen seines Meridians.

Semper, Architekt und Künstler, hatte sein Ideal höherer
Zweckfreiheit an dieser geometrischen Vorgabe zu messen.
Sie inspirierte ihn zu einer Villa im Stil Bramantes, einem
Schlößchen mit zwei Flügeln, wobei der eine, des Gefälles
wegen, an den Leib des zentralen Baukörpers gezogen
wurde. Dieser zeigt, nach Sempers Vorliebe, eine schmale
Front, reicht aber umso weiter in die Tiefe und hier einmal
auch in die Höhe, die zuhinterst in einer Kuppel gipfelt.
Auch diese sollte nicht einfach als drehbare Bedeckung für
ein technisches Instrument zu lesen sein, sondern als Schaustück der Freiheit, der Liebhaberei, nicht ganz ohne einen
Anstrich von Heiligkeit.

Auf diese Weise gewann die ganze Konstruktion ein hochbeinig-burgartiges, beinahe romantisches Ansehen, während
der rechte Flügel, in der West-Ost-Achse ausgestreckt, dem
Gesamtbild die Gelassenheit wahrte und mit seinen hohen
Fenstern die Würde eines so gut wie freistehenden Gartensaals gewann. Aber dieser »Meridiansaal« war zugleich eine
Werkstätte, die Meßstation der Wissenschaft, und durch den
runden Kuppelturm reichte eine gemauerte Säule durch vier
Stockwerke bis auf den gewachsenen Fels hinab. Sie wollte

vom übrigen Fundament getrennt sein, um die hochgebaute
Plattform des Teleskops vor jeder Erschütterung zu bewahren – auch vor den Bewegungen des Astronomen selbst.

Der Architekt hatte ihm also, statt eines luftigen Treppen-
hauses, eine Wendeltreppe zwischen einer inneren und einer
äußeren Mauer einzurichten und durfte dieser die Stattlich-
keit doch nicht ganz schuldig bleiben, da sie ja zugleich die
übrigen Etagen erschloß: zuerst die Beletage, in welcher
Wolf mit Mutter und Schwester durchaus standesgemäß
hauste; und dann den Oberstock mit dem »Rechnungssaal«
und kleinen Räumen für jüngere Diener der Wissenschaft.
Im Erdgeschoß aber studierte und lehrte Wolf selbst. Hier
hatte er seinen Hörsaal, und dahinter ein Assistenten-Zim-
mer.

So bildete die Sternwarte eine integrierte und als solche bis
heute beneidenswerte Einheit von Leben, Lehre und For-
schung. Daran mußte des Klassischen genug sein für die Ansprüche des Architekten, der auch die damals sensationelle
Polychromie antiker Tempel demonstrieren konnte und dabei Goethes Farbenlehre zu Ehren zog. An Wolf hatte er einen nicht undankbaren Bewohner, da der Astronom,
zugleich Begründer der ETH-Bibliothek und Zeichner wis-
senschaftsgeschichtlicher Porträts, sich selbst als Kultur-
schaffenden verstand. Aber an erster Stelle war er doch Em-
piriker seines Fachs, namentlich Chronist der Sonnenflek-
kentätigkeit, Land- und Himmelsvermesser sowie (darin
Pionier) Erforscher des Zufalls durch den Guinessreifen
Rekord von 30 000 Würfel- und Nadelexperimenten.

So mußte die Sprache des Zweckbaus mit derjenigen des Palastes immer wieder kollidieren und Konfliktzonen oder tote
Winkel erzeugen. Sempers Konstruktion verlangte eine zen-
trale, in der Ausstattung hochrangige, als Raum der Repräsentation sofort erkennbare Halle. Der Professor und Jung-
geselle, dem mit einem Korridor besser gedient gewesen
wäre, nützte sie schließlich zur Ausstellung alter Meßinstru-

mente, die ihn beim Anspruch dieses Raums genügsam – und meist auch einsam – vertreten mußten.

Nun hat das prächtige Vestibül durch diese Ein-Schränkung ein eher frommes als freies Gesicht angenommen. Unwillkürlich sucht der Blick, der durch den sakristeiartigen Raum irrt, nach einem gehörigen Fluchtpunkt. Aber die Perspektive endet in einer Hintertür oder prallt, wenn diese offensteht, gegen eine gewölbte Wand. Es ist die Verkleidung jenes Turmkerns, der drei Etagen höher den Sockel des Teleskops unterfängt.

Dieser Sockel ist inzwischen auch das einzige, was von der astronomischen Architektur noch stehengeblieben ist. Die Kuppel ist jetzt ein der Zwecklosigkeit zurückgegebener Maschinenraum. Vorbei die Zeit, in der man nachts, um die Objekte am Himmel nicht zu stören, nur bei schwachem Licht arbeiten durfte.

146 So hat sich die Dunkelkammer, die dem Astronomen heilig war und dem Architekten sein Konzept verdarb, wieder ins rein Ästhetische verschoben. Und doch spricht der runde holzgetäferte Raum immer noch, oder eigentlich nun erst recht, eine sakrale Sprache, die jetzt freilich dem Ritus einer verflossenen Wissenschaft angehört. Hier war der Punkt, von dem sie einmal hoffte, mit Hilfe eines »Objektiv« genannten Instruments, ein stehendes Universum aus den Angeln zu heben und seine Formel in ihr wissenschaftliches Hauptbuch zu übertragen.

Das bewaffnete Auge der Objektivität ist inzwischen abgerüstet, ausgeschafft an eine noch leidlich nachtdunkle Stelle des Landes. Sie hat ihr Kuppelheiligtum zurückgelassen, das plötzlich an das alte hölzerne Goetheanum erinnert. Die Erhaltung des nützlich gewesenen Ortes als technisches Denkmal verbot jede Nutzung, die den Drehmechanismus der

Kuppel geniert hätte, etwa durch Isolation. Eisig im Winter, brütendheiß im Sommer ist der schöne Raum dem interesselosen Wohlgefallen wiedergegeben, das Semper dem Bau eingeschrieben hatte. Wunderbar sinnlos läßt sich die Kuppel drehen und der Spalt öffnen auf einen objektlos gewordenen Nachthimmel.

Auch der freie Horizont von einst ist der Sternwarte längst verbaut: es ist nun an uns, ihr eine neue Bestimmung zu geben und zu den beiden Sprachen, die diesem Haus eingeschrieben wurden, eine dritte zu finden.

Aber wir werden bei jedem Schritt daran erinnert, daß die ehemaligen Sprachen keineswegs tot sind. Sie leben in der Verwandlung fort. Die Zwecke von gestern wirken wie Vergrößerungsgläser, die neue Zwecke erkennen lassen. Was sich einst nur als Mittel verstand, mußte von seinem ersten Zweck entbunden werden, um einen ganz unverhofften besser zu erfüllen.

Dieser Prozeß ist voller Überraschungen, denen nur eines gemeinsam ist: ihr beweglicher Humor.

147 Dieser Humor hat sogar die physische Lage der Sternwarte verrückt, ohne sie zu verändern.

Zwar steht sie noch am selben Punkt, exakt auf der von Rudolf Wolf ausgemessenen Koordinate. Aber dieser Ort ist nicht mehr derselbe. Die Schul- und Spitalbauten, die ihn umstellen, verdecken der Sternwarte nicht nur den Ausblick. Sie haben ihren stummen, aber sichtbaren Protest provoziert. Sie zeigt ihnen, wie man sich gegen den Zufall, den sie illustrieren, behauptet.

Zufall? Bitte sehr: sie sind dem Geländeverlauf optimal angepaßt; das verlangte die Rationalität ihrer Baukostenberechnung. Ihr guter Grund sind die Bodenverhältnisse. Die Sternwarte zeigt an, daß sie auf einem andern errichtet wurde:

einem mathematisch-kosmologischen. Damit trotzt sie dem
Gelände. Inmitten der Elefantenherde der Funktionsbauten
steht sie *quer*, mit einem ausgebreiteten Flügel und einem an-
gezogenen, ein kleiner Vogel von einem andern Stern. Er
stammt nicht nur aus dem Universum der Vergangenheit. Er
ist zugeflogen aus der Welt des rechten Maßes. Er läßt die
Flachdachgeschiebe ringsum beliebig aussehen. An seinem
Eigensinn aber wird niemals zu rütteln sein. Und wenn die
Welt untergeht – dieses kleine Haus bleibt *orientiert*. Auf diesem seinem eigenen Land kann es stehenbleiben und abwarten, bis die Geschichte seine Umgebung, wie langsam immer,
ausgebrannt hat: aus ihrer Asche wird es, ein kleiner Phoenix,
immer wieder hervorgehen, als das Gleiche, und nie dasselbe.
Im Licht der Gebäude, die nur ihre Zeit zu überbrücken haben, wird es wie ein kleiner Palast aussehen; seinen Bewoh-
nern aber, denen Paläste nichts nützen, dient es als Brücke
von einer Epoche zur nächsten.

148 Freilich: Europa, das Westend unserer eurasischen
Landmasse, ist ein Theater der Beschleunigung,
nicht der Gelassenheit. Da kann die Frage der Identität – Palast oder Brücke? – allezeit zum Kriegsgrund werden. Unsere Flöße sind nicht für den Übergang gebaut. Da fährt der
Untergang mit, wie auf demjenigen der Medusa, das Géri-
cault gemalt und Peter Weiß (in der »Ästhetik des Widerstands«) reflektiert hat. Wir können nicht ruhen, bis das Floß
den Ausbaustandard der »Titanic« erreicht hat. Dann erst
kann sich, in der Optik der Ungeduld und tragischen Grenzüberschreitung, auch der Untergang sehen lassen. Das Aufbegehren gegen den Fluß der Dinge gilt in unserem Theater
als Errungenschaft. Und so machen wir Stückwerk aus Leib
und Seele und reißen einander die Eingeweide heraus, um
darin unsere Zukunft zu lesen. Weisheit ist eine Eigenschaft,

mit der uns unsere Götter erst nach vollbrachter Tragödie belohnen. Die Tragödie ist das *Experimentum crucis*, in der sie doch erst sehen wollen, was an uns dran ist.

Hier setzen sie unsere Sterblichkeit, als wären sie neidisch darauf, Prüfungen aus, die wir nur mit dem Tode bestehen können. Sie schöpfen Werte, jeder für sich unumstößlich, aber miteinander unvereinbar, und pflanzen sie so rein wie möglich in zwei menschliche Geschöpfe, um sie aufeinander-zuhetzen, bis der eine auf der Strecke bleibt, oder beide.

Erst ist Furcht und Mitleid, danach Trauer und Reue ange-sagt. Unsere Götter gebieten Gesetze; aber ihre Befolgung scheint sie unsterblich zu langweilen; lieben können sie nur den, der Grenzen überschreitet. Und wenn er dabei um-kommt, ist ihr Schmerz ohne Grenzen, aber die Geschichte kommt vom Fleck. Wettbewerb auf Leben und Tod ist ihre Art, die Zivilisation zu begründen, und die grausamste ist ihr gerade die rechte.

So haben unsere Götter ein Geschlecht von Heroen und He-roinen begünstigt, vor welchem die Welt nur zittern kann, und mit allem Grund. Denn wenn sie sich selbst erkennen, ist es dafür immer zu spät. Und wenn es Hinterbliebene gibt, bleibt ihnen nur übrig, an ihrem Unglück hinlänglich zu wachsen, damit wieder sie für andere zum Unglück werden können. Unsere Götter lieben den Wahnsinn, und darin sind wir ihresgleichen.

Aber dieser Wahnsinn, auf der ersten Bühne des Abendlan-des, der athenischen zelebriert, hat die Bürger, nur ein paar Schritte weiter auf der Agora, reif gemacht für den Versuch der Demokratie. Die Frage war danach nur: ob sie ihre fort-schreitende Unreife überlebt; ob sie gegen den selbsterzeug-ten Wahnsinn unserer Art eine Chance hat.

149 Politik ist ein Verhalten, *als ob* es auf uns ankäme – auch wenn die Folgen unserer Handlungen am Ende wie Karikaturen ihrer Absichten aussehen. Davon eher heiter als desperat oder zynisch gestimmt zu werden, ist ein zuverlässiges Kulturmerkmal. Wir müssen, auch als Bürger eines Landes, wissen, daß wir uns mit allem, was wir tun oder lassen, in einem Raum symbolischer Handlungen bewegen, deren Maxime, wenn alle Stricke reißen, nur die Selbstachtung sein kann. Der Wert, den sie repräsentiert, mag absurd sein. Er darf uns nicht feil werden. Auch der Meistbietende hat uns dafür nicht genug, nur Ersatz zu bieten.

Das Leben nährt sich, Tag für Tag, aus einer absurden Hypothese: *als ob* es mit uns kein Ende nähme. Und doch führt kein Weg daran vorbei. Wenn wir aber den individuellen Tod als mehr denn hinreichende Apokalypse erleben: was hindert uns, auch das große Ganze als begrenzten Fall betrachten? Rücksicht auf die nächsten Generationen? Aber schon unsere Kinder leben anders; das Beste und vielleicht einzige, was wir ihnen vererben können, ist das glaubwürdige Beispiel, daß wir selbst in den uns gegebenen Grenzen zu leben gewußt haben.

150 Ich schreibe dies vor meinem kleinen japanisch geordneten Garten, dem angedeuteten Blick in die Fremde auf dem eigenen Stück Boden. Sie dient mir als lebende Erinnerung an ein verschwindendes Japan. Sie gemahnt mich aber auch an eine entfernte Kindheit.

Auf dem Sonntagsspaziergang, einer Pflicht, der meine Eltern sich und mich noch regelmäßig unterzogen, begegneten uns zwei geheimnisvolle Gebäude. Sie standen an der Alten Landstraße auf Küsnachter Boden: das höhere eine schlanke, eher lehmfarbene als goldene Pagode, die an jedem Zipfel, als stünde sie in Andersens Märchen vom Kaiser und der Nachtigall, ein Porzellanglöckchen trug. Daneben, wie eine dunkle Schachtel, ein unscheinbares zinnoberfarbenes Gebäude mit schwerem, doch geschwungenem Dach. Hinter seinen geschlossenen Läden vermutete ich das Land, dem ich in »Hansi und Ume« begegnet war, dem Kinderbuch, das meine Halbschwester über das Japan der Zwanzigerjahre geschrieben hatte. Sie war in Kyoto Hauslehrerin in einer schweizerisch-japanischen Kaufmannsfamilie gewesen. Dort fand sie ein anderes Elternhaus, über die ihr anvertrauten Kinder entfernt verwandt mit dem Haus in Zollikon, von dem sie ausgegangen war und in das sie, und mit ihr die Erzählung, am Ende wieder heimkehren durfte. Es war auch mein Elternhaus, das Haus, in dem ich dieses, mein erstes richtiges Buch las; zugleich las ich, grenzenlos verwundert, mein Haus in diesem Buch.

ANHANG

INHALTSVERZEICHNIS

GOTTFRIED KELLER
MANDAT FÜR DEN
AUF SONNTAG DEN 21. HERBSTMONAT
FESTGESETZTEN BETTAG

Mitbürger!

Wir heißen auch heute die Pflicht willkommen, welche uns auferlegt, beim Herannahen des eidgenössischen Bettages ein getreu-
liches Wort an Euch zu richten.

Als die Eidgenossen diesen Tag einsetzten, taten sie es wohl nicht
in der Meinung, einen Gott anzurufen, der sie vor andern Völkern
begünstigen und in Recht und Unrecht, in Weisheit und Torheit
beschützen solle; und wenn sie auch, wo Er es dennoch getan, in
erkenntnisreicher Demut für die gewaltete Gnade dankten, so
machten sie um so mehr diesen Tag zu ihrem Gewissenstag, an welchem sie das Einzelne und Vergängliche dem Unendlichen und ihr
Gewissen, das in allen weltlichen Verhandlungen so oft durch
Rücksichten des nächsten Bedürfnisses, der scheinbaren Zweckmä-
ßigkeit, der Parteiklugheit befangen und getäuscht wird, dem Ewigen und Unbestechlichen gegenüberstellen wollten.

Mitbürger! Wenn in ernster Feierstunde sich jeder von Euch fragen
wird, welches ist mein innerer sittlicher Wert als einzelner Mann,
welches ist der Wert der Familie, welcher ich vorstehe, so stellt er
sich diese Fragen, zum Unterschied von den übrigen Festtagen unserer Kirche, vorzugsweise mit Beziehung auf das Vaterland und
fragt sich: Habe ich mich und mein Haus so geführt, daß ich im-
stande bin, dem Ganzen zum Nutzen und zur bescheidenen Zierde
zu gereichen, und zwar nicht in den Augen der unwissenden Welt,
sondern in den Augen des höchsten Richters? Und wenn sodann
alle zusammen sich fragen: Wie stehen wir heute da als Volk vor den
Völkern und wie haben wir das Gut verwaltet, das uns gegeben
wurde? so dürfen wir nicht mit eitlem Selbstruhm vor den Herrn
aller Völker treten, der alles Unzureichende durchschaut und das
Glück von ehrlicher Mühewaltung, das Wesen vom Scheine zu unterscheiden versteht.

Zwar ist unserm Volk neulich Ehre geworden bei edlen und großen
Völkern, welche das zu erringen trachten, was wir besitzen, und unsere Absendlinge als Beispiele und Lehrer in den Hantierungen nationalen Lebens gepriesen haben, und erleuchtete Staatsgelehrte
weisen schon allerwärts auf unsere Einrichtungen und Gebräuche
als auf ein Vorbild hin. Aber wenn auch, wie einer unserer Redner
am frohen Volksfeste es aussprach, der große Baumeister der Geschichte in unserem Bundesstaate nicht sowohl ein vollgültiges Muster als einen Versuch im kleinen, gleichsam ein kleines Baumodell
aufgestellt hat, so kann derselbe Meister das Modell wieder zer-
schlagen, sobald es ihm nicht mehr gefällt, sobald es seinem großen
Plane nicht entspricht. Und es würde ihm nicht mehr entsprechen
von der Stunde an, da wir nicht mehr mit männlichem Ernste vorwärts streben, unerprobte Entschlüsse schon für Taten halten und
für jede mühelose Kraftäußerung in Worten uns mit einem Freu-
denfeste belohnen wollten.

Die Erfüllung unseres öffentlichen Lebens äußert sich vorzugsweise
in der Erziehung unserer Kinder zu einem menschenwürdigen Dasein, zu den höchsten Zwecken unseres Staates, und in der Bestel-
lung und Vollziehung unserer Gesetzgebung.

Unsere Kirche wird allmählig, aber sicher in jener Reinigung von
der Willkür menschlichen Wähnens und Streitens und in jenem frischen und liebevollen Anfassen der Welt fortschreiten, welche ihr
endlich wieder die allgemeine Macht über die Gemüter verleihen
und sie vor drohender Zersplitterung bewahren werden. Die Ange-
legenheiten der Volks- wie der höheren Schule werden nicht aufhören, der Augapfel des zürcherischen Volkes zu bleiben und jener
festen Gestaltung entgegenreifen, welche jedem Mitgliede unsers
Gemeinwesens seine Lebensstellung klar, sicher und erfreulich
macht.

Betrachten wir aber das eilige und veränderliche Leben unserer Gesetzgebung, wie es die Mehrzahl der eidgenössischen Stände bewegt
und vorwärts oder rückwärts treibt, sehen wir, wie der Wechsel der
Bedürfnisse und Anschauungen, die rasch folgenden Übergänge der
Zeitverhältnisse und Zustände Gesetze entstehen und verschwinden
lassen, ehe sie nur entfernt in das Bewußtsein des Volkes gedrungen
sind, erfahren wir, wie jedes kleine Bedürfnis Veranlassung gibt,
selbst an unserer so schwer erkämpften Bundesverfassung und mit

ihr an den Grundlagen des eidgenössischen Lebens zu rütteln, so finden wir den Maßstab, den wir an unsere wirkliche Reife zu legen haben, und müssen uns fragen: Sind wir ein Volk von Männern, welche zur Stunde ein Gesetz hervorzubringen vermögen, das, in ihre Herzen gegraben, für die Dauer von auch nur einem Jahrhundert berechnet ist? Die Antwort wird uns sagen, daß wir in unserer Gesamtheit noch nicht die dazu unentbehrliche harmonische Durchbildung, Einsicht und Beständigkeit errungen haben, noch nicht diejenige gute Willensstärke und Vertragstreue, welche ein vereinbartes, einfaches, fest umschriebenes Gesetz ohne Arg zu ertragen vermag und es in Fleisch und Blut übergehen läßt. Wir werden damit ein Ziel vor uns sehen, das wir erst noch zu erreichen haben, und die innere Kraft zu erwägen, welche uns zur Stunde noch dazu mangelt, wird eine nicht unwürdige Aufgabe des eidgenössischen Gewissenstages sein.

Inzwischen dürfen wir nicht ermüden, den Ausbau unserer öffentlichen Einrichtungen nach Pflicht und Gewissen zu betreiben und, allein von wahrer Nächstenliebe sowie von der Achtung vor dem Rechte beseelt, das Wehen des Geistes, der durch die Zeit fährt, zu beobachten.

Was unsere kantonale Gesetzgebung betrifft, so dürfte es hier der Ort sein, eines kurzen aber vielleicht folgennahen Gesetzes zu erwähnen, welches seit dem letzten Bettage geschaffen wurde. Der von Euch erwählte Große Rat, liebe Mitbürger, hat mit einigen wenigen Paragraphen das seit Jahrtausenden geächtete Volk der Juden für unsern Kanton seiner alten Schranken entbunden, und wir haben keine Stimmen vernommen, die sich aus Eurer Mitte dagegen erhoben hätten. Ihr habt Euch dadurch selbst geehrt, und Ihr dürft mit diesem Gesetze, das ebensosehr von der Menschenliebe wie aus Gründen der äußern Politik endlich geboten war, am kommenden Bettage getrost vor den Gott der Liebe und der Versöhnung treten. An Euch wird es sodann sein, das geschriebene Gesetz zu einer fruchtbringenden lebendigen Wahrheit zu machen, indem Ihr den Entfremdeten und Verfolgten auch im gesellschaftlichen Verkehre freundlich entgegengehet und ihrem guten Willen, wo sie solchen bezeigen, behülflich seid, ein neues bürgerliches Leben zu beginnen. Was der verjährten Verfolgung und Verachtung nicht gelang, wird der Liebe gelingen; die Starrheit dieses Volkes in Sitten und Anschauungen wird sich lösen, seine Schwächen werden sich in nützliche Fähigkeiten, seine mannigfaltigen Begabungen in Tugenden verwandeln, und Ihr werdet eines Tages das Land bereichert haben, anstatt es zu schädigen, wie blinder Verfolgungsgeist es wähnt.

Gemäß der Bitte jenes reinen und unvergänglichen Gebetes: Gib uns heut unser tägliches Brot, haben noch alle Mandate das Land zum Dank für das Gegebene, für den Segen des Jahres, und zu Geduld und Vertrauen in Zeiten der Sorge und des Mangels aufgefordert. Es ist nicht an der Zeit, heute diese Bitte zu vergessen, und schon können wir mit der Bitte auch den Dank verbinden; denn die Ernten standen in goldenem Segen. Aber mehr noch als die schweren Gewitter, welche in eilender Folge über viele Täler zogen, mahnt ein finsterer Schatten menschlichen Unglückes, welcher ungesehen und unheimlich mitten durch unsern Wohlstand schreitet, den empfangenen Segen zu Rate zu halten und zu wachen, daß uns zum Wiedergeben etwas übrig bleibe. Denn noch nie ist der Tagesfrieden so häufig aufgeschreckt worden durch den gewaltsamen Untergang von Verlassenen, durch Taten der Verzweiflung; noch nie haben die klaren Fluten unserer Seen und Ströme so oft die Opfer der Not in sich aufgenommen wie in diesem schwülen, von Festgesängen und von den Donnerschlägen des Himmels widerhallenden Sommer.

Über das Weltmeer her dröhnt das wildeste Kriegsgetöse, dasjenige eines mörderischen Bruderkrieges, in unsere Ohren und berührt nicht nur allzunah die tägliche Sorge von Tausenden unserer Mitbürger, sondern trifft auch mit eherner Mahnung unser vaterländisches Herz. Dort haben vor erst achtzig Jahren wahre Weise und Helden die größte und freiste Republik der Welt gegründet, eine Zuflucht der Bedrängten aller Länder. Die unbeschränkteste Freiheit, die beweglichste Begabung in Verkehr und Einrichtung, in Erfindung und Arbeit aller Art, ein unermeßliches Gebiet zu deren Betätigung, ohne einen freiheitfeindlichen und mächtigen Nachbar an irgend einem Punkte der weiten Grenzen, sehen wir den großen blühenden Staatenbund jetzt in zwei Teile gespalten, die sich wie zwei reißende Tiere zerfleischen. Und welches ist die unerhörte Gewalt, die solches bewirkt? Es ist die in Geiz verwandelte Bitte um das tägliche Brot, es ist der Streit um Gewinn und irdischen Vorteil, der unter dem Vorwande ökonomischer Notwendigkeit die ältesten und ersten Grundzüge christlicher Weltanschauung verleugnet und in Strömen Blutes erstickt.

Angesichts eines solchen Schicksales werden wir, liebe Mitbürger, am eidgenössischen Bettage mit der Bitte um das tägliche Brot die Bitte vereinigen: Laß unser Vaterland niemals im Streite um das Brot, geschweige denn im Streite um Vorteil und Überfluß untergehen!

Wenn Ihr so das Wohl des Vaterlandes und die Erhaltung seiner Ehre und Freiheit vom Himmel erfleht, so gedenket auch der Völker, welche zur Stunde in heißem Fieberkampfe mit den Feinden ihrer Freiheit ringen, und gedenket der kranken Schwester über dem Meere, welche so viele Euerer Brüder in ihren Reihen zählt!

Möge am 21. Herbstmonat unsere Landeskirche in ihren einfachen Räumen ein einfach frommes, hell gesinntes Volk vereinigen; möge aber auch der nicht kirchlich gesinnte Bürger, im Gebrauche seiner Gewissensfreiheit, nicht in unruhiger Zerstreuung diesen Tag durchleben, sondern mit stiller Sammlung dem Vaterlande seine Achtung beweisen.

1862

Aus:
Friedrich Locher
Republikanische Wandel-Bilder
und Portraits

Um sich der Gewaltherrschaft Napoleons zu entziehen, hatten die deutschen Fürsten an die germanische Nationalität appelliert, und nicht umsonst. Nachdem die Fremdherrschaft gestürzt, Frankreich in seine natürlichen Grenzen zurückgedrängt, das Königtum der Bourbonen wieder hergestellt worden, alles unter Devise von Legalität und Gerechtigkeit, erwartete man auch solche für das deutsche Volk, zu welchem Ende man Herstellung einer großen, deutschen Kontinentalmacht als notwendig erachtete. An die Stelle eines Kaisers französischer Zunge, sollte ein deutscher Kaiser treten, nach Analogie der römischen Kaiser, germanischer Nation. Daran knüpften sich Verbesserungen nach französischen Revolutionsideen, wie Zeitverhältnisse sie zu erfordern schienen. Aber es zeigte sich, daß die deutschen Fürsten, nachdem sie der Kontributionen an Geld und Mannschaft zu den Kriegen des Eroberers ledig waren, sich mit Zersplitterung Deutschlands in 36 selbständige Staaten, wie es französisches Interesse verlangt hatte, vollkommen einverstanden erklärten. Dies verursachte Mißstimmung, die sich namentlich bei der Universitätsjugend kund gab. Es bildeten sich Vereine, Verbrüderungen, Verbindungen, welche für Sammlung der Volkskraft durch mittelalterliche Institutionen schwärmten und wirkten. Man erinnerte sich der Großthaten der Normannen, Friesen, Cherusker, der Helden der Edda und Nibelungen, der Hansa, um sich an dieser Vergangenheit aufzurichten. Umsonst suchte man unter den deutschen Fürsten nach einer passenden Persönlichkeit, zu Vertretung dieser Ideen. Bei der damaligen Erschöpfung der Großmächte durch die Kriege, hätte ein solcher, an der Spitze einer Militärmacht, günstige Aussichten gehabt, und an Zuzug von Freischaren würde es nicht gefehlt haben. Da sich aber keiner zeigen wollte, beschloß die deutsche Burschenschaft, im Sinne der Normannen und Franken, selbst einen Anführer auf den Schild zu heben und versammelte sich zu diesem Behufe auf der Wartburg, dem alten Kaiserschlosse.

Es war die Zeit der deutschen Röcke, ausgelegten Hemdkragen, Ziegenhainer, Schleppsäbel und schwarz-rot-goldenen Farben. Unter den Wortführern der Burschenschaft zeichneten sich die Gebrüder Follenius, Pfarrerssöhne, von Gießen, durch Reckengestalt, fliegenden Locken und Rednergabe aus, beide gekrönt vom Lorbeer des Dichters. Die zahlreich erschienene Burschenschaft erwählte den älteren Follenius zum »deutschen Kaiser« und zweifelte keinen Augenblick, daß das deutsche Volk diese Wahl acceptieren werde. Follenius nahm die Kaiserwürde, unter dem Titel Adolf II., huldvoll in Empfang und verteilte freigebig Länder, Würden, Aemter, Titel und Hofchargen unter seine Freunde. Zeitlebens hat er seine Ernennung ernst genommen. Die deutschen Regierungen nahmen die Sache auch ernst. Sie betrachteten das Auftreten der Burschenschaften als Hochverrat, kriminalisierten die Beteiligten, und Gebrüder Follenius mußten nach der Schweiz flüchten. Heutzutage würde kein Hahn nach einer solchen Demonstration krähen. Man würde den »deutschen Kaiser« regieren lassen, so lange er baar bezahlen könnte, nachher würde sein Reich von selbst aufhören. In der Schweiz wurden die beiden Follenius gut aufgenommen und erhielten, durch Vermittelung Zschokkes, Anstellung als Professoren an der neu errichteten Kantonsschule in Aarau. Kaiser Adolf zeichnete sich bei kantonalen Festen als Redner aus und verfaßte schöne Gedichte über schweizerische Ereignisse. Bei Anlaß eines Sängerfestes verliebte sich eine sentimentale Zürcherin in ihn und er ließ sich herab, sie zu heiraten. Sie war schön, aber kein Fürstenblut, er auch nicht, war er doch nur Wahlkaiser. Die Schatzkammer auf der Wartburg war von einer Kahlheit, wie sie es in den Zeiten Friedrich III. und Maximilians nicht gewesen, und von den Reichsinsignien hatte Adolf nicht einmal den Reichsapfel retten können. In der Hand der Zürcherin dagegen fanden sich verschiedene Hunderttausend Schweizerfranken, in den Augen Adolfs eine unerschöpfliche Summe. Follenius fand seinen Wirkungskreis in Aarau zu beschränkt und siedelte nach Zürich über, woselbst er den Haushalt eines großen Herrn führte. Die Plutokratie zuckte über ihn die Achseln, dagegen spielte er unter den Radikalen der dreißiger Jahre, infolge seiner Kenntnisse und hervorragenden Talente, eine einflußreiche Rolle. Als im Jahre 1830 diese Partei zur Macht gelangte, hätte er im Staatsdienst oder an der Universität passende Stellung finden können. Dies war ihm zu gering. Seine Augen waren auf Deutschland gerichtet, woselbst er auf einen Umschwung hoffte, der ihn in seine Rechte einsetzen werde. Einstweilen kaufte er, oberhalb der Gemeinde Höngg, das schön gelegene Landgut zum roten Ackerstein, schlug es aber bald wieder los, weil für seine Bedürfnisse zu klein, und erbaute sich nebenan eine schöne Villa. Hier geriet er mit Nachbarn in Zerwürfnis. Man darf durch seine Persönlichkeit nie imponieren wollen, lediglich durch das Geld, nicht indem man es ausgibt, sondern es zusammenhält. Geiz wird höher geschätzt als Verschwendung. Man darf sich nicht erheben wollen, eher sich verkriechen. Um sich vor Böswilligkeit der Nachbarn zu schützen, ließ er eine hohe, schwarzangestrichene Bretterwand um sein Besitztum ziehen. Doch umsonst! Obst und Feldfrüchte wurden gestohlen, die Wand durchbrochen, angezündet. Nochmals verkaufte er Haus und Hof, verließ eine Gegend, in der man ihn nicht zu schätzen wußte, und kaufte in nächster Nähe der Stadt einen Rebberg, auf welchem er eine stattliche Villa erbauen ließ. Er hatte das Land von einem reichen Großbauern viel zu teuer gekauft und unnützerweise dessen Frau und Kindern noch großartige Geldgeschenke gemacht, wie der Verkäufer selbst mir schmunzelnd erzählt hat. Ueberall wurde der doppelköpfige Reichsadler mit Scepter und Krone, *al' fresco* und in Gyps angebracht. Die vielen Bauten des Professors waren trefflich ausgedacht und ausgeführt, kamen aber, durch Verschwendung und Mangel an Berechnung, hoch zu stehen. Dies war besonders bei der großen Villa der Fall, welche über die Hälfte seines Weibergutes verschlang. Da er die Sachlage selbst einsehen mußte, beschloß er, die Villa wieder zu verkaufen und sich mit Erstellung eines schlichten Bürgerhauses zu bescheiden. Nachdem er einen soliden Käufer gefunden, kaufte er von der kantonalen Regierung ein günstig gelegenes Stück Schanzenterrain gegenüber der Kantonsschule, auf welchem er sich ein Schlößchen, mit achteckigem Turm, erbauen ließ. Während Dezennien übte der Professor in seinem Schlößchen zum »Sonneck« unbeschränkte Gastfreundschaft gegen den deutschen Parnaß, und nur wenige Dichter und Schriftsteller besuchten die Schweiz, ohne von derselben Gebrauch zu machen. Einzelne blieben Monate lang seine Gäste und wurden auf seine Kosten ausstaffiert und restauriert, so namentlich Herwegh. Dieses Walhalla hätte nicht so lange bestehen können, wenn

seine Frau nicht immer wieder geerbt hätte. Der mediatisierte Wahlkaiser wurde durch die Legitimität erhalten. Als seine Frau das Zeitliche gesegnet hatte, und die Aussichten auf den deutschen Kaiser-
thron sich nicht mehren wollten, beschloß der Professor, das
Vermögen seiner Töchter zu restaurieren. Zu diesem Ende kaufte er
das große Rittergut Liebenfels, oberhalb Mammern, am Bodensee,
im Kanton Thurgau, mit Areal von 400 Morgen, wie er glaubte
spottbillig und beabsichtigte, dasselbe durch landwirtschaftliche
Verbesserungen ertragsam zu machen. Diese Verbesserungen verschlangen nahezu den Rest seines Weibergutes und er sah sich genötigt, sein Haus »zum Sonneck« zu verkaufen. Es fehlte nicht an
Liebhabern; wenn man jedoch glaubte, zu einem Abschluß zu gelangen, trat er wieder zurück, weil er sich von seinen Erinnerungen
nicht trennen könne.

Einer meiner Klienten und Freunde, der sein Auge auf dieses Besitztum geworfen, beauftragte mich, dasselbe für ihn zu erwerben. Zu
diesem Behufe mußte ich persönlich mit dem Professor unterhan-
deln. In Frauenfeld speiste ich im Gasthof zur Krone mit der kantonalen Regierung und dem Obergerichte von Thurgau zu Mittag. Es
ging gemütlich und kordial zu. Unter den Anwesenden befand sich
Statthalter Debrunner, der 1848 ein Freicorps ausgehoben, dasselbe
dem Diktator Manin in Venedig zugeführt, die lange Belagerung
mitgemacht und sich vielfach ausgezeichnet hatte. Ueber seine Er-
lebnisse in Venedig hat er ein Buch geschrieben, und wußte sehr an-
schaulich darüber zu erzählen. Oberrichter Bachmann, von Thundorf, meinte, mit dem Wagen werde ich Mühe haben, auf die Höhe
von Neuforn zu gelangen, da es geschneit habe und die Straße zu
wünschen übrig lasse. Da die Sitzung des Obergerichts mehrere
Tage in Anspruch nehmen werde, anerbot er mir seinen leichten
Rennschlitten, mit welchem ich besser vom Flecke kommen werde.
Ich nahm das Anerbieten an und that gut daran, denn bis Pfyn und
Neuforn ging es noch an, allein von hier bis auf den Berg wäre keine
Möglichkeit gewesen, mit dem Wagen weiter zu kommen. Da alles
überschneit und vereist war, rutschte ich mehrmals in den Graben
hinunter und hatte Mühe, Pferd und Schlitten wieder herauszu-
schaffen. Unterhalb der Paßhöhe, gegen Norden, liegt in geschützter Vertiefung das alte Ritterschloß der Freiherrn von Liebenfels. Es
ist ein wohlerhaltenes Schloß mit Türmen, Brustwehr, Zinnen,

Laufgraben, Fallbrücke und weitläufigen Dependenzen, wie man deren heutzutage nur noch wenige trifft. Es datiert aus dem elften Jahrhundert, und mußte damals als uneinnehmbar gelten. Ueber den Schloßgraben führte eine hölzerne Brücke, die durch ein Bretterthor verschlossen war. Ich zog die Glocke, worauf sich im Schloße ein Fenster öffnete und eine mächtige Gestalt, in fliegendem Pelzrock, mit schiefaufgesetztem Barett, ein Sprachrohr in der Hand, auf den Balkon hinaus trat und nach meinem Begehren fragte. Als ich Auskunft gegeben, wurden nach Außen und Innen Befehle erteilt und das Bretterthor geöffnet, so daß ich über die Brücke auf das Schloßthor fahren konnte. An diesem hafteten zwei mächtige Plakate: »Gesindeordnung für das männliche Personal« und »Gesindeordnung für die weibliche Dienerschaft«. Das erste war unterzeichnet: Für die Gutsherrschaft der »Verwalter« und das zweite: Für die Schloßherrschaft die »Schließerin«. Auf beiden war das kleine, eiserne Handsiegel der Freiherrn von Liebenfels abgedrückt. Endlich that sich das gewaltige Schloßthor auf und ich gelangte in einen nicht allzu großen Hof, woselbst ich von der Schließerin, einer klugen Frau, empfangen wurde. Im ganzen, weitläufigen, geräumigen Schlosse befand sich nicht ein einziges bewohnbares Gemach, so daß man sich fragen mußte, wie denn die früheren Insassen gelebt hatten. Das erste war denn auch für den Professor, einen Architekten kommen und für sich und seine zwei Töchter Zimmer einrichten zu lassen. Ich wurde in die Schloßkapelle einlogiert, in welche man einen eisernen Ofen gestellt hatte. Bald wurde ich durch die Schließerin zur Abendtafel berufen. Das Essen war einfach und gut, dazu trefflicher Wein aus den Schloßreben, leider nur vier Juchart. Wären es deren vierzig gewesen, so hätte der Herr Professor mit dem Kauf ein glänzend Geschäft gemacht. Der Schloßherr empfing mich gastfreundlich und war so delikat, kein Wort von Geschäften zu sprechen. Er war ungemein gesprächig, wußte über alles Bescheid, interessierte sich für alles. Der deutschen Sprache in Wort, Schrift und Poesie war er Meister wie kein Zweiter. Seine Dichtungen stehen denen von Uhland wenig nach, übertreffen sie stellenweise an Schwung. Nichts schöneres, als ihn vorlesen, rezitieren zu hören. Am bestrickendsten zeigte er sich in der Privatkonversation, von welcher er den Klatsch nicht ausschloß. Zürcherische Zustände, Verhältnisse und Persönlichkeiten wußte er nach dem Leben zu schildern. Da er jede Individualität nach Eigenart und Marotten, Ausdrucksweise, Stimme und Geberde nachzuahmen verstand, alles mit Geist, Witz, Humor und Satyre, wurde man wie im Theater hingerissen und kam aus dem Lachen gar nicht mehr heraus. Wehe aber d e m, der ihm unter die Finger geriet; unzerzaust kam er nicht weg. Wenn das Schicksal den Professor an die Stelle gebracht hätte, für die er paßte, so hätte er jedenfalls Bedeutendes gleistet. Er war andern überlegen, und dies ist häufig ein Unglück.

Den andern Morgen, nachdem ich in der Kapelle, wenn auch nicht gebetet, so doch gefrühstückt, wurde ich um zehn Uhr zur Audienz befohlen. Es war kein gemütlich Stündchen. Der Professor zeigte sich als geriebener, zäher Geschäftsmann, wohlbekannt mit allen Schlauheiten und Hinterthüren der Rabulistik. In der Hauptsache waren seine Forderungen nicht übertrieben und hätte ich für eigene Rechnung gehandelt, wir wären schnell einig geworden. Allein, als Mandatar mußte ich darauf bedacht sein, die Situation auszunutzen. W i r waren keineswegs pressiert zu kaufen, während der Professor verkaufen m u ß t e . Es ist dies hart, wenig nobel, aber das Geschäft an sich ist nicht nobel. Man ist Geschäftsmann, oder ist es nicht. Will man es sein, so muß man alle Vorteile seiner Stellung ausnutzen, sonst werde man lieber Schulmeister oder Geistlicher. Ich wies sämtliche Bedingungen, Kautelen, Hinterthüren, eine nach der andern zurück und anerbot als Kaufpreis für »Sonneck« 35 000 Fr., alles inbegriffen. Der Professor machte große Augen, erhitzte sich, versuchte nur zu imponieren. Darauf war ich gefaßt, stand auf, brach die Verhandlungen ab und ließ einspannen. Nachdem ich meine sieben Sachen zusammengepackt und in den Hof trat, kam die Schließerin und berief mich nochmals zu ihrem Gebieter. Er war ruhiger. » W i e   v i e l können Sie mir anzahlen?« fragte er. » A l l e s «,   erwiderte ich. » S o , dann können wir uns verständigen«, meinte er. In fünf Minuten war der Kaufvertrag geschrieben, unterzeichnet, die Kaufsumme bezahlt, die Quittung ausgestellt. Jetzt ist die Besitzung, welche sich seither vergrößert und verschönert hat, im Wert auf das achtfache gestiegen.

Der Professor behielt mich zu Tische, bei welcher Gelegenheit er mir einen Neftenbacher Strohwein vorsetzte, wie ich nie bessern getrunken. »Wissen Sie, wie ich zu dem Weine komme? Ich trete ins

Hotel Bellevue, in Zürich, um zu speisen. Neben mir sitzt Regierungsrat Jakob Sulzer von Winterthur, der mir ein Glas dieses Weines einschenkt. Ich fand ihn so ausgezeichnet, daß ich den Wirt fragte, woher er ihn habe. Dieser erzählte eine Geschichte von einer Liquidation. Wissen Sie was, Herr Guyer, sagte ich, schicken Sie mir, was Sie von dem Wein noch haben nach Liebenfels. Der Wein kam, 200 Flaschen, aber auch die Rechnung, zu 4 Gulden per Flasche. Daran hatte ich freilich nicht gedacht. So kommt mich mein Diner im Hotel Bellevue auf 1000 Fr. zu stehen. Nun müssen Sie mir den Wein auch vertilgen helfen!« – Gäbe es doch keine schwierigere Aufgabe! Als ich mich nach dem Kaffee verabschiedete, hielt mich der Professor an der Hand zurück. »Ich lasse Sie nicht ziehen, bevor Sie mir nicht versprochen, mein Anwalt werden zu wollen. Mein Gegner sind Sie gewesen, und haben mich tüchtig geschoren, nun sollen Sie auch mein Vertreter, mein Vormund werden. Ich habe viel und wichtige Konflikte, hätte jeden Tag einen Advokaten nötig. Für den Augenblick hat es keine Eile. Morgen schon werde ich Ihnen ausführlich schreiben, verlasse mich also darauf, daß Sie meine Vertretung übernehmen, recht bald wieder kommen und sich einrichten, ein paar Tage zu bleiben; denn wir haben hochwichtige Dinge zu besprechen. Damit Gott befohlen, gefährlicher Mensch!«

Folgenden Tags schon langte ein Schreiben des Professors mit Aufträgen aller Art, zu Einkäufen, Kommissionen an, dazu ein Dutzend Rechnungen für Lieferungen, die alle übersetzt seien. Letzteres war wirklich der Fall und der Professor in seinem Rechte. Unsere Bevölkerung gilt nicht für unehrlich und in den Städten machen sich feste Preise geltend. Den Franzosen mag der Schweizer leiden, der Deutsche aber gilt ihm als Eindringling. Würde er zu uns kommen, wenn er zu Hause sein Auskommen fände? heißt es. Gilt nun ein solcher für reich und gibt Geld aus, so erscheint dies als eine Gelegenheit, die jeder ausnützen und erproben will. Wenn der Professor einem beim Holzschleifen Verunglückten eine Pension von 100 Fr. aussetzte, wenn er Friedensrichtern und Beamten, mit denen er verkehren mußte, sechs Kronenthaler in die Hand drückte, so war dies keineswegs das Mittel, sich Ansehen zu verschaffen. Lächelnd nahmen sie das Geld des »verrückten Professers« in Empfang, dachten aber dabei: »der wird es selbst noch brauchen!« Es gelang mir, sämtliche Rechnungen auf das richtige Maß heruntersetzen zu lassen. In einem zweiten Schreiben hieß es: »Schicken Sie mir sofort den jungen Mann, von dem Sie gesprochen. Ich will mich wegen Lieferungen mit ihm verständigen.« – Hiermit hatte es folgende Bewandtnis: Im Jahre 1849 war mit den Trümmern der badischen Insurrektionsarmee, unter General Siegel, ein junger Mann, Namens Bächter, von Stuttgart, Sohn angesehener Familie, sein Vater war Kriminalrat, nach Zürich gekommen. In Stuttgart hatte er ein Antiquitätengeschäft betrieben, das infolge der Kriegsereignisse den Krebsgang ging, so daß er sich genötigt sah, vor seinen Kreditoren zu flüchten. Er ging zunächst nach Mannheim und von da nach der Schweiz. In Zürich gründete er einen kleinen Laden, an der Steingasse, das erste Delikateßwarengeschäft, genannt zum »roten Zelt«, eine Art Frühstücksstube, woselbst man »belegte Brötchen«, Schinken, Wurst, Sardellen, Anjovis, hübsch garnierte Schüsseln Verschnittenes, Salami, Mortadellen, Göttingerwurst, Frankfurterwurst, etc. mit feinem Schnaps bekommen konnte. Sei es Befriedigung eines Bedürfnisses, sei es Reiz der Neuheit, das Geschäft zog merkwürdig an. Jede Familie wollte einen Teller von diesem mit Blumen und Grün verzierten »Verschnittenen«, um wenig Geld haben. Bächter wäre in kurzem ein reicher Mann geworden. Da legten sich die Herren Bratwurster ins Mittel und verlangten vom Polizeidirektor, Regierungsrat Bollier, Kreatur Eschers, daß er Bächter, als Flüchtling, ausweise. Bollier that ihnen wirklich den Gefallen, obschon Bächter nicht politischer Flüchtling war. Er wurde zwar nicht ausgewiesen, aber nach Altdorf, Kanton Uri, interniert. Dort sollte er mit seinen Würsten hausieren. Umsonst hatte ich Himmel und Erde in Bewegung gesetzt und klar nachgewiesen, daß Bächter mit Politik nichts zu thun habe. Man zuckte die Achseln, bedauerte, man habe eben die Flüchtlingssachen ein für allemal Herrn Bollier übertragen und könne sich nicht einmischen. Verschiedene Fälle ähnlicher Art waren durch meine Hände gegangen. Ein geschickter Schuhmacher, Namens Herber, erfreute sich starker Kundschaft, wurde aber auf Betreiben einiger zürcher Schuhmacher von Bollier einfach ausgewiesen. Auch für d i e s e n hatte ich umsonst alle Glocken gezogen. Die Ausweisung war aber sein Glück; denn in Paris besteht heute noch, in der Rue de Rivoli, ein großartiges Schuhgeschäft, das von seinen Nachkommen betrieben wird. Ueber Tisch hatte ich dem Herrn Professor diese Vorkommnisse geschildert, um ihm zu beweisen, wie die neue, radikale Regierung der Escher, Zehnder, Bollier und Komp., gegen seine Landsleute verfahre, während diese Regierungsräte sich mit Freisinnigkeit, Humanität und Toleranz brüsten. Die politische Deduktion hatte den Professor weniger interessiert als die wirtschaftliche, und schnell hatte er darauf seinen Plan gegründet: »Habe ich nicht 200 Mastschweine aus Ungarn kommen lassen, und kann deren Zahl aufs Dreifache vermehren? Geheimnisse der Wurstfabrikation gibt es für mich keine. Wie oft habe ich meinen Schwestern, die an Landwirte verheiratet sind, dabei geholfen? Göttingerwurst, Cervelat, Frankfurter, Salami, Mortadellen, alles dies kann ich machen, verstehe mich auf Fabrikation, Pressung, Räucherung, besitze alle Rezepte. Besseres Schweinefleisch als das meinige kann es nicht geben, und die Lokalität ist ja da. Ich werde also künftighin Lieferant Bächters werden und eine großartige Wurstfabrik auf Liebenfels errichten. Schaffen Sie mir den Mann hierher!« – Also eine neue Phase: Adolf II. Bratwurster! Bächter, dem ich von der Sache sprach, schüttelte den Kopf und behauptete, Konkurrenz sei in diesem Fache nicht möglich, doch ließ er sich, mir zu Gefallen, bereden, nach Liebenfels zu reisen. Als er zurückkam meinte er, der gute Mann verstehe vieles, glaube aber alles zu verstehen. Von rationeller Berechnung besitze er nicht die Spur. Einrichtung, Anlagekapital, Feuerung, ziehe er nicht in Betracht. Ankaufspreise und Entlöhnung des Personals kommen in der Schweiz viel zu hoch zu stehen. Von Präparation des Darms, was Hauptsache sei, verstehe er gar nichts. – Ich riet Bächter, sein blühend Geschäft einem Schweizerbürger oder Niedergelassenen abzutreten und dasselbe für s e i n e Rechnung weiterführen zu lassen, anstatt nach Altdorf, im Kanton Uri, lieber nach Amerika zu gehen, woselbst sich passende Unterkunft für ihn finden werde. Er folgte in allem meinem Rat und stand sich gut dabei. Seither sind die Delikateßwarengeschäfte gegen Hundert angestiegen. Die Herren Bratwurster, mit ihrem Polizeidirektor, haben also ihren Zweck nicht nur nicht erreicht, sondern im Gegenteil der Konkurrenz aufgeholfen.

Im dritten Schreiben ersuchte mich der Professor, ihm einen Chemiker zu schicken, von dem ich beiläufig gesprochen. Derselbe war Dozent an der Universität und beschäftigte sich mit Untersuchung von Lebensmitteln. Der Professor wollte ein chemisches Laboratorium einrichten, wozu die Lokalität vorhanden sei. Er selbst habe sich mit Chemie beschäftigt und verstehe sich auf die Sache. Weil jede dieser Missionen verschiedene Hundert Franken kostete, beschloß ich, den Auftrag zu ignorieren.

An einem Sonntag kamen Verwalter und Schließerin mit einem Brief des Professors zu mir nach Zürich. Er bat, seine Dienstboten mit Rat und That zu unterstützen. Er habe sich nämlich erinnert, daß nächsten Montag großer Viehmarkt in Zürich sei, und beschlossen, denselben mit 12 Mastschweinen zu beschicken. Im Rückwege sollen Verwalter und Schließerin, neben andern Einkäufen, ein Pianino für seine Töchter, das für 800 Fr. bereits ausgemarktet sei, mitbringen. Ich möchte Nötiges vorkehren. Ich mußte auf diese Missive antworten, der Professor befinde sich im Irrtum; nächsten Montag finde kein Viehmarkt statt, sondern das Frühlingsfest »Sechseläuten«, während der Viehmarkt auf den ersten Mai falle. Was nun mit den Schweinen geschehen, ob man sie zurückbringen solle? – Die Antwort lautete: »Dieselben bestmöglichst verkaufen.« Verwalter und Schließerin reisten nun mit den Schweinen bei allen Metzgern der Stadt und Umgebung herum, sie loszuschlagen, was nur zu Schleuderpreisen möglich war. Anstatt eines Sacks voll Geld, brachten sie nicht einmal das Pianino nach Hause.

In dringlicher Angelegenheit möchte ich augenblicklich nach Liebenfels kommen, lautete eine Depesche. Ich traf den Professor in großer Aufregung. »Da, lesen Sie diese zwei Beschlüsse des Gemeinderats von Altikon, wo ich Bürger bin, und des Bezirksrats von Andelfingen. Man will mich, wegen Verschwendung, unter Kuratel setzen. Bin ich ein Verschwender? Trage ich schöne Kleider? gebe ich Gastmähler? bin ich ein Trinker? ein Spieler? – Das Vermögen meiner Frau hat sich allerdings vermindert, aber habe ich nicht meine Töchter erzogen und steckt nicht die Substanz in diesem Liebenfels? Jetzt, da ich mich damit beschäftige, das Vermögen zu restaurieren, das Gut rentabel zu machen, werde ich daran verhindert. Vorher konnte ich kaufen und verkaufen, bauen und machen, was ich wollte und j e t z t, da ich auf dem rechten Wege bin, heißt es: bis hierher und nicht weiter! – Ist das nicht zum in die Luft fliegen? Und w e r ist es, der befiehlt? Dumme Bauern, die von Bewirtschaftung großer Güter keine Idee haben. Die Verwaltung will man mir einstweilen noch belassen, auf Zusehen hin, wie gnädig, – aber, die restierenden Wertschriften von circa 20 000 Gulden sind mit Sequester belegt. Was meinen Sie, wenn ich auf das Bürgerrecht des Kantons Zürich ganz verzichten würde?« – »Was könnte dies nützen? Ihre Töchter blieben deshalb doch unter Vormundschaft von Altikon, samt den Wertschriften. Zur Entlassung aus dem Bürgerrecht gehört Erwerbung eines anderen Bürgerrechtes und bei Bevormundeten Konsens der Vormundschaftsbehörden. Letztere würden n i e einwilligen.« – » S o ,   s o . Ich habe aber eine andere Idee. Wenn sich meine Töchter verheiraten, muß man ihren Männern das Vermögen doch herausgeben, oder nicht? Ich habe bereits einen jungen Thurgauer an der Hand, der meine älteste Tochter nehmen will und mir das Vermögen herausgibt. Er versteht sich auf Landwirtschaft, billigt meine Meliorationen. Wir sind einig, er acceptiert alle Bedingungen.« – »Aber, Herr Professor, dies kann doch nicht Ihr Ernst sein. Sie wollten das Glück Ihres Kindes auf's Spiel setzen, über sie verfügen, wie über eine Leibeigene, um des Geldes willen? Wenn aber nach vollzogener Heirat Ihr Schwiegersohn sein Wort zurückzieht, mit den Vormundschaftsbehörden einig geht, so hätten Sie Ihr Kind nutzlos geopfert.« – »Wollen Sie mir jetzt Moral predigen, nachdem es mit Ihrer Juristerei zu Ende geht? Meine Töchter lieben mich, bringen mir jedes Opfer, handelt es sich doch um i h r Vermögen, nicht um das m e i n i g e . Wer den Zweck will, muß auch die Mittel wollen.« – »Nein, nein, Herr Professor, zu dieser Verkuppelung helfe ich nie! Da gibt es noch andere Mittel.« – »Welche?« – »Haben Sie mir nicht gesagt, daß Sie mit Regierungsrat Rüttimann befreundet seien?« – »Befreundet gerade nicht, aber ich kenne ihn. Als Günstling Kellers und Ulrichs begleitete er diese öfters auf die Platte und da er sah, daß ich bei seinen Protektoren etwas gelte, sperrte er seine Naslöcher auf. Von seiner Befähigung habe ich nie viel gehalten, doch gilt er als gelehrtes Haus.« – »Gut so. Je dümmer, desto besser! Ich werde die Sache studieren und Ihnen eine Rekursschrift an die Justizdirektion anfertigen. Rüttimann ist jetzt Justizdirektor, oberste Instanz in Vormundschaftssachen, ein großes Tier. Auch ich halte ihn für das, was Sie gesagt haben. Sie überbringen die Rekursschrift p e r s ö n l i c h . Er wird Ihnen die Hälfte, schlimmsten Falls eine Quote des restierenden Vermögens bewilligen. Später läßt sich ein zweiter, schwacher Versuch machen. Inzwischen werden Ihre Töchter volljährig und eignen Rechtens, alsdann können

sie thun, was sie für gut finden.« – Der Professor schmunzelte,
klopfte mir auf die Achsel, als wollte er sagen: »Sie sind doch nicht
ganz so dumm, wie Sie aussehen.« – Er führte mich überall herum,
zeigte mir seine Gebäulichkeiten und Dependenzen. Stallung für 30
Ochsen, 12 Pferde, 200 Schweine, ebensoviel Schafe und Ziegen,
Wasser im Ueberfluß, welches in steinerne Krippen und Tröge ein-
gelassen werden konnte. Gute Lüftung, eine kolossale Scheune, bei
welcher man mit vierspännigem Wagen auf den Heuboden fahren
konnte, Wohnung für das Gesinde, Einrichtung für Brennereien, alles in bestem Stande. Da die Vormundschaftsbehörden sich auf Gut-
achten von Landwirten bezogen hatten, so wandte ich mich an No-
tabilitäten dieser Branche im Kanton Thurgau und besuchte sie
persönlich. Ihre Ansicht war aber nicht günstig. Den Einrichtungen
ließ man Gerechtigkeit widerfahren. »Sie wären zweckmäßig für ein
rentables Gut, das Land liege aber zu hoch, sei nicht fruchtbar, eigne
sich höchstens zu Schaf- und Pferdezucht. Um das Gut einigermaßen rentabel zu machen, müßte man ein Kapital daran wenden, größer als der Ankaufspreis. Kunstdünger nütze nicht viel, alles werde
zu Thal geschwemmt. Drainage sei kostbar und gehe langsam. Betrieb durch Pferde sei viel zu teuer. Sie fressen im Winter auf, was sie
im Sommer verdienen und das Futter müsse man kaufen.« – »Aber«,
fragte ich, »von was haben die Freiherrn denn gelebt?« – »Sie vergessen«, hieß es, »daß das Gut früher viel größer war, sich bis an den
Bodensee erstreckte. Der Berg war bis Neuforn und Felben bewal-
det, das Klima milder, der Kulturboden geschützt und genährt. Unter dem Wald befanden sich saftige Wiesen, während jetzt der Wald
abgeholzt, alles kahl und öde ist. Um auf's Neue zu bewalden, müßten Dezennien vergehen.« Entmutigt kehrte ich zurück. Die Beschlüsse der Vormundschaftsbehörden erschienen mir richtig und
wohlmotiviert, man konnte ihnen nur vorwerfen, allzulange gezö-
gert zu haben. Ich bereute, mich vorschnell zu Abfassung der
Rekursschrift bereit erklärt zu haben und tröstete mich mit der
Betrachtung: wenn d u es nicht thust, so thut es ein anderer. Zu
etwelcher Entlastung meines Gewissens beschloß ich, einen Gene-
ralsturm auf den Professor zu unternehmen und schob die Ausführung nicht auf, sondern meldete mich gleich den andern Tag zu einer
Privataudienz. Ich schilderte die Quintessenz meiner Informatio-
nen und meiner eigenen Wahrnehmungen, anerkannte die Trefflich-

keit seiner Einrichtungen, Berechtigung und Uneigennützigkeit seiner Absichten und Pläne, es fehle nur an der Grundlage, B o d e n und K l i m a! Ich bat ihn dringend, die Sachlage mit klarem Auge zu überschauen, und nicht in einem Irrtume zu verharren, welcher zu seinem und seiner Familie Ruin führen müsse. Das gesamte, noch vorhandene Vermögen, würde nicht ausreichen, das Gut rentabel zu machen. Selbst wenn man den Berg wieder bewalden wollte, so könnte sich dies nur auf s e i n Terrain beziehen, nicht auf das der Nachbarn, und es würden Dezennien dazu gehören, während er doch schon tief in den siebenzig stehe. N o c h sei Möglichkeit vorhanden, durch Beschränkung, Sparsamkeit, vorsichtige Liquidation, seinen Töchtern ein mäßiges Vermögen zu retten, während sonst alles verloren sei. Ob er glaube, das Recht zu haben, das letzte Scherflein seiner Töchter an ein Experiment zu wagen, von dem Behörden und Sachverständige behaupten, daß es Verderben bringend sei? – Ich hatte mich gehütet, den Professor auch nur mit einem Worte zu beleidigen, aber im Uebrigen von der Leber weg und im Eifer gesprochen. Mit großen Augen starrte er mich an, ließ mich aber ausreden. »Sind Sie jetzt fertig? S o, welch' ein Glück! Wissen Sie was, stecken Sie Ihre Nase in Ihr Corpusjuris und nicht in die Landwirtschaft, von der Sie keinen Hochschein besitzen. Ich hielt Sie für einen halbwegs vernünftigen Mann, überzeuge mich aber, daß Sie sich nicht über das Philistertum zu erheben vermögen. Einen Park, ein Paradies, werde ich in diesen Erdenwinkel hineinzaubern, Ihren dummen Bauern zum Trotz! Doch, sprechen wir nicht mehr davon. Die Landwirtschaft ist m e i n e Sache, die Mittel dazu die I h r i g e!« – Es war mir gegangen wie Gil-Blas mit dem Erzbischof von Granada. Letzterer sagte zu seinem Privatsekretär: Ich gelte als berühmter Kanzelredner, aber ich werde alt und befürchte mich zu überleben. Wenn Du bemerken solltest, daß meine Geisteskräfte abnehmen, so benachrichtige mich, damit ich mich rechtzeitig zurückziehe. Als Erzbischof habe ich nicht nötig, zu predigen. Gil-Blas begnügte sich, das Konzept zu den Predigten zu verbessern, manchmal ganz umzuarbeiten. Der Erzbischof schien es nicht zu bemerken und predigte seinen Stiefel fort. Zuletzt hielt es Gil-Blas für seine Pflicht, ihn zu benachrichtigen, daß es jetzt an der Zeit wäre, sich zurückzuziehen. Der Erzbischof hörte ihn ruhig an, packte ihn aber dann bei beiden Schultern und schob ihn zur Thüre hinaus: »Laß' Dir vom Zahlmeister Deinen Gehalt auszahlen, und mach, daß Du weiter kommst. Ich hielt Dich für einen Mann von Verstand und Geschmack, sehe nun aber, daß Du ein Esel bist!«

Mit meiner Rekursschrift war der Professor sehr zufrieden, weil ich s e i n e Ideen, nicht die m e i n i g e n ausgekramt hatte. Meine Räte und Instruktionen in Bezug auf Justizdirektor Rüttimann, hatte der Professor sich hinter die Ohren geschrieben und die Audienz war nach Wunsch abgelaufen. Wenn Gemeinderäte und Bezirksräte von Altikon und Andelfingen sich auf der Staatskanzlei, allwo das Bureau der Justizdirektion sich befand, präsentierten, wurden sie für ihre Wachsamkeit und ihr Einschreiten belobt. Er sehe selbst ein, daß die Dinge nicht in dieser Weise fortgehen können, daß thatkräftige Maßregeln am Platz seien, soll nicht der geringe Rest des ansehnlichen Vermögens auch noch verloren gehen. Kam aber der Professor in seiner Karosse angerasselt, so war Rüttimann hypnotisiert, wie das Kaninchen durch die Boaconstriktor und bewilligte, was man wollte. Erst 6000 Gulden, dann 4000 Gulden, dann 2000 Gulden und so fort, bis es nichts mehr zu bewilligen gab.

Die thurgauischen Oberbehörden in Frauenfeld konnten aus dem Verhalten der Zürcher Regierung, in Sachen, nicht klug werden. Landwirte von Felben, Neuforn, Mammern, Oberrichter Bachmann von Thundorf, prognostizierten eine Katastrophe. Mir fiel alles dies schwer auf's Herz. Wohl wußte ich, daß nicht meine Rekurse und Eingaben Schuld trugen, sondern die Persönlichkeit des Professors; aber ich hatte ihn durch meinen Rat auf diesen Weg geleitet. Zuletzt konnte ich es nicht länger mit ansehen und proponierte dem Professor, ihm einen anderen Anwalt zu verschaffen, der in Winterthur, also näher, wohne, denn ich könne unmöglich jede Woche nach Liebenfels kommen. Ueber die wirklichen Motive meines Rücktritts konnte der Professor kaum im Zweifel sein. Er sah mich forschend an, drohte mit dem Finger, sagte aber kein Wort. Meinen Rechtsnachfolger ließ er sich vorstellen und nahm ihn an. Wir trennten uns in Frieden und Freundschaft.

Es vergingen noch Jahre. Als aber Rüttimann nichts mehr zu bewilligen fand, hatte die Landwirtschaft auf Liebenfels ein Ende. Das Gut wurde subhastiert und geriet in die Hände eines tüchtigen, kapitalmächtigen Landwirts. Eines Tages sah ich den Professor, blaß, mit zerfallenen Zügen, ein rotes Tuch um den Hals, in geschlossenem Wagen durch Zürich reisen, um bei Anverwandten in Bern Unterkommen zu finden. Bald nach seiner Ankunft starb er, sic transit gloria mundi. Mir that er herzlich leid. Während Rüttimann als Freund und Wohlthäter der Familie galt, wurde ich als böser Dämon betrachtet, und doch hatte sich niemand so eifrig und thätig mit deren Rettung beschäftigt, als ich. Schon damals hatte Follenius sich überlebt. In seiner Jugend ist ihm alles gelungen. In aufgeregter Zeit kam seine Persönlichkeit, sein überlegenes Talent zu voller Geltung. Kommilitonen und Zeitgenossen haben ihn so hoch erhoben, als sie es vermochten. Sein Name war in ganz Deutschland bekannt. In der Schweiz kam zu diesem Nimbus noch die Macht des Geldes, die er mißbrauchte. Muß man sich verwundern, daß sich Größenwahn, bis zur Idiosynkrasie, bei ihm ausbildete? Neben seinen Schwächen besaß er große, vortreffliche Eigenschaften, lastete aber mit dem Vollgewicht seiner Persönlichkeit auf Familie und Untergebenen. Der Demokrat wurde Autokrat. Das Mittelalter verlangte solche Kraftnaturen. Als die Zeit ihn verließ und er auf eigenen Füßen stand, zeigte sich seine Ohnmacht. Er wollte sich dieselbe nicht eingestehen, glaubte mit dem Gelde gegen Verhältnisse ankämpfen zu können. Als auch dieses ihn verließ, war er verloren.

GOTTFRIED KELLER
DIE ÖFFENTLICHEN VERLEUMDER

Ein Ungeziefer ruht
In Staub und trocknem Schlamme
Verborgen, wie die Flamme
In leichter Asche tut.
Ein Regen, Windeshauch
Erweckt das schlimme Leben,
Und aus dem Nichts erheben
Sich Seuchen, Glut und Rauch.

Aus dunkler Höhle fährt
Ein Schächer, um zu schweifen;
Nach Beuteln möcht' er greifen
Und findet bessern Wert:
Er findet einen Streit
Um nichts, ein irres Wissen,
Ein Banner, das zerrissen,
Ein Volk in Blödigkeit.

Er findet, wo er geht,
Die Leere dürft'ger Zeiten,
Da kann er schamlos schreiten,
Nun wird er ein Prophet;
Auf einen Kehricht stellt
Er seine Schelmenfüße
Und zischelt seine Grüße
In die verblüffte Welt.

Gehüllt in Niedertracht
Gleichwie in einer Wolke,
Ein Lügner vor dem Volke,
Ragt bald er groß an Macht
Mit seiner Helfer Zahl,

Die hoch und niedrig stehend,
Gelegenheit erspähend,
Sich bieten seiner Wahl.

Sie teilen aus sein Wort,
Wie einst die Gottesboten
Getan mit den fünf Broten,
Das klecket fort und fort!
Erst log allein der Hund,
Nun lügen ihrer Tausend;
Und wie ein Sturm erbrausend,
So wuchert jetzt sein Pfund.

Hoch schießt empor die Saat,
Verwandelt sind die Lande,
Die Menge lebt in Schande
Und lacht der Schofeltat!
Jetzt hat sich auch erwahrt,
Was erstlich war erfunden:
Die Guten sind verschwunden,
Die Schlechten stehn geschart!

Wenn einstmals diese Not
Lang wie ein Eis gebrochen,
Dann wird davon gesprochen,
Wie von dem schwarzen Tod;
Und einen Strohmann bau'n
Die Kinder auf der Heide,
Zu brennen Lust aus Leide
Und Licht aus altem Grau'n.

Anhang D

Ein Schweizer Schriftsteller als «deutscher Kulturbürger»

Der Kulturschaffende Thomas Hürlimann hält gemäss «Tages-Anzeiger» vom 24. Juni 1997 Christoph Blochers Rede «Die Schweiz und der Eisenstat-Bericht» für politisch dumm. Blocher demontiere mit dieser Rede nämlich das «einzige, was der Schweiz noch zur Ehre gereiche: ihre kritische Intelligenz». Alle Schweizerinnen und Schweizer, die sich nicht zur sogenannten «kritischen Intelligenz» zählen, gereichen also unserem Land zur Schande!

Da der «Tages-Anzeiger» bei der teilweise wörtlichen Wiedergabe die entscheidenden Passagen von Christoph Blochers Rede unterschlagen hat – speziell Blochers Auseinandersetzung mit Adolf Muschgs ungeheuerlicher Gleichsetzung eines sauberen, geraniengeschmückten Schweizerhauses mit dem Konzentrationslager Auschwitz – drucken wir hier das entsprechende Kapitel aus der Rede im vollen Wortlaut ab:

Ein Schriftsteller namens Adolf Muschg äussert in einem in Deutschland gedruckten Büchlein die Meinung, «dass Auschwitz nicht nur überall lag, sondern auch in der Schweiz liegt». Es brauche keinen bösen Blick, um «im einst realen Auschwitz etwas von der Fassade der heute nicht mehr ganz realen Schweiz wahrzunehmen: den Geranienschmuck vor den Fenstern, die peinliche Sauberkeit, wo es darauf ankam (...).» Nun könnte man natürlich annehmen, einem Herrn Professor, der ein geraniengeschmücktes Schweizerhaus mit der schlimmsten Tötungsfabrik aller Zeiten gleichsetzt, sei nicht mehr zu helfen. Mit seiner Geranienschmuckgeschichte stellt er nicht nur einen direkten Zusammenhang unseres Landes mit dem schlimmsten Massenmord der Geschichte her. Gleichzeitig wirkt die Vergleich von Schweizer Sauberkeit mit dem KZ Auschwitz unglaublich verharmlosend. Gerade seine jungen, von der Geschichte wenig belasteten Leserinnen und Leser werden zum Schluss kommen: Wenn Auschwitz etwa so schlimm war wie die

Labsal für die deutsche Seele, dem nichts ist dem Menschen angenehmer, als wenn er einen Mitschuldigen findet und wenn die Grenze der Verantwortung möglichst verwischt wird. Nun hat diese Anbiederung eines Schweizer Schriftstellers an den nördlichen Nachbarn natürlich einen handfesten Grund: In Deutschland verkauften sich seine Bücher im Vergleich zur kleinen Schweiz um ein Vielfaches zahlreicher. In Deutschland braucht er darum in erster Linie die Verlage, die Kritiker, die Auftritte, die Literatenpreise. Auch Herr Muschg hat nun also den Holocaust als Geschäft entdeckt! Und so sagt und schreibt dem dieser Professor unter dem Applaus seines deutschen Publikums Sätze wie: «Besonders ungern hören die Deutschschweizer, dass sie wieder lernen müssen, deutsche Kulturbürger zu sein.»

Unbehagen im Kleinstaat

Der Wunsch, in Deutschland anzukommen, dort bekannt zu werden und seine Werke bestmöglich abzusetzen, ist für den Deutschschweizer

Reichsgründung. Meyers deutsche Bekannte in Zürich klopften ihm auf die Schultern, und in Deutschland bekam er über Nacht einen Namen. Gottfried Keller tat 1872 in einem Trinkspruch – er hatte vielleicht schon ein Glas zuviel getrunken – zum Abschied eines deutschen Professors den wenig klugen Ausspruch, es dürfte einmal die Zeit kommen, «in der auch wir Schweizer wieder zu Kaiser und Reich zurückkehren könnten». Zahlreiche andere Schriftsteller wären in diesem Zusammenhang zu erwähnen. Genannt sei hier nur noch der Dichter Jakob Schaffner, der in den dreissiger Jahren im Drang, den Deutschen zu gefallen, so sehr ins braune Fahrwasser geriet, dass sich seine Basellandschäftler Heimatgemeinde zuerst weigerte, seine sterblichen Überreste zu beerdigen.

Bedenkliche Töne, gestern und heute

Schaffner sah die Schweiz in der Zuschauerrolle, vom wirklichen Handeln ausgeschlossen. Muschg schreibt heute vom dunkeln Zuschauerraum, in dem wir gesessen hätten, «während auf der Bühne der Krieg spielte». Schaffner schrieb 1940, das Schweizervolk stehe «verlogen hinter seinen Drahtverhauen und beginnt sich zu besinnen». Muschg höhnt über den «Belagerungszustand» und über die «Abwehrreflexe des Igel-Landes».

Schaffner schrieb, das «neue Europa» habe kein Interesse, einen «stehengebliebenen Kapitalistenverein» zu unterstützen. Muschg beschreibt die «goldene Nase», die wir am Unglück anderer verdient hätten. Schaffner glaubte, die «Dämmerung der Neutralität» sei angebrochen. Muschg schreibt, mit ihrer Neutralität habe sich die Schweiz «seit Marignano aus der Welt verabschiedet».

Muschg kritisiert heute, dass sich die Schweizer ungern als «deutsche Kulturbürger» bekennen. Schaffner schrieb: «Statt der überbetonten Verschiedenheit wird sich die unerschütterliche Tatsache unserer Sprach- und Blutsver-

Aussage ist eine unglaubliche Verhöhnung der Millionen in Auschwitz zu Tode gekommenen Opfer!

Der Holocaust als Geschäft

Ein weiteres kommt hinzu: Adolf Muschg ist seit einiger Zeit ein wie nie zuvor begehrter Gast in deutschen Fernsehsendungen, deutschen Zeitschriften und deutschen Zeitungen. Mit anklägerischer Grabesstimme moralisiert Muschg in deutschen Massenmedien über die fürchterliche Mitschuld der eigenmächtigen Schweiz an den Nazi-Verbrechen. Dies ist

der SVP, hat 1903 im Buch «Denkagen im Kleinstaat» eindrücklich geschildert, wie sich Schweizer Schriftsteller immer wieder nach dem Aufgehen unseres kleinen Landes in einem «Grossen-Ganzen» gesehnt haben, wo statt «helvetischem Krämergeist» Tatkraft, Leben und Schicksal herrsche. Diese Schriftsteller beurteilten die Zugehörigkeit zum Kleinstaat nicht als unser Schicksal, sondern als unsere Schuld. Der erste dichterische Erfolg von Conrad Ferdinand Meyer hiess «Huttens letzte Tage» und erschien 1871. Es war eine einzige Verherrlichung der eben erfolg-en deutschen

Schaffner schrieb 1940 im Nazi-Propagandablatt «Das Reich»: «... so besteht dennoch für unser Volk ein ganz gerader einfacher Weg zum Verstehen des Kommenden und zur Einfügung in das «neue Europa»: In diesem Europa werden zweifellos eine Anzahl wirtschaftlicher und verkehrspolitischer Vereinheitlichungen beschlossen und eingerichtet werden, denen auch die Schweiz sich entziehen weder wollen noch können wird, denn sie liegt mitten in Europa und ist keine Insel im Atlanischen Ozean.» Und Muschg lamentiert 1997: «Die Schweiz gehört nicht zu Europa, sie nimmt nicht teil an der Zivilisation, die bei uns selbst beginnt.» Und weiter: «Der einzige Weg aus der heutigen Krise führt uns nach Europa zurück.»

Schaffner und Muschg: Schweizer Schriftsteller der Jahre 1940 und 1997. Schaffner war ein opportunistischer Kollaborateur. Und Muschg? – Zumindest ein opportunistischer Schönschwätzer!

Der Bundesrat dankte Herrn Muschg für die unserem Land geleisteten «Dienste», indem er ihn zu einem der Berater der Solidaritätsstiftung gewählt hat! Ist ein solcher Schweizer Schriftsteller wirklich ein glaubwürdiger «Aufarbeiter» der Schweizer Geschichte?

✂

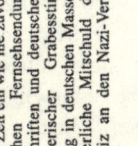

Anhang E

Außer Herrn B. und vielen senkrechten Landsleuten hat auch eine Stiftung »Pflanzen und ihre Seele« (PfuiS) die Verwendung von Geranien in meinem Text »Wenn Auschwitz in der Schweiz liegt« anstößig gefunden. Ihrer Klageschrift entnehme ich, es sei ein bösartiger Mißbrauch, die schmückende Eigenschaft des vielseitigen Storchschnabelgewächses auf diese Weise zu politisieren. Es müsse, in seiner natürlichen Unschuld, vor der Herstellung unstatthafter Zusammenhänge geschützt werden.

In seinem Gegengutachten führt mein juristischer Freund Dr. Noergler (Völkerrecht und Phantasiepflicht) etwa Folgendes aus:

Die unglaubliche Harmlosigkeit der Geranien sei unbestritten. Noch mehr: sie bilde geradezu die Grundlage für die von A. M. erhobene Beschwerde, denn sie habe, als Schmuck von Tötungseinrichtungen eingesetzt, der Beruhigung, also Irreführung der Opfer gedient (folgt eine längere Aufzählung belegter Fassadendekorationen solcher Anlagen, von den mobilen, noch mit CO_2 betriebenen Vergasungseinheiten der »Hackenholt-Stiftung« bis zu den fest eingerichteten und hoch leistungsfähigen Vernichtungslagern). Diesen Zweck könne man, wenn man nicht ganz zynisch argumentieren wolle, nur im höchsten Grade unsittlich nennen. Die pflanzliche Würde, gewiß ein originelles Rechtsgut, müsse sich einstweilen am Recht auf menschliches Leben und seine Würde messen lassen und könne von einem Zusammenhang damit nicht freigesprochen werden.

Eine zweite Frage sei die Unauslöschlichkeit dieses Zusammenhangs, juristisch gesprochen: der präjudizielle Charakter des unsittlichen Gebrauchs von Geranien für ihre sittsame Verwendung in der traditionellen Heimat- und Balkonkultur. Wer, wie A. M., auf die Unschuld solcher Geranien ein schauderhaftes Licht fallen lasse, trete ihren Pflegern allerdings zu nahe; er verletze gewiß ein Gebot der Verhältnismäßigkeit. Die Geranien an den Fenstern eines schmucken Simmentaler Chalets seien keine Blumen des Bösen.

Indessen habe der Verfasser der inkriminierten Schrift sich selbst einen »bösen Blick« zugesprochen, als er die Verbindung von Aushang der Gemütlichkeit zu den Stätten des Grauens zog. Damit wollte er wohl deutlich machen, daß er sich angesichts jenes Grauens noch anderen Geboten ausgesetzt fühlte als demjenigen der Verhältnismäßigkeit. Auf die Feststellung (die ein Herr B. getroffen hat), ihm sei nicht mehr zu helfen, hat er nichts zu erwidern. Nur gibt es dazu noch ein Wort Lessings: wer bei bestimmten Anlässen den Verstand nicht verliere, der habe keinen zu verlieren.

Für die Übertreibung, deren sich Herr M. schuldig gemacht hat, nimmt er keinen Kunstvorbehalt in Anspruch. Er ist sich eines Regelverstoßes bewußt. Vielleicht glaubte er damit an die Ungeheuerlichkeit eines regulären, zur Regel pervertierten Völkermords erinnern zu müssen. Nachdem die Menschen verraucht sind, hat er ihnen die Blumen geopfert, mit denen das Verbrechen geschönt wurde und die eher den Tätern als den Opfern zum Blendwerk dienten. Davon ist sein Blick auch auf Nicht-Täter (sich selbst eingeschlossen) böse geworden; als wäre es schon ein Verbrechen, sich mit einer Nicht-Tat gemütlich einzurichten.

Wenn er dafür einer Entschuldigung bedarf, findet er noch immer keine. Aber er sichert zu, daß er keiner Geranie, die in gewohnter Unschuld weiterblüht, deswegen ein Blatt krümmen wird.

Das folgende Gedicht wurde mir vor Abschluß dieses Buches nachts auf den Gartentisch gelegt. Es ist die erste anonyme Post, die ich an die Öffentlichkeit weiterreiche, damit sie darüber entscheide – ich kann es nicht –, ob der Verfasser ein Freund oder Feind der Geranien ist.

> Wir sind das rote Granium,
> Und kein Gerader nimmt uns krumm.
>
> Hier ist geputzt! Hier wird geputzt!
> Wir zünden heim, und keiner stutzt.
>
> Wir röten auch ein Herz aus Stein,
> Die Farbe putzt ganz ungemein.
>
> Rührt uns des Lebens warmer Brauch:
> Nicht lebenswertes rührt uns auch.

Daß euch nichts Böses widerfahr,
Blühn wir im Wind von Hadamar,

Im Gas der Stiftung Hackenholt,
Wir blühen allem, was ihr wollt.

Wir sind vom Kap in Afrika,
Der alte Gott war auch schon da,

Dem kein Geflenn das Herz erweicht,
Er schuf uns hart und pflegeleicht,

Schuf uns im Sommer winterhart,
Wir brauchen keinen Wasserwart.

Wir brauchen eure Tränen nicht,
uns reicht ein gutes Balkonlicht.

Doch paßt uns auch ein dunkler Ort,
Wir pflanzen uns mit Knollen fort.

Wir müssen nicht befruchtet sein,
So bleibt das Blümchen sündenrein.

Was solln uns Bien und Schmetterling?
Wir treiben unser eigen Ding.

Wir stehen gut und geil im Laub,
Und Blütenstaub ist nichts als Staub.

Wir loben sauber Gott den Herrn
Und halten Ungeziefer fern.

Wir riechen streng auch ohne Duft,
Und was euch umbringt, ist uns Luft.

Ein Wort ins Ohr des schlechten Wichts:
Durch diese Blume redet nichts.

ADOLF MUSCHG
»HÖHENWEG«

Eine Ideenskizze zum guten Gebrauch der
»Stiftung solidarische Schweiz«.

1. Name, Idee

Der Name erinnert an einen Merkpunkt von nachhaltiger Symbol-
kraft an der Landesausstellung 1939: den mit den Wappen aller
Schweizer Gemeinden geschmückten Weg des Widerstandes gegen
totalitäre Einfalt. Die Botschaft: Gemeinsinn, also auch Solidarität,
ist eine Sache, die an ihren Wurzeln gepflegt werden muß, ihrer
kleinsten tragfähigen Einheit.
Auch die Beweislast der Solidaritätsstiftung gehört auf den Boden
heruntergeholt, das heißt: an die Basis verteilt. Hier kann ihre
Schwerkraft umgekehrt werden: die Phantasie und Tatkraft *kleiner
Gruppen* verwandelt sie in Auftrieb und erledigt die Frage nach
ihrer »Tragbarkeit« durch eine Vielfalt von Eigeninitiativen. Die
mutlos gewordene Demokratie kann diesen Sauerstoffstoß wohl gebrauchen. Es gilt die Nachbarschaftshilfe wieder zu erwecken, die
einmal ein natürlicher Reflex war. Im »Global Village« beschränkt
sie sich nicht mehr auf räumliche Nachbarschaft. Den Nutzern des
e-mail und des Internet ist eine andere natürlich geworden. Es wird
Zeit, daß die Weltbürgergemeinde von der Globalisierung auch sozial etwas hat.

2. Trägerschaft

Und das heißt: der Adressat von »Höhenweg« ist die junge Generation. Auch als physisch Reisende erlebt sie die Welt nicht nur auf
touristisch vorgebahnten Wegen und aus der Perspektive des
»Fremdenverkehrs«. Mit ihrer Sprache, mit ihren Interessen über-

schreitet sie kulturelle Grenzen leichter; sie kann sich für Unbe-
kanntes erwärmen und begegnet dem, was ihr fremd ist, eher mit
Neugier als mit Abwehr. Mit Rucksack und Turnschuhen unterwandert sie gewissermaßen auch starkes ökonomisches Gefälle: sie
hat erfahren, daß der weniger Bevorzugte nicht der weniger Entwickelte ist. Als eigentliche Trägerin und Betroffene der Zukunft
hat sie ein primäres Interesse ebenso am kulturellen Kontakt wie am
sozialen Ausgleich. In meiner eigenen Gemeinde kenne ich gelun-
gene Beispiele selbständiger Bürgerinitiativen der jungen Generation mit Gleichaltrigen (in Georgien).

3. Zielgruppen und -gebiete des Projekts

Damit ist die erste Gruppe, in der Solidarität wirksam werden kann,
die eigene Gemeinde. Ihre Älteren, ihre Vereine und Behörden: sie
müssen sich für die Initiativen der Jüngeren gewinnen lassen und
dafür gewonnen werden, sie zu unterstützen. Analog denke ich mir
den Prozeß auf der Seite der Partner: die Jungen übernehmen Verantwortung; die Älteren ermöglichen ihnen, sie zu tragen.
Wo sind die Partner? Grundsätzlich überall, im In- wie im Ausland;
aus praktischen Gründen wird man sie nicht, oder nur ausnahmsweise, in Südostasien oder Lateinamerika suchen, denn »Höhenweg« bezweckt keinen »Sozialtourismus« und wird sich auch nicht
bevorzugt auf typische OECD-Länder richten. Sonst aber gehen die
Projekte dahin, wo die Not ist, sei es in Estland, Makedonien, Ma-
rokko oder im Napfgebiet und Calancatal, aber auch an die Ränder
der eigenen Großstädte. Dahin gegen junge Schweizer/innen nicht
als Entwicklungshelfer, sondern zur Entwicklung des eigenen Pro-
blembewußtseins und Gemeinschaftssinns. Dabei können sie sich
sehr wohl auch in bestehende Organisationen einfügen, ohne diesen
als Lückenbüßer und Handlanger zu dienen: diese wären, als Patrone des Einzelprojekts, zugleich an dessen Definition und Über-
prüfung beteiligt.
Was unterscheidet »Höhenweg« von bereits bestehenden kommu-
nalen Partnerschaften? Zuerst, und vor allem, die Akteure: es sind
nicht – oder erst subsidiär – die *Behörden*; nicht das Festliche, aber
das Zeremonielle soll dabei durchaus entbehrlich sein, es geht nicht

darum, sich zueinander zu beglückwünschen (und damit zu sich selbst), sondern etwas miteinander zu tun.

4. Art der Projekte

Es geht um konkrete, befristete, begrenzte Projekte, die sich junge Menschen vernünftigerweise vornehmen und mit erkennbarem Erfolg beendigen können; sie stellen **mehr** dar als Aktionen, sind aber (jedenfalls zunächst) auch weniger als Daueraufträge. Daß sie neben der realen Unterstützung einen symbolischen Charakter haben, ist durchaus erwünscht. Es geht um eine exemplarische Erfahrung, an die man nicht die übliche Kosten-Nutzen-Rechnung anlegen darf; der immaterielle Gewinn an Selbst- und Fremderfahrung wird immer höher einzuschätzen sein. Die am Projekt Beteiligten sollen aus ihm die Gewißheit beziehen, daß sie etwas tun und ausrichten können; daß es auf sie ankommt; daß es mehr zählt, ein Licht anzuzünden, als sich über die Finsternis zu beklagen oder vor ihr zu fürchten. Vom Stiftungszweck her betrachtet, hat »Höhenweg« den Sinn einer Initialzündung, die das Bewußtsein dafür bildet, worum es bei der Solidarität überhaupt geht, und den guten Willen aktiviert und konkretisiert. Gerade die junge Generation hat es sehr nötig, inmitten sich ausbreitender Arbeitslosigkeit ihre eigene Produktivität und ihren Wert zu erfahren; dabei qualifiziert sie sich zugleich selbst für die bessere Wahrnehmung der Gegenwartsprobleme und in ihrer Fähigkeit, sie anzugehen.

Angesichts dieses Motivationseffekts sei, meine ich, das Risiko des »Dilettantismus« durchaus in Kauf zu nehmen (die Wurzel des Wortes hat mit Liebe zu tun), auch wenn die Initianten gegen Mißerfolg und vor Entmutigung geschützt zu werden verdienen. Das wäre die Gegenleistung an Solidarität, mit der »Höhenweg« seitens der etablierten Hilfswerke und/oder der involvierten Behörden rechnen muß. Daß Professionalität unentbehrlich ist, dürfte zu den wichtigsten Erfahrungen der an »Höhenweg« Beteiligten gehören, aber gerade die wahrhaft Professionellen wissen, daß sie nicht alles ist: es gibt eine Grenze der Delegierbarkeit von Solidarität. Wird sie nicht für hinreichend viele Bürger/innen zur eigenen Praxis, verliert sie ihre Grundlage in der Bevölkerung.

5. Wettbewerbsmodus

Die Solidaritätsstiftung – bzw. ein allenfalls provisorischer Stiftungsrat – schreibt »Höhenweg« als Wettbewerb für das Jubiläumsjahr 1998 aus. Dieses dient als öffentlicher Verstärker der Zielsetzung, mit der die Eidgenossenschaft zugleich ihre eigene neu definiert. Die eingereichten Unterlagen enthalten die nötigen Angaben zur Zielsetzung, der Partnerschaft, den Planschritten, der Dauer und den Kostenrahmen des Projekts. Eine Jury – als Platzhalter des Stiftungsrates, wenn dieser selbst noch nicht eingesetzt ist – entscheidet über die Berücksichtigung der Projekte und gibt die Mittel dafür frei. Zugleich übernimmt sie in geeigneter Form die Patenschaft und Mitverantwortung für das Projekt. Sie lädt die Medien ein, »Höhenweg« zu begleiten und über Erfolge, Mitverständnisse und Enttäuschungen konstruktiv zu berichten.

6. Schlußbemerkung

Die weitere Tätigkeit der Solidaritätsstiftung wird durch »Höhenweg« nicht präjudiziert. Wohl aber kann das Projekt zur Schaffung von Goodwill – national und international – viel beitragen. Es schafft Bewußtsein und Sensibilität für die Probleme der Weltgesellschaft. In vielen Fällen können die unterstützten Projekte auch den Fokus der Stiftungstätigkeit verbessern, die von den Rückmeldungen oder Projektbeteiligten profitiert. Sie können ihr helfen, neue Tätigkeitsfelder der Solidarität zu definieren und durchaus innovative Strategien auf dem traurigen »Markt« weltweiter Not zu entwickeln. Das eigene Gefühl der Hilflosigkeit ist durchaus Teil dieser Not. Hier setzt das Projekt »Höhenweg« an.

Dabei dürfte auch das merkwürdige Kalkül »50% Inland / 50% Ausland« – zwanglos hinfällig werden. Durch »Höhenweg« verbreitet sich das Bewußtsein, daß Solidarität insgesamt eine Frage der »Weltinnenpolitik« geworden ist.

Auch die heikle Verbindung Holocaustfonds – Solidaritätsstiftung läßt sich am besten dadurch lösen (und zugleich: repsektieren), daß sich die Schweizer anders zeigen als während der Hitler-Herrschaft, und dies eben nicht erst auf Regierungsebene, sondern als Volk. In seiner jungen Generation überwindet es die Komplizität mit den Starken, die Unempfindlichkeit gegenüber den Schwachen, die man mit unserem Land verbindet.

Etwas anderes aber halte ich für den größten Gewinn des »Höhenwegs«: das Schema »Geben/Nehmen« wird in seinen Teilnehmern durchbrochen. Vergleichsweise begünstigte junge SchweizerInnen werden der Erfahrung ausgesetzt, wie bald sie ans Ende der wirtschaftlichen Logik gelangen und in Sachen Lebenskunst und Lebenstüchtigkeit zu »Nehmenden« werden. Diese Vergleichung der Werte schafft eine neue Parität zwischen den am Projekt Beteiligten, und damit erst, in Respekt und Bescheidenheit, die wahre Grundlage von Solidarität. Erst auf diese wird eine menschenwürdige Zukunft zu gründen sein.

ZITATNACHWEISE

FRIEDRICH LOCHER (1820-1911)

FR   Die Freiherren von Regensberg. Pamphlet eines schweizerischen Juristen (I. und II. Teil). Bern 1866. Haller'sche Verlagsbuchhandlung

FS   D. F. v. R. III. Theil. Die Freiherren vor Schwurgericht. Die
Großen der Krone Zürich. Bern 1867, in Commission der
Haller'schen Verlagshandlung

OT   Othello, der Justizmohr von Venedig (IV. Teil). Vom Verfasser der »Freiherren von Regensberg«. Bern 1867. In Commission der Haller'schen Verlagsbuchhandlung

PR   Der Prinzeps und sein Hof. (IV. Teil) Vom Verfasser der
»F. v. R.« Bern 1867. In Commission der Haller'schen Verlagshandlung

PH   V. Theil. Die Prozeßhexe. Bern 1868. Haller'sche Verlagshandlung.

NF   VI. Theil: Die neuesten Freiherren. Bern 1869. In Commission der Haller'schen Verlagshandlung

KF   VII. und letzter Theil. Die kommunen Freiherrn. Bern, 1872.
In Commission der Haller'schen Verlagshandlung

WB   Republikanische Wandel-Bilder und Portraits. Von Dr.
Friedrich Locher. Th. Schröter, Zürich & Leipzig. Herausge-
geben und verlegt von seiner Tochter Emma Locher. O. J.
(1901)

GOTTFRIED KELLER (1819-1890)

W   Gottfried Keller: Sämtliche Werke; 22 Bde. 1926-1949; hrsg.
von Jonas Frankel (Bde. 1,2/1, 2/2, 3-8, 11, 13, 14, 15/1,
16-19), Erlenbach und München; die übrigen Bände (nach
1942) hrsg. von Carl Helbling, seit 1931 Bern und Leipzig

GW   Gottfried Keller. Sämtliche Werke in sieben Bänden, hrsg.
     von Thomas Böning, Gerhard Kaiser, Kai Kauffmann, Do-
     minik Müller und Peter Villwock, Deutscher Klassiker Ver-
     lag Frankfurt/M 1985-1996

Br. Gottfried Keller: Gesammelte Briefe, hrsg. von Carl
     Helbling, Bd 1-4 (in 5), Bern 1950-1954

E/B Emil Ermatinger: Gottfried Kellers Leben. Mit Benutzung
     von Jakob Baechtolds Biographie dargestellt von E. E.,
     8. Auflage, Zürich 1950

KP   Kriesi, Hans Max: Gottfried Keller als Politiker. Frauenfeld
     und Leipzig 1918

Zitiert wird nach diesen Quellen, wobei ggf. die erste Ziffer jeweils
den Band, die zweite die Seitenzahl angibt.

13   »War das ein Leben«, KF 58; »Man muß es dem System las-
     sen«, PH 55

29   »Es ist nicht richtig«, KF 121; »Hätte das Holz nicht«, WB 127
     Zürcher Personen-Lexikon: Artemis Verlag Zürich 1986

30   »Er findet, wo er geht«, GW 595

32   »Großartig, Hans«: vgl. Inge Scholl, Die Weiße Rose, Fischer
     Taschenbuch 1955, 49-52

38   »Es wäre mir möglich gewesen« PH 27

40   »es ist mir (...) nicht gegeben«, WB 111

41   »Der Verfasser hat bei dieser Gelegenheit«, NF 85

43 f. »François Wille an Keller«, Br. 4, 110-112

45   »Ja, sehen Sie, meine Herren«, NF 10

46   Kellers Öffentliche Richtigstellung: Basler Nachrichten
     1.4.1872, vgl. KP 130, 204, 295

47   »Alpenrosenpoesie«, W 16, 57

48   »den Schweizern zu zeigen«: vgl. Gordon Craig: Geld und
     Geist, München 1988, 240

58   »Man verwundert sich«, WB 315 f.

65   »Wenn es sich nicht nur um vorübergehende Mißstimmung«,
     KF 129

77   »Sein Auftreten ist einfach«, KF 105; »Nicht die egoistische
     Politik Eschers«, WB 380

79   »Eine Art Teilung der Bestrebungen«, WB 181 f.

81   »Beinahe alle Prozesse«, PH 25; »Wacht auf, ihr Schlafmüt-
     zen«, NF 312

82   »Die Herren Demokratieführer«, NF 158; »Im Übrigen sind
     die Menschen«, NF 124; »im eigenen Lande«, WB 124; »Bis
     jetzt verstehe ich nichts«, PH 79

88   »Wer den Staat als eine bloße Trettmühle ansieht«, FS 164

91   »Für mich hatte keine Partei Anziehungskraft«, WB 157

93   »Wenn Ihr die Grenzen überschreitet«, zit. nach Wilhelm
     Oechsli, Quellenbuch der Schweizergeschichte, Zürich 1909,
     518

101 »Wir Knaben waren allzumal gute Aristokraten«, GW 3, 148;
     »Zunächst handelt es sich um Jux«, WB 30; »das schöne Wet-
     ter machte«, WB 54

102 »daß Keller das r, das k und das g«, WB 32; »Du warst ja gar
     nicht dabei«, WB 31

103   »Vielleicht wäre Gottfried Keller«, WB 33

103 f. »Abends begleitete ich Gottfridli nach Hause«, WB 32

106   »Mit Tagesanbruch aber«, PH 45

107   »Ich war erstaunt«, Richard Wagner: »Mein Leben« 1867

108   »sie niggelet stetsfort mit dem Kopfe«, Randglossen, »Zür-
       cher Intelligenzblatt 27. März 1861, KP

109   »Eine vielleicht noch schwerere Aufgabe«, vgl. E/B. 380

110   »Sein Vater war Drechsler«, WB 32

112   »Es wird bei uns immer schwieriger«, OT 19

124   »Wir haben keinen Überfluß«, FS 46; »Abgesehen also von
       deren brutaler Ungerechtigkeit«, PR 31

128 f. Zur Rolle von Sidney Dreifuß: Christian Mörgeli, Der Zür-
       cher Bote, August 1997

137   »Wenn der Staat das Recht«, KF 148; »Glaubt man im Ernst«,
       KF 122

148   »Die Republik beruht«, WB 371; »Die Franzosen sind es«,
       WB 12

173   »Für einstweilen hatte ich genug«, WB VIII; »Wenn ich die
       Menschheit nicht«, WB 97

179   Odyssee zit. nach der Übersetzung von Roland Hampe,
       Stuttgart 1979

180   Zur Rolle Penelopes: vgl. Egon Flaig, »Tödliches Freien«, in
       »Historische Anthropologie«, 3. Jg. 1995, Heft 3

188   A. M.: »Stürmische Fahrt«, abgedruckt in Zürichsee-Zei-
       tung, Mai 1927

197   »Der Künstler sei zwar«, Friedrich Schiller: Über die ästheti-
       sche Erziehung des Menschen in einer Reihe von Briefen,
       Erstdruck: Die Horen, 1795

210   »Längst ist das Auge Europa's«, PH 88; »Nun, wenn der En-
       gel uns sucht«, NF 135

226   »Wenn ich genöthiget wäre«, PR 50. »Bettagsmandat von
       1962«: W 21, 226-234

229   »Poetentod«: GW 1, 708

232   »wie man schwangeren Frauen«, an B. Auerbach, 25. 6. 1860,
       Br. 3/2, 195, »es wird eine Zeit kommen«, W 10, 5

233   »Alle Vorwürfe, die in den Sechzigerjahren«, E/B, 563

235   Kellers Adresse an Hitzig: KP S. 297

238   »welcher sich mit der Schweiz, seinem Adoptiv-Vaterland«:

Friedrich Locher, Res sacra miser. Die zürcherische Irren-Anstalt Burghölzli und deren Widersacher. Zürich, Druck und Verlag von Güttinger und Comp. 1878, S. 40